电子商务类专业
创新型人才培养系列教材

U0597899

互联网产品开发

案例指导版

微课版

汪永华 张立群◎主编

刘冰 刘林◎副主编

人民邮电出版社
北　京

图书在版编目（CIP）数据

互联网产品开发 ：案例指导版 ：微课版 / 汪永华，
张立群主编. -- 北京 ：人民邮电出版社，2025.
（电子商务类专业创新型人才培养系列教材）. -- ISBN
978-7-115-66516-4

Ⅰ. F713.365.2

中国国家版本馆 CIP 数据核字第 2025YV3598 号

内 容 提 要

互联网产品的迭代升级深刻影响着各行各业的发展格局，从社交媒体到电子商务，从在线教育到智能出行，互联网产品正以前所未有的速度改变着我们的生活和工作方式。本书系统地讲解了互联网产品开发的流程与策略，共分 3 个模块、7 个项目，主要内容包括互联网产品赛道的确定、互联网产品商业模式的探索、目标竞品分析、产品需求挖掘与分析、互联网产品设计、产品设计工具的使用、产品运营与迭代。

本书内容新颖、系统全面，既可作为高等职业院校和应用型本科院校电子商务及相关专业的教材，也可作为互联网行业的创业者和产品经理的参考书。

◆ 主　　编　汪永华　张立群
　　副主编　刘　冰　刘　林
　　责任编辑　王　振
　　责任印制　王　郁　彭志环

◆ 人民邮电出版社出版发行　　北京市丰台区成寿寺路 11 号
　　邮编　100164　电子邮件　315@ptpress.com.cn
　　网址　https://www.ptpress.com.cn
　　山东华立印务有限公司印刷

◆ 开本：787×1092　1/16
　　印张：14　　　　　　　　　　2025 年 6 月第 1 版
　　字数：349 千字　　　　　　　2025 年 6 月山东第 1 次印刷

定价：56.00 元

读者服务热线：(010)81055256　印装质量热线：(010)81055316
反盗版热线：(010)81055315

前言
FOREWORD

在 21 世纪的数字化浪潮中，互联网产品已经成为推动社会进步、促进经济发展的重要力量。随着用户对产品需求的日益多样化、个性化，市场细分趋势明显，产品生命周期缩短，迭代速度加快，在这样的时代背景下，如何快速响应市场变化、精准确定用户需求、开发出具有核心竞争力的互联网产品，成了每一个互联网从业者必须面对的问题。

党的二十大报告指出"加快发展数字经济""加快实施创新驱动发展战略"。互联网产品开发就是创新的产物，也是数字经济时代的重要组成部分。互联网产品开发不是单一技术人才的单打独斗，而是跨领域、跨学科的复合型人才协同作战。这些人才不仅需要具备扎实的技术基础，还需具备良好的市场洞察力、用户研究能力、团队协作能力以及创新思维。

在互联网产品开发过程中，从业者遇到的问题有多种：赛道选择如同在迷雾中探路，新兴热点层出不穷，伪需求隐匿其间；商业模式创新艰难，既要突破同质化竞争重围，又要平衡盈利诉求与用户体验；竞品分析易流于表面，难以确立差异化优势；需求挖掘常受认知局限，致产品与用户真实需求不一致；设计人员在创意与实用、简约与丰富间艰难权衡；产品迭代常因为短期数据波动乱了阵脚，陷入盲目跟风，折损长期价值。

正是基于这样的背景和从业者遇到的问题，编者精心策划并编写了本书，旨在帮助读者掌握与提升互联网产品开发、运营能力，帮助当前或未来的从业者拨开互联网产品开发的迷雾，找到合适的商业模式，合理分析产品需求，完善产品设计与运营策略，在这个竞争激烈的互联网时代脱颖而出。

本书主要具有以下特色。

- **体系完善，知识新颖**。本书紧跟时代的发展潮流，从产品商业篇、产品需求分析篇、产品设计与运营篇等 3 个方面对互联网产品开发的全流程进行了深度诠释，内容新颖，注重实践，充分考虑课程要求与教学特点，以必需和实用为准则，在简要而准确地介绍理论知识的基础上，重点传授互联网产品开发与运营策略，着重培养读者的互联网产品开发与运营能力。

- **案例丰富，融会贯通**。本书通过"案例导入"模块引入课程内容，并在理论和技能讲解的过程中穿插"案例分析"模块，通过案例深入解析互联网产品开发策略。读者可以从案例中汲取成功经验，掌握互联网产品开发的精髓，达到融会贯通的学习目标。

- **实战导向，巩固技能**。本书既有详细的理论阐述，又培养读者的实战技能。无论是刚接触互联网产品开发的新手，还是资深的从业者，都能从本书中学到有价值的实战技能，并应用到工作实践中。同时，本书非常注重实操训练，每个项目最后均设有"项目实训"模块，让读者在实训中提升综合素养。

- **资源丰富，拿来即用**。本书提供丰富的教学资源，包括 PPT 课件、教学大纲、教案、课程标准等，用书老师可以登录人邮教育社区（www.ryjiaoyu.com）下载相关资源。

本书由浙江经济职业技术学院的汪永华、张立群担任主编，长沙商贸旅游职业技术学院的刘冰、山东电子职业技术学院的刘林担任副主编。

尽管编者在编写过程中力求准确、完善，但书中难免有疏漏与不足之处，恳请广大读者批评指正。

编者

2025 年 2 月

目录
CONTENTS

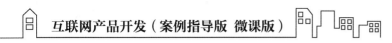

模块一

产品商业篇

项目一 互联网产品赛道的确定

🛒 **知识目标**

- ➢ 了解互联网产品的特点、类型、项目构成、参数和设计流程。
- ➢ 掌握互联网产品赛道的选择方法。
- ➢ 掌握互联网产品体验报告的结构。
- ➢ 掌握撰写互联网产品体验报告的前期准备事项。

🛒 **能力目标**

- ➢ 能够正确地选择互联网产品赛道。
- ➢ 能够有效撰写互联网产品体验报告。

🛒 **素养目标**

作为互联网产品行业人士，要培养互联网思维，弘扬求真、开放、平等、协作、分享的互联网精神，从而适应互联网时代的发展，推动创新和进步。

🛒 **项目导读**

随着互联网技术的迅猛发展，其产品领域已形成错综复杂的格局。互联网产品呈现出高度的复杂性与动态性，对其特点、类型、项目构成和参数等进行深入剖析，是开展后续工作的必要前提。在确定产品赛道时，产品团队要充分运用对互联网产品的既有认知成果，深入研究市场需求结构与趋势，结合不同产品类型在市场中的竞争态势与发展走向，依据产品功能属性与服务对象特点，探寻与之相契合的市场定位与发展空间。

知识导图

```
                              ┌─── 产品与产品经理
              ┌── 互联网产品的应用场景 ───┤─── 认识互联网产品
              │                          └─── 互联网产品赛道选择方法
互联网产品赛道的确定 ──┤
              │                              ┌─── 互联网产品体验报告的作用
              └── 互联网产品体验报告的撰写 ──┤─── 互联网产品体验报告的结构
                                             └─── 撰写互联网产品体验报告的前期准备
```

案例导入

哔哩哔哩——在视频社交赛道以特色文化驱动用户增长

微课视频

早期，ACG（动画、漫画、游戏）文化在国内有一定的受众基础，但缺乏一个集中的、高质量的视频内容平台。随着动漫产业的发展和互联网视频技术的进步，二次元爱好者对专业的与动画、漫画相关的视频分享和交流平台的需求增加。同时，年轻人学习知识的方式也在发生变化，他们更喜欢通过有趣的视频形式获取知识。传统的视频平台在这方面的内容针对性不够强。

哔哩哔哩（Bilibili）是一个以 ACG 内容为特色，同时涵盖知识、生活等多个领域的视频弹幕网站，其差异化在于弹幕文化。用户可以在视频上发送弹幕以表达自己的想法，这种互动方式增强了用户的参与感和视频的趣味性。在内容方面，哔哩哔哩有大量优质的二次元动画版权，并且积极推广"UP 主"（内容创作者）制作原创的二次元相关内容，如动画杂谈、动漫剪辑等。

此外，哔哩哔哩的知识区也逐渐崛起，有许多专业人士和爱好者分享各领域的知识，如历史、科学、技术等。他们的内容创作改变了传统的知识传播模式，将知识学习与互联网视频娱乐形式相结合，既满足用户对知识获取的需求，又丰富平台的内容层次与价值内涵，使哔哩哔哩在泛知识生态赛道占据一席之地，进一步巩固其在互联网市场中的地位，哔哩哔哩成为国内青年文化交流与知识传播的重要平台之一。

哔哩哔哩成为中国二次元文化的核心聚集地，也是年轻人获取知识和娱乐的重要平台。其用户忠诚度较高，通过会员制度和内容付费等模式实现了良好的商业运营。哔哩哔哩还通过举办各种线下活动，如 Bilibili World 动漫展会，进一步扩大品牌影响力。

任务一 互联网产品的应用场景

随着信息技术的飞速发展与广泛普及，互联网产品深度融入各行业领域，已然成为经济运行、社会生活不可或缺的关键要素。在信息传播层面，新闻资讯、知识科普类产品让海量信息瞬间触达全球受众；在商业领域，电商平台革新购物模式，跨境业务打破地域限制，重塑贸易格局；在办公场景，云协作产品促使团队远程无缝对接，提升工作效率；在民生范畴，在线医疗、政务服务简化办事流程，便民惠民。梳理互联网产品的多元应用场景，对从业者精准把握市场需求动态、合理规划产业布局，以及高效配置社会资源有着至关重要的意义。

一、产品与产品经理

产品作为企业面向市场的核心载体，直接关联着用户需求的满足、商业价值的实现。而产品经理则是影响产品发展的关键角色，肩负产品从规划、开发到运营、迭代全生命周期的管理重任。一款产品能否契合市场趋势、精准解决用户痛点、达成既定商业目标，很大程度上取决于产品经理的战略眼光、决策能力与资源协调水平。

1．产品的概念

产品是指能够提供给市场，被人们使用和消费，并能满足人们某种需求的任何东西，包括有形产品、无形产品及其组合，如表 1-1 所示。

表 1-1　产品的类型

类型	定义	特性/优势
有形产品（商品）	具有实物形态，可以触摸、看见、嗅到等，如日常生活中的手机、个人计算机、衣服、食品等。这些产品通过其物理特性来满足用户的需求	**功能价值性：**这是有形产品的核心价值 **质量价值性：**质量是消费者购买有形产品时重点关注的因素，包括产品的材料质量、制作工艺等方面 **外观价值性：**产品的外观对消费者的吸引力也很大，包括产品的形状、颜色、包装等方面
无形产品（服务）	是一种生产和消费同时进行的活动，没有具体的实物形态，如金融服务、教育服务、医疗服务、旅游服务等。无形产品主要通过服务提供者的活动来满足用户的需求	**无形性：**这是无形产品主要的特征。由于服务没有实物形态，消费者在购买之前很难直观地评估其质量 **不可分离性：**服务的生产和消费通常是同时进行的，服务提供者和消费者需要同时在场 **易变性：**服务的质量和效果很容易受到服务提供者的技能、态度，以及周围环境等多种因素的影响
产品组合（商品+服务）	在实际市场中，很多产品是有形产品和无形产品的组合。例如，购买汽车时，除了汽车本身这个有形产品外，消费者还会享受售后服务，如保修、保养服务等；购买软件产品时，除了软件本身的功能，消费者还会享受软件更新服务、技术支持服务等	这种组合能够为消费者提供更全面的解决方案，增强产品的竞争力。例如，一家提供智能家居系统的公司，不仅销售智能设备（有形产品），还提供安装调试服务、远程监控服务和定期维护服务（无形服务），这样可以让消费者更方便地使用智能家居系统，提高消费者的满意度和忠诚度

在互联网领域，产品是一种能够满足用户特定需求或者解决用户特定问题的数字化解决方案。它可以是一个网站、一个移动应用程序、一个软件系统，或者是一种基于互联网的服务或终端设备。例如，微信是一款社交产品，它满足用户沟通交流、分享生活点滴、进行移动支付等多种需求；百度搜索引擎是信息检索产品，帮助用户在海量的互联网信息中快速找到需要的内容；智能手环是网络终端设备产品，可以记录用户的运动、心率、睡眠等生理信息，并将这些数据传输到手机等终端设备进行存储和分析。

由上可见，互联网产品兼具有形和无形的特性。软件类产品（如网站）通过代码和数据来实现，用户无法直接触摸或感知其物理形态，是无形的；硬件类产品（如网络终端设备）具有实物形态，用户可以用其与网络互联，是有形的。

2．产品经理的概念

产品经理是负责产品从规划、开发、上线到运营和迭代整个生命周期管理的角色。他们是产品的总设计师和负责人，需要协调多个团队，包括研发、设计、测试、市场、运营等，以确保产品能够满足用户需求，实现商业目标。

（1）产品经理职位的发展历程

产品经理职位的发展主要经历了以下几个阶段（见图1-1）。

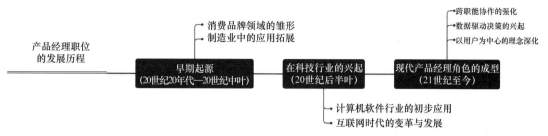

图1-1 产品经理职位的发展历程

① 早期起源（20世纪20年代—20世纪中叶）

产品经理这一概念的起源可以追溯到20世纪20年代的宝洁公司（Procter&Gamble）。当时，宝洁公司推出了一款名为"卡玫尔"（Camay）的香皂，为了更好地管理这款产品在市场中的推广和销售，宝洁公司设立了一个专门的职位，负责从产品的研发、生产到市场推广等一系列事务。这就是产品经理角色的雏形。

这个职位的设立是为了应对日益复杂的市场环境和产品多样化的需求。随着工业化进程的加快，消费品市场规模不断扩大，产品种类日益繁多，企业需要有专人来对产品进行全面管理，以确保产品能够在激烈的市场竞争中脱颖而出。在这个阶段，产品经理主要关注的是产品的市场营销和销售策略，包括如何定价、如何进行广告宣传、如何铺货等。

在20世纪中叶，产品经理的概念逐渐从消费品领域扩展到制造业。在汽车、家电等行业，企业开始意识到需要有一个角色来统筹产品的整个生命周期。例如，在汽车制造企业中，产品经理需要协调工程部门、设计部门和市场部门之间的工作。他们要确保汽车的设计符合市场需求，同时要考虑工程技术的可行性和控制生产成本。这一时期的产品经理开始关注产品的功能设计和生产流程管理，其职责范围逐渐扩大。

② 在科技行业的兴起（20世纪后半叶）

20世纪60—70年代，随着计算机技术的兴起，软件产品开始出现。在这个时期，一些软件公司开始设立产品经理职位。早期的软件产品经理主要负责软件产品的功能定义和文档编写。由于当时软件产品相对简单，主要面向企业用户，产品经理的工作重点是与程序员沟通，确保软件能够满足企业的特定业务需求。

20世纪90年代，互联网的普及给产品管理带来了巨大的变革。互联网产品的特点是更新速度快、用户参与度高、商业模式多样。在这种背景下，产品经理的职责发生了根本性的变化。他们不仅要关注产品的功能和市场推广，还要考虑用户体验、数据分析、敏捷开发等多个方面。以雅虎（Yahoo）等早期互联网门户网站为例，产品经理需要不断优化网站的页面布局，提高用户查找信息的效率；还需要分析用户的搜索行为和浏览习惯，来调整网站的内容推荐和广告投放策略。

③ 现代产品经理角色的成型（21世纪至今）

进入21世纪，产品经理的角色更加注重跨职能协作。在互联网公司中，产品经理需要与研发、设计、运营、市场等多个部门紧密合作。他们是部门之间的纽带，要确保各个部门

的工作都围绕着产品目标进行。例如，在开发一款智能手机应用时，产品经理要与研发人员沟通技术细节，与设计师讨论界面的美观性和易用性，与运营人员一起制定用户增长和留存策略，与市场人员一起策划产品的推广活动。

随着大数据技术的发展，产品经理越来越依赖数据进行决策。他们要收集和分析用户行为数据、市场数据、产品性能数据等各种数据，以了解产品的现状和用户的需求。例如，通过分析用户在应用内的操作路径和停留时间，产品经理可以发现用户最感兴趣的功能和内容，从而对产品进行优化。同时，数据还可以用于评估产品的市场表现和竞争对手的情况，为产品的战略规划提供依据。

现代产品经理将用户放在产品管理的核心位置。他们通过用户调研、用户测试、用户反馈收集等多种方式，深入了解用户的需求和痛点。产品经理要将用户的需求转化为产品的功能和体验，并且要持续关注用户的满意度。例如，在设计一款在线旅游产品时，产品经理要站在用户的角度，考虑用户在规划行程、预订酒店和机票等方面的需求，据此提供便捷的行程规划工具、真实的酒店评价、及时的旅行提醒等，以提升用户的体验。

（2）产品经理的职责

在互联网产品的设计中，产品经理的主要职责如图1-2所示。

图1-2　产品经理的主要职责

① 产品规划与战略

产品经理需要定义产品的愿景、目标和市场定位。这包括确定产品要解决的用户问题、目标用户群体、产品的核心价值主张等。例如，对于一款新的健身App，产品经理要明确产品面向健身爱好者，提供个性化的健身计划、训练教程和饮食建议，帮助用户有效地实现健身目标。

产品经理还要制订产品的战略规划，考虑产品的长期发展方向。这可能涉及产品的功能扩展计划、市场拓展策略、竞争应对措施等。例如，健身App的产品经理可能计划在未来逐步增加社交互动功能，与线下健身房合作拓展用户渠道，以及通过提供优质的用户体验来应对竞争。

② 需求管理与功能定义

产品经理要深入了解用户需求，这可以通过用户调研、市场分析、竞品研究等方式来实现。他们需要将用户的需求转化为具体的产品功能，并对功能进行优先级排序。

在功能定义过程中，产品经理要与研发团队密切合作，确保实现功能的技术可行性。同时，他们还要考虑功能之间的关联性和整体性，避免功能的碎片化和冗余。例如，在设计健身App的功能时，产品经理要考虑如何将健身计划、训练教程和饮食建议有机地结合起来，让用户能够方便地使用这些功能来实现健身目标。

③ 项目管理与协调

产品经理在产品开发过程中扮演着项目管理者的角色，需要协调各个团队的工作，确保项目按计划进行。他们要制订项目计划，明确各个阶段的任务、时间节点和责任人。

在项目执行过程中，产品经理要及时解决团队之间的沟通问题、资源冲突等。例如，当研发团队和设计团队对某个功能的界面设计有不同意见时，产品经理要协调双方，根据产品的整体目标和用户体验做出决策。

④ 产品上线与运营支持

产品上线前，产品经理要确保产品的质量，如功能完整、性能稳定、用户体验好等。他们要组织产品的测试工作，收集用户反馈并及时修复问题。

产品上线后，产品经理要与运营团队紧密合作，支持产品的运营工作。这包括制定运营策略、分析与产品相关的数据、根据用户的反馈调整产品等。例如，健身 App 上线后，产品经理要和运营团队一起策划推广活动，分析用户数据，优化产品的推荐算法，根据用户反馈来增加新的健身课程等。

⑤ 产品迭代与优化

产品经理要持续关注产品的市场表现和用户反馈，根据这些信息来推动产品的迭代和优化。产品迭代可以是小的功能改进，也可以是大的版本更新。

在产品迭代过程中，产品经理要重新评估产品的功能、用户体验和商业模式等方面，确保产品能够不断适应市场变化和用户需求。例如，健身 App 可能会根据用户的反馈，迭代优化健身计划生成算法，更新界面设计，提升用户体验，或者推出新的付费服务来增加盈利渠道。

✻ 二、认识互联网产品

互联网产品是指通过互联网技术、平台或设备，为用户提供某种特定功能或服务的软件、应用或平台。这些产品通常基于互联网进行开发、运营和推广，以满足用户在信息获取、交流、娱乐、购物、教育、工作等方面的需求。下面将从特点、类型、项目构成、参数和设计流程等方面来介绍互联网产品。

1. 互联网产品的特点

互联网产品通常具有如图 1-3 所示的特点。

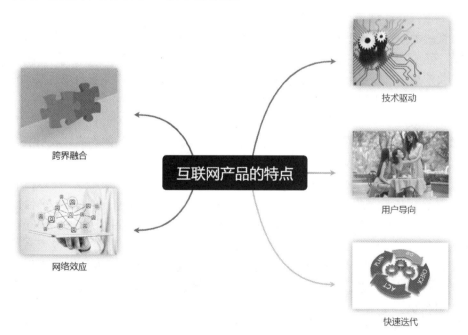

图 1-3 互联网产品的特点

（1）技术驱动

互联网产品得以蓬勃发展，离不开前沿技术的强力支撑，云计算、大数据、人工智能等先进技术成为其坚实内核。

云计算技术为互联网产品赋予了强大的运算与存储能力，有助于产品应对海量用户的并发访问情况和数据存储需求。诸多大型电商平台在购物节期间，依托云计算灵活调配资源，确保页面流畅加载、交易平稳进行，减少因流量暴增而导致卡顿、崩溃的风险。

大数据技术宛如产品的"智慧大脑"，它全方位、不间断地收集用户行为数据，并通过深度分析挖掘出用户的潜在需求、偏好以及消费习惯，借此实现精准营销、个性化推荐。视频平台借此为用户精准推送其感兴趣的影视内容，提升用户留存率。

人工智能技术更是能够渗透至产品的诸多环节。例如：智能客服可实时解答用户疑问，在降低人工成本的同时提升服务效率；图像识别技术用于开发社交平台的滤镜、美颜功能，优化用户体验。

（2）用户导向

用户是互联网产品发展的基础，互联网产品的设计、开发与运营均须紧密围绕用户需求展开。从最初的市场调研，产品团队就要深入不同群体，利用问卷调查、深度访谈、焦点小组访谈等方式精准捕捉用户痛点与诉求；在设计阶段，界面布局要契合用户视觉与操作习惯，追求简洁美观、交互流畅。开发过程中，产品经理密切关注用户反馈，将合理建议迅速转化为产品优化方案；产品上线后，产品经理依旧通过用户评价、社区互动等渠道持续收集反馈，不断迭代产品功能与服务。

这种"以用户为中心"的理念，旨在全方位、深层次地提升用户的满意度与忠诚度，使用户不仅愿意长期使用产品，还自愿化身为"推荐官"，传播产品好口碑。

（3）快速迭代

互联网世界瞬息万变，市场需求与用户偏好不断变动，因此互联网产品普遍有着较短的开发周期与较快的迭代速度。

在产品迭代准备期，产品团队通常会时刻紧盯市场动态，一旦捕捉到新需求、新技术，或是用户反馈的关键问题，便迅速启动迭代程序。小型的迭代优化，如修复页面加载漏洞、微调功能细节，可在短时间内完成；涉及重大功能升级、全新模块添加时，团队也会压缩开发周期，力求产品快速适应市场变化。例如，手机应用市场里的各类 App，经常会每隔几周甚至几天就推送新版本，或是优化算法提升搜索精度，或是根据热门潮流新增特色功能。

（4）网络效应

互联网产品往往具有网络效应，即用户数量的增加会提升产品的价值，吸引更多用户使用，从而形成正向循环的发展态势。

社交平台是互联网产品网络效应的典型代表，初期用户数量有限时，平台社交互动相对匮乏；随着用户量稳步攀升，用户可结识、互动的对象呈几何倍数增长，平台衍生出丰富多样的社交关系与产出内容，吸引力愈发强劲，进而吸引更多新用户入驻。同样地，使用即时通信软件的人越多，沟通便利性越高，信息流通越高效，产品价值也越高。双边或多边市场的互联网产品更是将网络效应发挥到极致，电商平台一侧汇聚海量卖家，提供琳琅满目的商品，吸引大批买家；买家的涌入又刺激更多卖家入驻，双边用户相互赋能，共同提升平台价值。

（5）跨界融合

互联网强大的连接与渗透属性催生出跨界融合这一特点，为诸多行业带来颠覆性变革，孕育出全新的商业模式与服务形式。

共享经济便是互联网与传统租赁、出行、住宿等行业深度融合的结晶，借助互联网平台搭建供需对接桥梁，盘活闲置资源。共享单车让城市出行更便捷，共享办公产品满足创业团队灵活的办公需求。在线教育产品打破时空限制，融合互联网技术与教育资源，教师得以远程授课，学生随时随地上课学习，还可借助人工智能实现个性化学习辅导。互联网与医疗行业融合，催生出线上问诊、远程医疗监测等产品。

2．互联网产品的类型

互联网产品的分类方法多种多样，一般可以按照服务对象、技术架构和功能属性这 3 个维度进行分类，其具体分类内容如下。

（1）服务对象

互联网产品按服务对象可以分为以下 3 类。

① 面向个人消费者（to Customer，to C）的产品

这类产品主要以满足个人用户的日常生活、娱乐、学习、社交等需求为目的。它们通常注重用户体验，强调界面友好、操作简便，并且会根据个人用户的兴趣和行为习惯提供个性化的服务，如微信、腾讯视频等。

② 面向企业客户（to Business，to B）的产品

这类产品侧重于帮助企业提高运营效率，优化业务流程，增强企业竞争力。它们通常具有较高的专业性和复杂性，需要与企业现有的系统和工作流程进行深度整合，并且要满足企业在数据安全、权限管理等方面的特殊要求，如企业微信、金蝶 ERP 等。

③ 面向政府及事业单位（to Government，to G）的产品

这类产品主要为政府和事业单位提供政务服务、公共管理等功能。这些产品需要满足政府及事业单位在数据安全、稳定性、合规性等方面的严格要求，并且要能够适应政府及事业单位的工作流程和政策法规，如国家政务服务平台（该产品为公民提供在线办理证件、缴纳税费、查询政务信息等服务）、智能交通管理系统等。

（2）技术架构

互联网产品按技术架构可以分为以下 4 类。

① Web 产品

Web 产品基于 Web 浏览器运行，用户通过在浏览器中输入网址访问产品。这类产品具有跨平台的优势，只要有浏览器和网络连接，用户就可以在不同的操作系统和设备上使用。它的更新相对方便，不需要用户手动下载和安装更新包，开发成本相对较低，如各种新闻网站、企业官网等。

② 移动端产品

移动端产品专门为移动设备（如手机、平板电脑）设计，充分利用移动设备的特性，如触摸屏、摄像头、卫星定位功能等。移动端产品通常具有更好的用户体验，更适合用户在移动场景下使用，并且可以通过应用商店进行发布和更新，如支付宝 App、高德地图 App 等。

③ PC 端产品

PC 端产品通常拥有比移动端产品更强大的处理器和更大的内存，这使得 PC 端产品能够处理复杂的计算任务，如 Adobe Premiere Pro 等。

④ 小程序产品

小程序是一种轻量级的应用，通常嵌在大型的平台应用（如微信、支付宝）内部。它不

需要用户单独下载和安装，用户在使用时通过平台应用的入口（如微信小程序二维码）直接打开即可。小程序具有开发成本低、使用便捷、传播容易等特点，如餐饮商家的点餐小程序、电商商家的购物小程序等。

（3）功能属性

互联网产品按功能属性可以分为如表 1-2 所示的几类。

表 1-2　基于功能属性划分的互联网产品类型

类型	具体细分	特点	典型产品
信息类产品	新闻资讯平台	主要提供及时、全面的新闻信息	今日头条、腾讯新闻等
	知识问答平台	为用户提供一个提问和回答问题的场所	知乎、百度知道等
	百科类产品	由用户共同编辑和维护的知识库，通过用户的贡献来不断丰富和完善内容	维基百科、百度百科等
社交类产品	即时通信产品	支持文字、语音、视频等多种通信方式，并且支持用户在手机、个人计算机等多种设备上使用	微信、QQ 等
	社交网络平台	用户可以在上面分享照片和视频、关注感兴趣的人或话题	抖音、微博等
	陌生人社交产品	主要为用户提供一个结识新朋友的平台	探探、Soul 等
电子商务类产品	综合电商平台	提供海量的商品供用户选择	淘宝、京东等
	垂直电商平台	专注于某一特定领域的商品销售	丝芙兰（化妆品）、当当（图书）等
	跨境电商平台	主要为用户提供海外商品的购买渠道	天猫国际、考拉海购等
娱乐类产品	视频平台产品	提供各种类型的视频内容，包括电影、电视剧、综艺、动漫等	优酷、哔哩哔哩、爱奇艺等
	音频平台产品	提供音乐、有声读物、广播剧等音频内容	喜马拉雅、QQ 音乐等
	游戏产品	游戏产品分为手游、端游等多种类型	悟空游戏平台、WeGame 等
工具类产品	办公工具产品	主要为用户提供高效的办公解决方案	钉钉、WPS Office 等
	生活工具产品	主要为用户提供便捷的生活服务	高德地图、墨迹天气等
	图像处理工具产品	支持照片美化、图像编辑等操作	美图秀秀、Photoshop 等
其他类别产品	搜索引擎	提供网页搜索、图片搜索、视频搜索等各类信息检索服务	百度搜索、搜狗搜索等
	在线教育产品	提供各种在线学习课程和教育资源	智慧职教、网易云课堂等
	在线金融服务产品	提供在线支付、转账、理财等金融服务	支付宝、微信支付等
	在线旅游服务产品	提供酒店预订、机票预订、旅游攻略制定等旅游相关服务	飞猪、携程旅行等
	物联网产品	通过互联网连接并实现远程控制和数据传输	智能家居设备、智能穿戴设备、智能汽车等

注：以上只是一部分互联网产品的类别和细分，随着科技的发展和创新，还会出现更多新型的互联网产品。

3．互联网产品的项目构成

互联网产品项目主要由人员和技术两大部分构成，每一部分都在项目的规划、实施和运营中发挥着独特作用。

（1）互联网产品项目的关键人员构成

互联网产品项目的关键人员包括投资方、开发/运营方和用户。

① 投资方

互联网产品项目的投资方主要包括天使投资人、风险投资公司以及普通投资者。

天使投资人通常对初创企业进行投资，他们会在创业公司的早期阶段投入资金，以换取公司的一部分所有权和收益权。这种投资方式尤其适合有创意但缺乏启动资金的项目。

风险投资公司主要投资具有高增长潜力的企业，他们通过为企业提供资金或其他资源，来换取公司股份。与天使投资相比，风险投资通常涉及更大规模的投资金额和更长的投资期限。

普通投资者则可能参与低门槛的互联网投资项目，这些项目需要的注册资金通常比较少，提供了更加便捷的投资渠道，支持投资者运用个人计算机或移动设备随时随地进行投资操作。

在选择投资互联网项目时，投资者需要考虑多种因素，包括项目的市场前景、技术可行性、团队实力、商业模式以及潜在风险等。同时，投资者也需要具备一定的投资知识和经验，以便做出明智的投资决策。

请注意，任何投资都存在风险，投资者在决定投资前应进行充分的市场调研和风险评估，并谨慎考虑自己的风险承受能力和投资目标。同时，遵守相关法律法规，确保投资行为的合法性和合规性。

② 开发/运营方

互联网产品项目开发/运营方主要是指负责策划、设计、开发和运营互联网产品的组织或团队，即产品团队，产品经理是其中的关键角色。他们通常有专业的技术背景和敏锐的市场洞察力，能够根据市场需求，开发出具有竞争力的互联网产品。

产品团队的主要职责和素养如表 1-3 所示。

表 1-3　产品团队的主要职责和素养

职责/素养	具体职责/素养	详细说明
职责	项目策划与规划	根据市场调研和用户需求分析，确定项目的目标和愿景，确定项目的整体计划和时间表
	产品设计	进行产品原型设计和交互设计，明确产品的功能和界面设计，确保产品能够满足用户需求，提供良好的用户体验
	技术开发	根据项目需求进行技术选型、架构设计、代码编写等工作，实现产品的各项功能
	测试与优化	进行产品的测试工作，发现并修复潜在的问题和缺陷，同时根据用户反馈和数据分析，对产品进行优化
	运营与推广	确定产品的运营策略和推广计划，通过各种渠道吸引用户，提升产品的知名度和影响力
素养	技术实力	拥有专业的技术团队，具备扎实的技术功底和创新能力
	市场洞察力	能够准确把握市场趋势和用户需求，为产品开发提供有力支持
	团队协作能力	能够协调团队成员之间的工作，确保项目的顺利进行
	管理能力	具备项目管理和时间管理能力，能够按照计划推进项目

③ 用户

用户是互联网产品的主要服务对象，这一角色在互联网产品项目的多个维度中都占据核心地位，它是互联网产品项目在整个生命周期的基础和重要构成。互联网产品项目的潜在用户通常比较广泛且多样化，涵盖了各个年龄段、职业背景和兴趣爱好的人群。这些用户通过互联网产品来满足他们在信息获取、交流、娱乐、购物、教育和工作等方面的需求。因此，产品团队在开发和运营互联网产品项目时，需要充分了解用户的特点和需求。

在这些用户中，年轻群体占据了相当大的比例。他们通常具有较高的互联网使用频率和活跃度，善于利用互联网产品来获取信息、交流思想、分享经验，同时也偏好在互联网上进行娱乐和社交。特别是学生和年轻的职业人群，他们是互联网产品项目的重要用户群体，他们通常会通过互联网产品进行学习、求职等活动。

随着智能手机的普及和互联网技术的不断发展，越来越多的中年和老年用户开始使用互联网产品，如利用互联网产品进行购物、社交娱乐、健康管理等。他们也逐渐成为产品团队不可忽视的用户群体。这类用户通常注重产品的实用性和便捷性，希望通过产品来提高生活质量和效率。

此外，不同职业背景的用户对产品也有着不同的需求。例如，企业用户可能更关注能够提高工作效率和降低成本的产品，如在线办公平台、营销工具等；而教育机构和学者则可能更关注能够提供更多高质量教育、学术资源的产品。

（2）互联网产品的技术构成

互联网产品的技术构成涉及多个方面，包括客户端的多样性、服务端的技术实现，以及各类技术的综合运用等。

① 客户端的多样性

客户端是多样化的，包括手机客户端、个人计算机客户端、平板电脑客户端、户外大屏客户端等。其中，手机和平板电脑客户端又主要分为 Android（安卓系统）、iOS（苹果系统）、HarmonyOS（鸿蒙系统）。对于侧重移动端应用的产品，为了满足不同操作系统的用户需求，产品团队需要同时开发支持 Android、iOS、HarmonyOS 的客户端程序。产品团队可以使用相应的集成开发工具对这些程序进行开发，例如 Android Studio、eclipse 用于 Android 客户端开发，Xcode 则用于 iOS 客户端开发，而 DevEco Studio 用于 HarmonyOS 客户端开发。

② 服务端的技术实现

服务端则主要负责其与客户端的接口开发，处理客户端发送的请求，以及数据的存储与查询等任务。服务端的设计和实现对于确保互联网产品的稳定运行和用户体验良好至关重要。

③ 各类技术的综合运用

除了客户端和服务端外，互联网产品的构成还涉及许多其他技术，如前端技术、后端技术、数据库技术、网络安全技术等。这些技术共同作用，使互联网产品能够为用户提供稳定、高效、安全的服务。

4. 互联网产品的参数

互联网产品的参数涉及多个方面，这些参数不仅有助于产品团队衡量产品的性能和质量，还能为产品优化和决策提供数据支持。表1-4所示为常见的互联网产品参数。

表1-4 常见的互联网产品参数

参数类型	参数名称	参数说明
用户增长相关参数	累计用户总数	反映产品自上线以来吸引的总用户数
	登录用户数	衡量在一定时间内实际登录过产品的用户数
	新增用户数	反映产品新用户的增长情况
	留存用户数和留存率	反映用户对产品的持续兴趣和忠诚度

参数类型	参数名称	参数说明
业务收入 相关参数	付费用户数	表示实际为产品付费的用户数量
	付费收入金额	衡量产品通过用户付费获得的总收入
	付费转化率	付费用户数与总用户数的比例，反映产品吸引用户付费的能力
	每用户平均收入	总收入除以总用户数，衡量产品的盈利能力
	用户生命周期价值	预测用户在产品生命周期内为产品带来的总价值
用户行为 相关参数	下载量	产品被用户下载的次数
	注册成功量	反映成功注册成为产品用户的数量
	人均使用时长	衡量用户平均每次使用产品的时长
	点击率	用户点击某个元素或功能的次数与展示次数的比例
	访问页面数	用户在一次会话中访问的不同页面数量
技术性能 相关参数	负载量/并发用户数	产品能够同时处理的最大用户请求数量
	连接失败率	用户尝试连接产品时失败的频率
	吞吐量	产品每秒能够处理的事务数或查询数
	响应时间	用户请求得到响应所需要的时间
用户体验 相关参数	闪退率	产品在使用过程中意外退出的频率
	启动时间	产品从启动状态加载到可用状态的时间
	平均加载时长	页面或功能加载所需要的平均时间
	页面切换时长	用户在不同页面或功能间切换所需要的时间

这些参数为产品团队提供了宝贵的数据支持，帮助他们了解产品的表现、用户行为以及市场需求，从而进行有针对性的优化和改进。同时，这些参数也是投资者评估产品潜力和商业价值的重要依据。需要注意的是，产品团队根据不同产品的特性和需求，可能会关注不同的参数，因此在实际应用中应根据具体情况进行选择和调整。

📖**案例分析**

微信读书——数字阅读浪潮中的多面先锋

微信读书自上线以来，在互联网阅读领域占据了重要地位，有着诸多值得关注的方面。

（1）使用多种技术

在发展过程中，微信读书依托云计算技术，能轻松应对海量用户同时在线阅读、下载书籍等操作，保障用户无论何时打开软件都能迅速加载书籍内容，即便在有大量新书上架、众多用户集中访问的情况下，也不易出现卡顿或数据丢失等问题，稳定地存储用户的阅读记录、书签等信息。

大数据技术更是助力其深度洞察用户的阅读喜好，通过分析用户的阅读历史，包括阅读书籍类型、阅读时长、阅读频率等多维度数据，为用户精准推荐符合其个人兴趣的书籍。例如，喜欢科幻题材的用户能持续收到相关佳作推荐，有效提高了用户发现心仪读物的效率。同时，借助人工智能技术，语音朗读功能得以不断优化，不仅能以多种音色进行朗读，还能根据不同语境合理断句、调节语调，让用户可以通过听书的方式轻松接收书籍的内容，进一步提升了用户的阅读体验。

（2）快速上线新功能、新内容

随着阅读市场的变化以及用户期望的更新，微信读书时常更新。例如：不断改进书籍排版效果，使不同格式的书籍在移动端展示得更加美观，让读者感到更舒适；增添社交互动新玩法，如组队读书赢取无限卡等活动，鼓励用户之间相互督促阅读、分享阅读成果，增强用户黏性；微信读书还会根据版权获取情况及时上新热门书籍，满足用户对新书的阅读渴望，以此保持产品在市场中的竞争力。

（3）正版授权，合作共赢

微信读书与出版行业紧密合作，积极引入正版优质书籍资源，推动纸质书与电子书的协同发展。随着越来越多的读者入驻平台，大家分享的读书感悟、书评等内容日益丰富，形成了浓厚的阅读交流氛围，吸引更多有阅读兴趣的人加入进来，构建起一个活跃的阅读社交圈子。而且随着读者数量增多，平台对于书籍版权方的吸引力也更大，能争取到更多优质书籍资源，进一步反哺用户，让整个生态不断向更好的方向发展。

（4）运营效果向好

在微信读书日常运营中，累计用户总数呈现稳步上升趋势，反映出其在阅读市场中的影响力逐渐扩大；登录用户数在闲暇时段以及有热门新书上架时会有明显增长，新增用户数通过有效的市场推广、新功能上线等契机不断增加，留存用户数和留存率保持在较高水平，意味着用户对产品有较高的忠诚度。

付费用户数随着用户对优质内容、无广告阅读等付费服务需求的增长而增多，付费收入金额相应提高，付费转化率体现了产品付费服务对用户的吸引力程度，每用户平均收入能衡量整体的盈利水平，用户生命周期价值预示着在较长时间内，用户为产品创造收益的潜力。

下载量在各大应用商店表现可观；注册量持续增多；人均使用时长因用户阅读习惯不同而有差异，但整体较为可观；点击率对书籍推荐、功能按钮等方面的优化有着重要参考意义；访问页面数随着产品功能拓展（如书城页面、个人阅读记录页面等）有所增加。

要求：请同学们阅读上述案例并思考以下问题。

（1）微信读书体现了互联网产品的哪些特点？

（2）微信读书可以被划分为哪些类型？

（3）微信读书的运营效果涉及了互联网产品的哪些参数？

5. 互联网产品的设计流程

互联网产品设计是一个系统化的过程，不仅要求逻辑严密，还要求从用户视角出发，创造差异化价值。互联网产品的设计流程如图1-4所示。

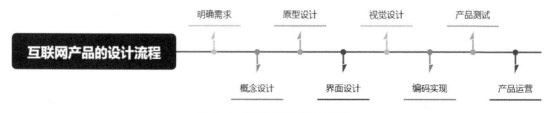

图1-4 互联网产品的设计流程

（1）明确需求：夯实产品基石

在明确需求阶段，产品团队的工作重点在于找到真正能引发用户共鸣的问题，并与商业目标相结合。在开展工作前，产品团队应定义问题，框定目标，为后续决策提供参照。例如，产品经理提出关键性问题："我们的产品要为谁解决什么问题？如何评估这个问题的重要性？"

在明确需求时，产品团队可以运用多种方法采集需求，如自主分析法、业务驱动法、市场竞品分析法和用户研究法等。同时，产品团队还应对采集到的需求进行真伪识别，梳理需求优先级，剔除伪需求与低频需求，将关乎产品核心价值的需求置顶，为后续设计工作勾勒蓝图。

（2）概念设计：勾勒产品愿景

概念设计阶段强调从抽象到具体的逻辑演变过程，确保方案具有创新性和可落地性。在此阶段，产品团队需要基于需求分析的结果进行创意构思与概念提炼，打造出产品的概念框架。通过绘制草图、制作概念视频或 PPT 等方式，产品团队将产品理念、功能布局、用户体验等要素进行初步呈现。此外，产品团队还应围绕产品定位，构思产品的核心功能架构与信息架构。核心功能架构明确各功能模块的关联与协作逻辑，信息架构则规划信息的呈现、组织与流转方式，确保用户高效获取所需内容，为后续设计环节筑牢基础。

概念设计不仅要求创新性与独特性，还需要考虑技术可行性、市场接受度及成本效益。通过多轮讨论与迭代，产品团队不断优化产品概念，确保其既符合市场需求又具备竞争优势。

（3）原型设计：搭建产品雏形

原型设计是将抽象的产品概念具象化的过程，旨在快速搭建产品的初步模型，验证设计思路与功能流程。这个阶段主要涉及低保真和高保真两种产品原型的制作。

低保真原型常借助 Axure、Sketch、Mockplus 等专业工具打造，以简洁的线框、占位符勾勒产品界面，模拟基本的页面跳转、交互效果。例如，产品团队在设计电商 App 原型时，可以用简单图形示意商品展示区、购物车图标、下单按钮，通过点击操作展现页面切换至支付页面的流程，方便团队成员、测试用户及投资方初步感受产品架构与操作逻辑。

随着项目推进，产品团队应将低保真原型升级为高保真原型。高保真原型可以融入更多细节，精准呈现界面布局、按钮样式、交互反馈，尽可能贴近最终产品的视觉与交互效果。此外，高保真原型还有利于产品团队收集各方反馈，提前排查潜在问题，降低后续修改成本，进而使产品设计臻于完善。

（4）界面设计：优化用户交互

界面设计阶段的重心在于平衡美观性与功能性，通过细节增强用户的情感认同。因此，在界面布局上，产品团队应遵循用户视觉与操作习惯，合理分配元素空间。产品团队可以将关联元素分组呈现，突出核心内容，降低用户的认知负荷。例如，对于资讯类 App，产品团队可以将头条新闻置于首屏视觉焦点位置，搭配高清图、醒目标题及清晰的导航栏和搜索框，以便用户快速定位信息。

（5）视觉设计：塑造产品形象

视觉设计是对界面设计的进一步升华。它赋予产品独特的审美风格与品牌辨识度，关乎用户的第一印象与情感共鸣。在这一阶段，产品团队需要坚持一定的设计原则（如状态可视原则、环境贴切原则等）与美学理念，对产品界面的细节进行精细化处理，包括图标、按钮、动画效果等元素的视觉优化，以提升产品的整体美感与吸引力，提高用户对产品的好感度与忠诚度。

（6）编码实现：赋予产品生命

编码实现是产品团队将设计语言转换为技术逻辑的阶段，是创意落地的技术支撑环节。它通常涉及前端、后端以及数据库等多领域协作（前端开发工作主要为打造用户直接接触的界面；后端开发工作主要为构建服务器端的业务逻辑与数据处理体系；数据库设计关乎数据的组织与存储效率）。

在这个阶段，产品团队需要依据原型设计与界面设计文档，进行前端与后端的开发工作，通过编写代码、调试程序、优化性能等手段，促使产品功能得以实现并达到设计要求。在编码实现过程中，产品团队需要密切关注技术选型、代码质量等方面的问题，确保产品具备稳定性和可扩展性。同时，产品团队还需要把编写的前端代码、后端代码、实现的业务逻辑功能，以及相关数据处理流程与开发框架、数据库等技术工具进行紧密集成，确保产品能够顺利运行并满足用户需求。

（7）产品测试：打磨产品品质

产品测试是排查产品缺陷、优化产品性能的重要环节。在这一环节，产品团队需要对产品进行功能测试、性能测试、兼容性测试等多方面的测试工作，旨在验证产品的质量，为产品的上线做好准备。

（8）产品运营：延续产品活力

在互联网产品的整个生命周期中，运营阶段所占据的时间是最长的，并且产品运营还涉及对用户的维护。因此，运营效果的好坏决定了产品是否能在市场中持续生存。

在这个阶段，运营团队主要负责产品的市场推广、用户增长、数据分析等工作，通过制定运营策略、开展营销活动、优化用户体验等手段，推动产品快速占领市场并获得用户认可。运营团队还需要密切关注市场反馈与用户需求变化，对产品进行持续优化与迭代，让产品在竞争中长盛不衰。

❈ 三、互联网产品赛道选择方法

要选择互联网产品所在的赛道，产品团队可以从多个维度进行考虑和分析。下面是一些建议的方法，以帮助产品团队明确思路。

1．市场洞察法：把握宏观与微观动态

互联网市场的快速变化要求产品团队对宏观环境和微观环境保持敏锐的洞察力，从行业格局到用户需求的动态变化，每一个层面的信息都可能影响赛道的选择。

市场洞察法的核心要素如图1-5所示。

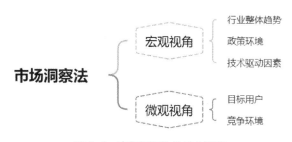

图 1-5　市场洞察法的核心要素

（1）宏观视角：审视行业全景与政策风向

宏观视角强调产品团队对行业整体趋势、政策环境和技术驱动因素的把握。

① 行业整体趋势

产品团队首先要对互联网行业的整体格局有清晰的认识。产品团队可以通过查阅行业报告、市场调研机构的数据来获取不同领域互联网产品的市场规模信息，以进一步观察不同领域的市场饱和度。那些尚未充分开发、仍有大片空白的领域，就有可能隐藏着潜力赛道。例如，随着人们对健康生活的关注度不断提高，健康管理类互联网产品市场逐渐兴起，但在一些细分领域，如心理健康管理，市场饱和度较低，这就可能是一个值得探索的赛道。

② 政策环境

政策环境对互联网产品赛道的发展有着深远的影响。政府对于互联网行业的监管政策可能会创造新的机会或者限制某些领域的发展。例如，随着数据安全和隐私保护法规的完善，与数据加密、隐私保护技术相关的产品赛道可能会迎来发展机遇；而不符合规定的互联网金融产品赛道则可能面临整改或限制。

再以与新能源汽车相关的互联网产品为例，在国家大力推广新能源汽车、鼓励智能网联汽车发展的政策背景下，汽车智能座舱系统、充电桩智能管理系统等产品赛道迎来了良好的发展机遇。利好政策能够为产品提供广阔的市场空间和发展前景。

③ 技术驱动因素

跟踪新技术的发展趋势对选择赛道至关重要。新兴技术如人工智能、大数据、物联网等正在重塑互联网产品的格局。以人工智能为例，它在智能客服、图像识别、语音识别等领域的应用催生了新的产品赛道。通过分析技术创新在不同领域的应用程度和发展潜力，产品团队可以发现有前景的产品赛道。

（2）微观视角：聚焦用户与竞争态势

在微观层面，产品团队聚焦目标用户和竞争环境的细节有助于识别细分市场的潜在机会。

① 目标用户

精准剖析目标用户的需求和变化趋势是选择赛道的要点。不同的用户有不同的需求和消费习惯。例如，面向年轻人的社交娱乐产品可能更注重个性化、潮流元素和即时互动；而面向中老年人的健康管理产品则需要更简洁的操作界面和实用的健康监测功能。产品团队通过市场调研了解目标用户的年龄、性别、地域、消费能力、兴趣爱好等特征，有助于确定适合的产品赛道。

② 竞争环境

深入研究竞争对手的布局和战略动态，有助于发现市场空白或竞争薄弱环节。产品团队可以通过分析竞争对手的产品矩阵、市场覆盖范围和品牌定位等因素来选择赛道。

如果一个赛道已经被少数几个巨头占据了大部分市场份额，且竞争壁垒较高，那么进入该赛道可能会面临较大的挑战；相反，如果某个赛道竞争对手较少，且有未被满足的用户需求，那么它可能是一个有潜力的选择。例如，在短视频社交赛道，当头部平台主要聚焦年轻用户群体时，针对中老年用户群体开发具有特定功能和内容风格的短视频产品，就可能是一个不错的选择。

2. 自我评估法：考量资源与能力适配性

进入某一产品赛道的可行性不仅取决于市场空间，还取决于赛道与自身的资源和能力的匹配度。产品团队通过对技术资源、资金实力及运营渠道的全面评估，可以更准确地判断自身是否具备进入特定产品赛道的条件。

自我评估法的核心要素如图1-6所示。

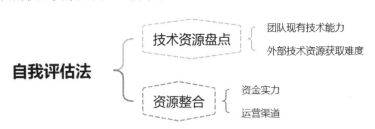

图1-6　自我评估法的核心要素

（1）技术资源盘点：团队实力与拓展潜力评估

技术资源是决定互联网产品开发深度与广度的核心因素。无论是团队的现有技术能力还是外部技术资源的获取难度，都会直接影响赛道选择的可行性。因此，全面盘点技术资源是赛道选择中不可忽视的重要环节。

① 团队现有技术能力

评估团队成员的技术专长和能力是影响赛道选择的重要因素。如果团队成员在软件开发、数据分析、算法优化等领域有深厚的技术积累，那么产品团队可以选择与之匹配的技术密集型产品赛道。例如，一个擅长机器学习算法的团队，可能更适合进入智能推荐系统、图像识别软件等赛道。

② 外部技术资源获取难度

除了现有团队的技术能力，产品团队还需要考虑获取外部技术资源的难度。对于一些需要前沿技术支持的赛道，如区块链金融产品，产品团队需要评估是否能够顺利获取相关技术人才、技术专利或者技术合作机会。如果获取难度过大，可能会影响产品的开发和竞争力。

（2）资源整合：资金实力与运营渠道评估

资源的有效整合对于互联网产品的成功至关重要。资金实力与运营渠道不仅影响产品开发的规模，也影响市场推广的效率和用户覆盖率。通过合理评估并整合资源，产品团队可以最大化地发挥自身优势，选择与能力相匹配的赛道。

① 资金实力

不同的互联网产品赛道对资金的需求差异很大。例如，开发一款大型3D游戏可能需要大量的资金投入用于美术设计、服务器搭建、市场推广等环节；而开发一款简单的工具类App所需要的资金可能会相对较少。在选择赛道时，产品团队应结合自身的资金实力和预算限制，确保有足够的资金支持产品的开发、运营和市场推广。

② 运营渠道

考虑自身拥有的运营渠道也很重要。如果企业已经拥有丰富的线上线下运营渠道，如庞大的用户社区、广泛的线下合作伙伴等，那么产品团队可以选择能够充分利用这些资源的产品赛道。例如，一家拥有大量线下门店的企业，在选择互联网产品赛道时，可以考虑开发O2O（线上到线下）融合的产品，如线上预约、线下体验的服务类产品。

3．差异化与创新法：探寻独特价值与突破点

在互联网领域，现有产品赛道可能不符合产品团队的设计理念和企业的业务要求。对于这种情况，产品团队完全可以创造出一条新的细分赛道以摆脱同质化的竞争，而差异化和创新法是实现这一点的关键。差异化与创新法的核心要素如图1-7所示。

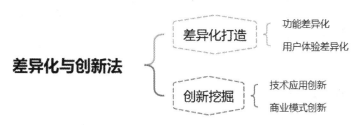

图1-7 差异化与创新法的核心要素

（1）差异化打造：从功能与体验入手

在竞争激烈的互联网行业，差异化不仅是打造产品竞争优势的重要因素，还是影响赛道选择的重要因素。

① 功能差异化

寻找产品功能上的差异化有助于产品团队选择新的细分赛道。产品团队可以分析现有市场上产品的功能特点，找到未被满足的用户需求或者可以优化的功能。例如，在电商平台赛道，除了提供基本的购物功能外，产品团队可以考虑增加虚拟试衣、商品溯源等差异化功能，以吸引用户。

② 用户体验差异化

注重用户体验的差异化也能帮助产品团队选择有竞争力的赛道。用户体验与界面设计、操作流程、服务质量等多个方面有关。以在线旅游产品为例，若某一产品提供更加个性化的旅游规划、更便捷的行程管理和更贴心的客户服务，可能会吸引更多用户选择该产品。

（2）创新挖掘：技术与商业模式双驱动

创新是推动互联网产品发展的核心动力。无论是技术创新还是商业模式创新，都能为产品开辟新的增长空间。通过深度创新，产品团队可以发掘更多机会，开创出与众不同的赛道。

① 技术应用创新

产品团队可以探索将新技术与产品深度融合的路径，思考如何利用新技术创造新的产品形态或服务模式，进而开创新的赛道。例如，在智能穿戴设备赛道，结合生物识别技术和大数据分析，开发能够实时监测用户健康状况并提供精准健康建议的产品，是一种基于技术创新的赛道拓展方式。

② 商业模式创新

除了技术创新，商业模式创新也是挖掘赛道潜力的重要方向。产品团队可以寻找新的盈利模式、合作模式或者用户运营模式。例如，共享经济模式的出现，在出行（共享单车、共享汽车）、住宿（民宿短租）、共享设备等多个领域创造了新的产品赛道，通过改变传统的所有权和使用权的关系，实现了资源的高效利用和新的商业价值。

任务二 互联网产品体验报告的撰写

互联网产品体验报告是体验者对某一互联网产品进行深入了解和体验后，从用户的角度出发，对该产品的各个方面进行全面、客观的分析和评价的一种报告形式。该报告通常涵盖用户对产品交互、界面设计、功能、性能、易用性、视觉设计、内容质量等方面的感受和体验。体验者会按照一定的框架进行深入的分析与总结，从产品的优势、不足以及改进建议等多个角度进行阐述。在互联网产品设计中，体验者通常来自产品团队，如产品经理。

❋ 一、互联网产品体验报告的作用

产品团队撰写互联网产品体验报告的核心目的是更好地了解产品、优化产品以及提升用户体验。互联网产品体验报告的主要作用如下。

1．帮助深入了解产品

通过全面、系统地体验产品，并详细记录体验过程，产品团队能够更深入地了解产品的各项功能、特点以及潜在问题，从而更准确地把握产品的优势和不足，为后续的优化工作奠定坚实基础。

2．帮助优化用户体验

产品体验报告聚焦于用户体验，关注产品在实际使用过程中的便捷性、舒适性以及满足感。产品团队通过分析和改进产品在交互设计、界面设计、性能等方面的表现，可以提升用户的使用满意度，进而增强产品的竞争力。

3．帮助发现潜在问题

在产品体验过程中，产品团队可能会发现一些之前未注意到的问题。这些问题可能涉及功能缺陷、性能瓶颈、安全隐患等方面。通过及时记录和分析这些问题，产品团队可以在产品发布前进行修复和改进，避免潜在的市场风险。

4．指导产品迭代

产品体验报告不仅可以评估当前产品的状态，还可以作为产品迭代的重要依据。通过分析用户的反馈和需求，产品团队可以明确产品的发展方向和发展的优先级，制订更为精准的迭代计划。

5．提升团队能力

撰写产品体验报告的过程也是产品团队成员学习和提升的过程。通过体验、分析和改进产品，团队成员可以加深对产品设计和用户体验的理解，提升自身的专业技能和综合能力。

6．促进与外部利益相关者沟通

产品体验报告可以作为促进产品团队与外部利益相关者（如投资者、合作伙伴、用户等）沟通的重要工具，通过客观、详细地展示产品的用户体验和市场表现，增强外部利益相关者对产品的信任和认可。

❋ 二、互联网产品体验报告的结构

互联网产品体验报告的结构多样，下面提供了一个结构样式以供产品体验者参考，体验者可以根据使用场景和实际情况灵活调整。

1．产品背景

在互联网产品体验报告中，产品背景指的是对产品的起源、发展历程、市场定位以及当前的市场环境等方面的描述和分析。

（1）产品起源

产品起源主要描述产品的诞生背景，包括创始人或团队的初衷、产品创意的来源以及最初的市场定位等内容。

（2）发展历程

发展历程要求产品体验者概述产品从诞生至今的主要发展阶段，包括重要的功能更新、市场扩张、用户增长等里程碑事件。

（3）市场定位

产品体验者需要分析并撰写产品在市场中的位置，包括目标用户群体、解决的主要问题以及与竞品的差异点等内容。

（4）市场环境

产品体验者需要评估并撰写当前的市场趋势、竞争格局以及潜在的机会和挑战，以明确产品所处的宏观环境。

通过对产品背景的深入剖析，互联网产品体验报告可以帮助产品体验者或其他读者更好地理解产品的起源与发展及其在市场中的位置和影响力，有助于产品体验者评估产品的当前状态和发展潜力，为产品的进一步优化提供有价值的参考。

2．体验环境

互联网产品体验报告中的体验环境主要指的是影响用户（即产品体验者）对产品的体验的一系列条件。

体验环境通常包括以下几个方面。

（1）设备

设备指的是体验者用来体验产品的设备类型，如手机、平板电脑、个人计算机等，还分不同的品牌和型号。不同设备之间的硬件性能和屏幕尺寸等因素都可能影响产品的表现和用户体验。

（2）系统环境

系统环境指的是设备运行的操作系统及其版本。不同操作系统的设计和特性可能会对产品的界面展示、功能实现以及兼容性等方面产生影响。

（3）软件版本

软件版本即体验产品的具体版本。不同版本的产品可能存在功能差异，如新版本修复了问题或引入了新的功能，因此了解软件版本对于产品团队准确评估产品体验至关重要。

（4）体验时间

体验时间指的是体验者进行产品体验的具体时间段。了解体验时间，有助于了解产品在不同时间段（如高峰时段、低谷时段）的性能表现。

（5）网络环境

网络环境即体验者在使用产品时的网络连接类型（如 Wi-Fi、4G/5G 等）以及网络速度。网络环境直接影响到产品的加载速度、数据传输以及用户体验，对于需要联网使用的产品尤为重要。

3．产品分析

由于产品体验报告是产品团队成员以用户的视角体验产品而撰写的，因此产品分析部分也要从用户视角出发，运用"用户体验五要素法"进行分析。"用户体验五要素"的具体内容如下。

（1）战略层

这是产品体验的起点，它涉及产品目标和用户需求。明确产品的商业目标以及用户的具体需求，是解决两者间冲突并找到平衡点的关键。战略层确保了产品方向和定位的准确性，为后续的产品设计提供了基础。在撰写报告时，体验者需要深入研究产品相关资料，与团队成员及相关利益者沟通，确定产品的核心目标，如盈利模式、市场份额等，同时通过用户调研、市场分析等手段精准把握用户的核心需求，如用户期望的功能与服务等。

（2）范围层

在确定了产品目标和用户需求后，范围层关注的是产品功能和内容的定义与规划。这包括对产品所需功能的确定、内容的规划以及需求的优先级排序，确保产品功能的完整性和内容的合理性。在撰写此部分内容时，体验者要详细梳理产品现有的功能列表，分析各功能与产品目标和用户需求的契合度，对功能进行分类，确定哪些是核心功能，哪些是辅助功能，评估内容的丰富度、准确性和时效性，例如，对于资讯类产品，要考量新闻的来源、更新频率等。

（3）结构层

结构层关注产品的信息架构和交互设计。它涉及产品信息的组织方式以及用户与产品之间的交互方式。合理的信息架构有助于用户快速找到所需信息，而良好的交互设计则能提升用户的使用体验。撰写报告时，体验者需要绘制产品的信息架构图，展示信息的层级关系和分类方式，分析用户在不同页面和功能间的操作流程，评估交互设计的便捷性，如按钮位置、操作反馈等是否符合用户习惯。

（4）框架层

框架层关注产品的界面设计和导航设计。它涉及产品的视觉表现和导航方式，确保用户能够轻松理解和使用产品。优秀的界面设计能够吸引用户的注意力，而合理的导航设计则能帮助用户快速定位所需要的功能。在撰写此部分内容时，体验者要对产品的界面布局、色彩搭配、图标设计等进行评价，分析其是否美观、协调且符合用户视觉认知，同时检查导航菜单的设计是否清晰、简洁，用户能否方便地在不同功能模块间切换。

（5）表现层

表现层是产品体验的最后一层，它关注产品的视觉表现和动效设计。表现层的设计应该与产品的整体风格和目标用户相匹配，提供美观且符合用户预期的视觉体验。在撰写此部分评价内容时，体验者需要关注产品的视觉风格是否独特且具有辨识度，动效设计是否流畅自然，如页面切换动画、加载动画等是否增强了用户的交互体验，是否存在卡顿或突兀的情况。

这5个要素相互关联、相互影响，共同构成了互联网产品体验报告的核心内容。通过对这5个要素的深入分析和优化，体验者可以协助产品团队进一步提升产品的用户体验，进而增强产品的竞争力。

4．竞品分析

互联网产品体验报告中的竞品分析主要是指对与体验产品相似或存在直接竞争关

系的互联网产品进行深入研究和对比。这种分析旨在揭示竞品在市场中的表现、功能特点、目标用户、商业模式等关键信息，以便产品团队更好地了解市场动态，优化产品竞争策略。

竞品分析通常包括以下几个方面。

（1）功能对比

体验者通过分析竞品与体验产品在功能上的差异和相似之处，找出体验产品的优势和不足，以及可能的创新点。在撰写此部分内容时，体验者首先要确定主要竞品，可通过市场调研、用户反馈等方式获取竞品信息，然后详细列出竞品和体验产品的功能清单，进行逐一对比，例如，对比社交产品的聊天功能、隐私设置功能等的差异。

（2）用户体验对比

体验者通过实际使用竞品，评估其用户体验，包括界面设计、交互逻辑、操作流程等，以便优化体验产品的用户体验。在撰写此部分内容时体验者需要按照“用户体验五要素法”对竞品进行分析，重点关注竞品在界面友好性、操作便捷性、信息展示清晰度等方面的表现，与体验产品进行对比。

（3）市场定位与商业模式分析

体验者通过研究竞品的市场定位以及商业模式，了解竞品在市场中的竞争策略和发展方向。在撰写此部分内容时，体验者可以分析竞品的宣传推广内容、用户画像以及盈利模式，从而明确体验产品在市场中的差异化定位和潜在的商业模式优化方向。

（4）数据分析处理

数据分析处理可以为前面的竞品分析提供依据。体验者需要收集和分析竞品的相关数据，如用户规模、活跃度、留存率等，以量化方式评估竞品的市场表现和用户黏性。体验者可以借助第三方数据平台、市场调研报告等收集竞品数据，运用数据分析工具进行数据处理和对比分析，例如，通过对比用户活跃度数据，了解竞品在用户参与度方面的优势或劣势。

通过竞品分析，体验者可以更加清晰地认识到体验产品在市场中的位置和潜在的提升空间，为产品的迭代和优化提供有力的支持。同时，竞品分析也有助于团队发现新的市场机会和潜在的合作伙伴，为产品的长远发展奠定基础。请注意，竞品分析需要客观、全面地进行，避免过度依赖主观判断或片面信息。同时，竞品分析也应注重保护用户隐私和遵守相关法律法规。

5．产品建议

产品建议即产品体验者在报告中给出的具体的建议。这些建议应基于真实的体验和合理的分析，旨在帮助产品团队优化产品并提升用户体验。体验者需要根据前面的产品分析和竞品分析结果，针对产品在战略层、范围层、结构层、框架层和表现层存在的问题提出具体的改进方向和措施，如优化产品功能、调整界面设计、改进交互流程等，同时也要考虑建议的可行性和实施成本，确保建议能够在实际产品开发和运营中落地实施。

三、撰写互联网产品体验报告的前期准备

撰写互联网产品体验报告需要产品体验者综合运用产品知识、用户反馈和市场调研数据，结合报告结构，以客观、专业的态度对产品进行全面而深入的分析和评价。为此，做好充分的准备工作是必不可少的。

1．建议使用工具

产品体验者在准备撰写互联网产品体验报告时，可以利用多种工具来进行收集数据、分析用户体验、整理报告内容等工作。常用的资料收集和处理工具如表1-5所示。

表1-5　常用的资料收集和处理工具

类别	工具类型	典型产品	描述
用户调研	问卷调查工具	问卷星、Zoho Survey 等	用于设计和发送用户调研问卷，收集用户反馈
	用户访谈工具	Zoom、腾讯会议等	用于进行用户访谈和深入了解用户需求和体验
数据收集及分析	手机端数据分析工具	App Annie、神策数据、手机应用市场等	用于收集手机各客户端下载量、用户评论，以及 App 的竞品和竞品的相关数据等
	网站端数据分析工具	八爪鱼采集器、百度统计等	用于分析网站和应用的数据流量、用户行为等，了解用户在使用产品中的具体活动和行为
图形表达分析	思维导图工具	XMind、MindNode 等	用于构建产品的思维导图，帮助整理产品结构和功能点
	流程图工具	Visio、Lucidchart 等	用于绘制流程图，清晰地展示产品的操作流程和交互逻辑
文档编辑与报告撰写	文档编辑工具	Word、Excel	用于撰写产品体验报告的主体内容，包括问题描述、分析、建议等
	演示工具	PowerPoint、Keynote	用于制作演示文稿，方便向团队或客户展示产品体验报告的核心内容
原型设计	原型设计工具	墨刀、Axure、Sketch、Figma、InVision 等	用于设计产品原型，展示产品功能和界面设计，方便团队成员和利益相关者理解产品

2．具体事项

除了工具的准备和使用之外，产品体验者在撰写产品体验报告前还应做好以下事项。

（1）明确目标和范围

体验者首先需要明确撰写体验报告的目标，例如，评估产品的用户体验、功能完整性或市场潜力等。同时，确定报告的范围，即体验者需要关注的产品特性、目标用户或市场细分等内容。

（2）收集产品信息

收集用户反馈以及市场调研数据至关重要。这些数据能够为体验者提供关于产品性能和市场需求的宝贵信息，有助于其更准确地评估产品的优缺点。

体验者需要收集关于产品的基本信息，包括产品名称、版本、发布日期、开发者信息等。

此外，了解产品的定位、目标用户、主要功能特点以及市场竞争对手等信息对体验者而言也是必要的。

资料收集是一个比较烦琐的过程，体验者需要通过多个渠道去发掘信息，并把它们串联起来再分类，宏观层面的信息可以直接从公司官网、产品介绍、招聘网站、用研报告、运营报告等渠道收集。

体验者还需要了解产品的市场反馈，可以通过手机应用市场、App Annie、神策数据等渠道来收集相关的信息。很多产品还可以连通团队内部研发的数据"仪表盘"或数据看板，这些渠道都能记录留存、转化、用户特征、行为等方面的重要数据，是产品报告中的有力依据。

熟悉当前互联网产品是撰写报告的前提，体验者可以根据自己的经验、看法去体验产品，感受其优劣势。每个人都是用户，所以不要怕判断错误，大胆去感受、去思考、去提意见，然后把自身的想法记录下来，开始可以是零散的笔记，后面可以统一整理，而第一感受才是最真实的。

体验者在记录想法的时候，最好把相应的理由罗列出来。记录这些之后，后面写报告的时候会很轻松。当然，体验者也不要闭门造车，尽量和身边的成员共同探讨，或许能收集到自身遗漏的信息。

（3）制订体验计划

体验者需要根据产品特性和报告目标，制订详细的体验计划。这包括确定体验的时间、环境、设备以及要测试的具体功能或场景，确保计划既全面又重点突出。

（4）准备体验工具

体验者应根据体验计划，准备所需要的工具，如手机、平板电脑、个人计算机等。确保这些工具能够正常运行，并且具备体验产品所要求的基本配置。

（5）了解行业和市场背景

对互联网行业的发展趋势、市场规模、竞争格局以及相关政策法规进行了解，有助于体验者更好地理解产品的市场环境和潜在机会。

（6）建立体验标准和评估指标

根据产品特性和报告目标，建立体验标准和评估指标，有助于体验者在实际体验过程中更加客观地评价产品的优缺点，并为后续的分析和撰写提供指导。

3．撰写互联网产品体验报告的注意事项

在撰写互联网产品体验报告时，有几个关键事项需要体验者特别注意。

（1）确保体验过程真实而深入

体验者不要仅停留在表面，要像一个真正的用户一样去使用产品，注意第一感觉，从用户的角度出发，评估产品的易用性、功能完整性及整体体验。

（2）报告的内容要清晰、有条理

在撰写报告之前，体验者最好先列一个大纲，明确报告要包含的关键信息和要点，然后根据报告的结构依次撰写，以便读者能够清晰地了解体验者的体验过程和结论。

（3）注意避免陷入撰写误区

体验者在撰写体验报告时，不应仅仅复述产品的功能和特点，而要注重分析产品功能和特点对用户体验的影响。另外，产品体验者还应避免使用过于主观或情绪化的语言，尽量保持客观和专业的态度。

 项目实训：网易云音乐体验报告

1．实训背景

网易云音乐是一款专注于音乐播放与社交分享的互联网音乐平台。区别于传统的在线音乐平台，网易云音乐将音乐与社交深度融合，以用户创建的歌单和歌曲评论为核心，构建了一个充满活力的音乐社区。用户可以在评论区分享自己的故事、感悟和心情，与其他用户产生情感共鸣，形成了独特的"云村"文化。

通过大数据分析和算法优化，网易云音乐能够根据用户的听歌历史、收藏、点赞等行为数据，为用户精准推荐符合其音乐品位的歌曲、歌单和电台节目，帮助用户发现更多优质的音乐资源，提升用户的听歌体验。此外，网易云音乐还积极为独立音乐人提供展示平台和推广机会，助力原创音乐的发展，许多原创音乐人通过网易云音乐获得了大量的粉丝。

2．实训目标

掌握互联网产品体验报告的撰写流程与规范，能够从用户体验角度出发，并按照产品背景、体验环境、产品分析、竞品分析、产品建议的结构完整地撰写一份互联网产品体验报告。

3．实训要求

收集网易云音乐的相关资料，根据互联网产品体验报告的结构撰写，并准备相应的工具（如 XMind、手机应用市场等）进行辅助。

（1）产品背景

深入探究网易云音乐的创立背景、发展历程中的重要事件（如重大功能上线、版权合作突破等）、目标用户特征（年龄、地域、音乐偏好等）以及在当前音乐市场竞争格局中的定位，结合行业报告、新闻资讯等资料进行阐述。

（2）体验环境

每位学生需要在不同时间段、不同网络环境下使用网易云音乐软件，累计使用时长不少于 5 小时，充分体验其核心功能及周边服务，如音乐播放、搜索、收藏、创建歌单、评论互动、个性化推荐等。详细记录体验过程中的设备信息（手机型号、平板电脑型号或计算机配置）、操作系统版本、网易云音乐软件版本、体验的具体时间区间以及网络连接方式（Wi-Fi 或 4G/5G）等。

（3）产品分析

运用"用户体验五要素法"对网易云音乐进行分析。

① 战略层：剖析网易云音乐的商业战略目标（如会员付费、广告盈利、数字专辑销售等）与用户核心需求（优质音乐资源获取、个性化音乐体验、音乐社交需求等），探讨二者的契合度与平衡关系。

② 范围层：梳理网易云音乐的功能架构，明确核心功能（音乐播放、推荐系统、音乐社区）与辅助功能（云盘存储、音乐视频等），评估音乐内容的丰富度、准确性（歌词、歌曲信息）与版权覆盖范围，分析功能与内容对用户需求的满足程度。

③ 结构层：绘制网易云音乐的信息架构图，展示音乐分类、歌单组织、用户个人中心等信息的层级关系与流转逻辑，分析用户在搜索音乐、浏览歌单、切换播放模式等操作流程中的交互设计合理性。

④ 框架层：对网易云音乐的界面布局（首页、播放界面、社区页面等）、色彩搭配、图标设计进行评价，考量其是否符合用户视觉习惯、操作是否便捷，分析导航栏（底部导航、侧边栏导航）在功能切换与页面跳转中的有效性。

⑤ 表现层：关注网易云音乐的视觉风格（整体色调、界面元素风格）与动效设计（页面切换动画、播放进度条动画、点赞评论动效等），评估其对用户情感体验与交互流畅性的影响，判断是否存在视觉疲劳或操作卡顿等问题。

（4）竞品分析

与"QQ 音乐""酷狗音乐"等竞品进行对比。

① 功能对比：详细对比网易云音乐与竞品在音乐播放功能（音质、音效、播放模式）、个性化推荐功能（推荐算法精准度、推荐内容多样性）、音乐社区功能（评论互动活跃度、社区话题丰富度）等方面的异同，找出网易云音乐的优势与可提升之处。

② 用户体验对比：从界面友好性、操作便捷性、信息展示清晰度等方面对比网易云音乐与竞品的用户体验，通过实际操作与用户反馈数据（可收集部分网络公开评论或进行简单的用户调研）进行分析评价。

③ 市场定位与商业模式分析：分析竞品的目标用户（年龄层次、音乐消费习惯等）与商业模式（会员权益设置、广告投放策略、增值服务等），明确网易云音乐在市场中的差异化竞争策略与潜在的商业模式创新方向。

④ 数据分析处理：尝试获取网易云音乐与竞品的相关数据（如用户活跃度、付费转化率、市场份额等，可借助第三方数据统计平台、行业报告等），运用简单数据分析方法对比分析，评估网易云音乐在市场中的竞争力与用户黏性。

（5）产品建议

依据上述分析，针对网易云音乐在各层面存在的问题或可优化空间提出具体、可行的建议。需要说明改进的必要性、预期效果，以及实施的可行性与成本考量，确保建议具有实际应用价值与可操作性。

 巩固提高

一、单选题

1. 互联网产品的网络效应体现为（　　）。

　　A. 用户数量与产品价值成反比　　　　B. 用户数量增加则产品价值提升

　　C. 产品价值不受用户数量影响　　　　D. 产品价值由产品功能决定

2. 互联网产品的技术构成中，负责处理客户端发送的请求以及数据存储与查询的是（　　）。

　　A. 客户端　　　　B. 服务端　　　　C. 前端技术　　　　D. 网络安全技术

3. 产品经理在进行产品设计时，绘制信息架构图主要是在（　　）。

　　A. 战略层　　　　B. 范围层　　　　C. 结构层　　　　D. 框架层

4. 在互联网产品赛道选择的差异化与创新法中，从功能上打造差异化不包括（　　）。

　　A. 优化现有功能　　　　　　　　　B. 增加独特功能

　　C. 模仿竞品功能　　　　　　　　　D. 整合多种功能

5. 互联网产品体验报告中，了解（　　　），有助于评估产品在不同时间段的性能表现。

    A. 设备型号   B. 体验时间   C. 软件版本   D. 系统环境

二、判断题

1. 产品经理在产品开发过程中协调各团队工作时，主要扮演的角色是项目管理者。
（　　　）

2. 在互联网产品的特点中，快速迭代主要是为了应对稳定的竞争环境。（　　　）

3. 对于互联网产品，用户行为相关参数比技术性能相关参数更重要。（　　　）

4. 在选择互联网产品赛道时，从宏观视角进行市场洞察不包括研究目标用户。（　　　）

5. 撰写互联网产品体验报告时，若要详细展示产品功能与用户需求的匹配程度，应着重在产品分析的范围层部分展开。（　　　）

三、简答题

1. 简述产品经理在互联网产品项目中的主要职责。

2. 互联网产品赛道选择的方法中，自我评估法包括哪些核心要素？

3. 在互联网产品体验报告的产品分析环节，运用"用户体验五要素法"时，范围层的具体分析内容有哪些？

项目二 互联网产品商业模式的探索

知识目标

- ➤ 了解互联网产品商业模式的特点和类型。
- ➤ 了解商业模式画布的作用和结构。
- ➤ 掌握绘制商业模式画布的步骤。
- ➤ 了解商业需求文档的作用、特点和结构。
- ➤ 掌握撰写商业需求文档的要求。

能力目标

- ➤ 能够依据市场动态灵活选择产品商业模式。
- ➤ 能够熟练绘制商业模式画布。
- ➤ 能够根据要求撰写商业需求文档。

素养目标

依照商业模式画布进行布局，注重团队协作，树立科学统筹的观念，合理调配资源，凝聚团队力量实现商业理想。

项目导读

在互联网行业，商业模式是产品从概念到成功的桥梁，也是企业在竞争中制胜的关键密码。它不仅是实现盈利的策略，更是一种系统化的思维方式，揭示了企业如何创造价值、传递价值并获取价值。在快速变化的市场环境中，一种创新且高效的商业模式常常决定了产品的价值与生命周期。

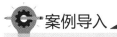 知识导图

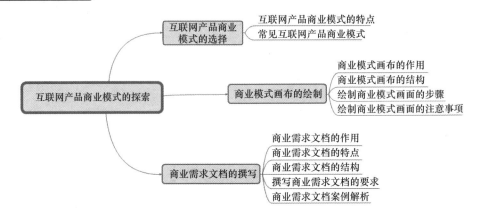

 案例导入

爱奇艺——长视频赛道的多元商业模式

爱奇艺是一个集高清影视、动漫、游戏、音乐、文学等于一体的综合型视频娱乐服务平台。它提供了海量的高清视频内容，包括电影、电视剧、综艺节目、动漫、纪录片等，以满足不同用户的观看需求。其商业模式如下。

微课视频

（1）内容付费订阅

爱奇艺通过提供高质量的付费内容，如独家剧集、热门电影、综艺节目等，吸引了大量付费用户。用户可以选择不同的订阅套餐，如月度、季度或年度会员，享受高清画质、无广告、提前观看等特权。

（2）广告投放

作为流媒体平台，广告是爱奇艺的重要收入来源之一。爱奇艺通过精准的广告投放，为广告主提供了高效的品牌曝光和用户触达渠道。同时，爱奇艺还推出了多种广告形式，如贴片广告、插屏广告、原生广告等，以满足不同广告主的需求。

（3）内容分发

爱奇艺与多家影视制作公司、版权方建立了合作关系，共同开发、制作和推广优质内容。通过内容分发，爱奇艺将内容推向更广泛的受众，实现了内容的商业价值最大化。此外，爱奇艺还通过与其他平台的合作，如电信运营商、智能硬件厂商等，拓展了内容分发渠道。

（4）IP 开发与运营

爱奇艺拥有丰富的 IP 资源，包括热门剧集、综艺节目、动漫等。通过 IP 的开发与运营，爱奇艺推出了多款衍生品，如游戏、小说、漫画等，实现了 IP 价值的多元化挖掘，并创造收益。

任务一 互联网产品商业模式的选择

商业模式是企业赖以生存和发展的核心，也是互联网产品实现商业价值的关键路径。互联网产品的商业模式是指企业通过互联网平台和服务来产生收入和实现盈利的方式。

在互联网时代，传统商业逻辑因技术变革和用户行为的深刻变化而被不断颠覆，涌现出许多创新的商业模式。这些模式不仅是产品设计与运营的重要指南，还是企业竞争力的集中体现。选择适合的商业模式需要从产品特点、市场需求和技术潜力等多维度进行综合考量。

❋ 一、互联网产品商业模式的特点

互联网产品的商业模式相较于传统行业，展现出与生俱来的独特性，这种差异源于互联网本身的开放性、技术驱动性和网络效应等特质。具体而言，其特点主要有以下几个。

1．资源整合的跨界性与高效性

互联网突破了传统行业的边界，通过整合线上线下资源，形成新型价值网络。这种跨界整合不仅提高了资源的利用效率，还催生了全新的消费场景和商业生态。例如，美团外卖平台不仅整合了线下的餐饮商家，还构建了高效的物流体系，将消费者的需求与商家的供应精准对接，大大提高了交易效率。同时，美团还通过数据分析优化配送路线和时间，进一步提升了服务质量和用户体验。

2．以用户为中心的逻辑驱动

互联网产品的核心在于用户体验与黏性。为了吸引和留住用户，互联网企业往往采取免费策略，通过数据分析不断优化服务，最终实现用户价值与商业价值的平衡。例如，抖音平台通过提供丰富多样的短视频内容吸引用户注意力，形成庞大的用户基础。随后，抖音通过精准的广告投放和电商变现等方式，实现了商业价值的最大化。以用户为中心的逻辑驱动，使互联网企业能够持续创新，满足用户不断变化的需求。

3．边际成本递减，规模效应显著

互联网产品高度依赖技术投入，初期开发阶段可能成本较高。但一旦产品上线并稳定运行，随着用户规模的增长，其边际成本呈现快速递减趋势。这是因为互联网产品具有高度的复制性和可扩展性，可以迅速适应市场变化。例如，阿里云存储服务在用户数量增长时，仅需要增加服务器容量即可满足需求，而无须重复开发。这种规模效应使互联网企业能够迅速扩大市场份额，降低运营成本，提高盈利能力。

4．数据驱动的动态迭代能力

互联网产品的运营离不开数据支持。通过实时采集和分析用户行为数据，产品团队可以快速发现用户需求和痛点，迭代功能，优化用户体验。例如，电商平台通过收集用户的浏览记录、购买历史等信息，可以精准调整推荐内容，提高成交转化率。这种数据驱动的动态迭代能力，使互联网企业能够持续创新，保持竞争优势。

5．轻资产模式

与传统行业相比，互联网产品的商业模式通常不需要大量的资产投入。传统制造业需要购买大量的生产设备、租赁厂房，而互联网产品主要依赖于技术、人才和数据等。轻资产模式使互联网产品在运营过程中能够降低成本和风险。由于不需要过多地考虑资产的折旧、维护和库存管理等问题，企业可以将更多的资源投入产品研发、市场推广和用户服务等核心环节。

6．高用户黏性

通过订阅模式、会员制度和社群建设等方式，长期稳定的用户关系得以建立，用户黏性

增强。长期稳定的用户关系可以带来持续的收入和稳定的用户基础。例如，爱奇艺视频平台通过提供高质量的影视内容和服务，吸引了大量忠实用户，同时还通过会员制度和社群建设等方式，提高了用户的忠诚度，使用户愿意长期付费订阅。

7．全球化潜力

互联网产品天然具有全球化潜力，能够快速拓展国际市场。通过本地化策略，企业可以适应不同地区的文化和市场需求，实现全球扩张。例如，阿里巴巴集团通过旗下的跨境电商平台速卖通（AliExpress），针对不同国家和地区的消费者推出了定制化的商品推荐、支付方式及售后服务，将中国商品销往全球多个国家和地区。同时，速卖通还积极与当地合作伙伴建立紧密联系，共同开展市场推广和用户教育活动，进一步满足不同国家和地区的消费者需求，实现全球市场的快速拓展。

❋ 二、常见互联网产品商业模式

在实际商业环境中，产品团队根据自身产品特点、目标用户和行业特性，可以制定多样化的商业模式。

1．广告模式：以用户规模为核心吸引广告主

广告模式是互联网最早、最成熟的商业模式之一。互联网企业通过免费为用户提供内容或服务，吸引大量用户，形成庞大的用户基础。随后，企业通过精准的广告投放和数据分析，吸引广告主投放广告，从而实现商业变现。

例如，微博拥有庞大的用户，广告主可以根据微博用户的兴趣爱好、年龄、地域等特征进行定向广告投放。当用户在浏览微博内容时，会看到与自己兴趣相关的广告，提高了广告的点击率和转化率。此外，新闻资讯类网站也是广告模式的典型代表。这些网站通过提供及时、丰富的新闻内容吸引用户，然后在页面上展示各类广告，通过对用户阅读习惯的分析，将广告精准地推送给目标用户，实现广告效益的最大化。广告模式的内容如表 2-1 所示。

表 2-1　广告模式的内容

主要项目	关键要点	具体说明
核心要素	广告平台	这是广告被展示的主要场所，可以是网站、应用程序、社交媒体平台等。在互联网产品广告模式中，广告平台即互联网产品本身
	广告主	这是支付广告费用的企业或个人，希望通过广告来推广其产品、服务或品牌
	广告内容	这是广告主创作或提供的广告材料，可能包括图像、文字、视频等
	定价模式	广告平台通常会根据广告展示的次数、点击次数、转化次数等来收取费用
	定向广告	广告平台通常允许广告主根据目标受众的特征（如地理位置、年龄、兴趣等）对广告进行定向投放，以提升广告的效果
优势	受众范围广泛	广告模式可以帮助企业通过各种平台和媒体触达广泛的受众
	成本较低	对于企业来说，相比于其他营销手段，广告模式通常成本相对较低
	较为灵活	广告模式提供了灵活的定价模式和广告形式，可以根据需求进行调整和优化
劣势	广告屏蔽	随着广告屏蔽软件的普及，广告展示的有效性可能会受到影响
	竞争激烈	广告市场竞争激烈，广告主需要花费大量精力和资源来确保广告的效果
	影响用户体验	过度展示广告可能会影响用户体验，降低用户对平台的满意度和忠诚度

2. 订阅模式：通过会员服务实现稳定收益

订阅模式是指通过为用户提供高质量、个性化的内容或服务收取周期性费用。这种商业模式关注用户留存率和续费率，强调内容或服务的持续创新。

例如，腾讯视频、爱奇艺等在线视频平台为用户提供丰富的影视资源和优质的观看体验，不断推出新的独家内容和特色功能，以提高用户的满意度和续费率；用户通过订阅会员服务，享受无广告播放、高清画质、提前观看热门剧集等特权。此外，在线音乐平台也普遍采用订阅模式。用户订阅会员后，可以畅听海量的高品质音乐、下载歌曲等。平台通过持续更新音乐库和优化推荐算法，吸引用户长期订阅会员。订阅模式的内容如表 2-2 所示。

表 2-2　订阅模式的内容

主要项目	关键要点	具体说明
核心要素	订阅产品或服务	用户每月或每年定期支付费用以获取服务或产品。这可能包括视频流媒体服务、音乐流媒体服务、在线新闻订阅、软件订阅等
	用户体验	用户体验对订阅模式的成功至关重要。用户只有感受到订阅服务或产品的价值，才会愿意持续支付费用
	内容或服务质量	高质量的内容或服务是留住订阅用户的关键。企业需要不断提升内容或服务的质量，以保持用户的满意度和忠诚度
	定价模式	企业通常会根据服务或产品的种类、质量和附加价值采用不同的定价模式，如月度订阅、年度订阅等
	定期更新	为了保持用户的兴趣和活跃度，企业需要定期更新内容或服务，提供新的功能、新的内容或新的体验
优势	稳定的收入流	订阅模式可以帮助企业获得稳定的收入流，降低业务的不确定性
	较高的用户忠诚度	一旦用户订阅了服务或产品，他们往往会成为长期用户，并且具有较高的忠诚度
	可预测的用户行为	企业可以通过订阅模式更好地了解用户的行为习惯和偏好，从而更好地定制服务或产品
劣势	运营维护成本高	为了保持用户的兴趣和活跃度，企业需要不断更新和维护内容或服务，这可能会增加成本
	竞争激烈	订阅市场竞争激烈，用户有很多选择，企业需要不断提升服务或产品的竞争力
	容易流失用户	如果用户感受不到服务或产品的价值，他们可能会选择取消订阅，企业需要努力降低用户流失率

3. 电商模式：以商品销售为核心

电商模式是指依托互联网提供商品交易服务，通常以销售收入或交易佣金为主要收益来源。这种商业模式对供应链管理和用户体验有较高要求。例如，京东拥有自营商品，通过提供优质的商品和服务吸引大量用户购买。同时，京东还通过自建物流体系和售后服务体系等方式，进一步提升用户的购物体验和满意度。电商模式的内容如表 2-3 所示。

表 2-3 电商模式的内容

主要项目	关键要点	具体说明
核心要素	电商平台	这是买卖双方进行交易的线上平台,可以是网站、应用程序、社交媒体平台等。在互联网产品电商模式中,电商平台即互联网产品本身(自身即商品的互联网产品除外)
	商品或服务	在电商平台上进行买卖,可以是实体商品,也可以是虚拟商品
	买家和卖家	买家指通过电商平台购买商品或服务的消费者或企业客户,卖家指在电商平台上销售商品或服务的个人或企业
	支付方式	这是买家用来支付商品或服务费用的方式,包括信用卡支付、支付宝支付、微信支付、银行转账等
	物流配送	这是将商品从卖家处送达买家处的过程,包括仓储、包装、运输等环节
	客户服务	为了提升购物体验和解决用户问题而设置,包括在线客服、退换货服务等
主要类型	企业对消费者(Business to Consumer,B2C)模式	企业直接向消费者销售商品或服务,如天猫、京东等
	消费者对消费者(Consumer to Consumer,C2C)模式	消费者之间直接进行商品或服务的交易,如闲鱼等
	企业对企业(Business to Business,B2B)模式	企业之间通过电商平台进行商品或服务的交易,如阿里巴巴国际站、1688批发网等
	线上对线下(Online to Offline,O2O)模式	通过电商平台引流,实现线上下单、线下消费,如美团、大众点评等
优势	全天候营业	电商平台可以实现24小时全天候营业,方便消费者随时购物
	低成本、高效率	相比于传统实体店,电商模式通常成本更低、效率更高
	全球化市场	通过互联网,电商平台可以服务全球范围内的消费者,拓展市场空间
劣势	信任问题	在线交易存在一定的信任问题,消费者需要对电商平台和卖家的信誉进行评估
	竞争激烈	电商市场竞争激烈,电商平台需要不断提升产品品质和服务水平,以吸引用户
	物流配送问题	物流配送环节可能会存在发货延迟、商品损坏、商品丢失等问题,电商平台需要建立高效的物流体系

4.平台撮合模式:连接供需双方并获取佣金

平台撮合模式是指通过搭建平台,撮合交易双方完成交易,并从中收取服务费。这种商业模式强调平台生态与用户信任机制建设,网络效应显著。

例如,本地出行平台哈啰可以连接司机和乘客,为乘客提供便捷的出行服务,平台通过建立严格的司机审核机制、乘客评价体系和采取安全保障措施,确保交易的安全和公平。同时,平台利用大数据和算法优化匹配效率,提高服务质量。

在线旅游平台携程出行也是平台撮合模式的代表之一。平台连接了供应商(如酒店、航空公司、景区等)和游客,为游客提供一站式的旅游服务预订服务。平台通过提供丰富的旅游产品选择、透明的价格信息和优质的客户服务,吸引用户并促成交易,从中收取佣金。平台撮合模式的内容如表2-4所示。

表2-4 平台撮合模式的内容

主要项目	关键要点	具体说明
核心要素	交易平台	这是交易双方之间进行交易的在线平台,可以是电商平台、市场交易所、服务平台等
	支付方和服务方	通过交易平台进行交易的双方,既可能是个人也可能是企业
	内容或服务质量	高质量的内容或服务是留住用户的关键。企业需要不断提升内容或服务的质量,以保持用户的满意度和忠诚度
	交易金额	这是支付方支付给服务方的交易金额,通常以货币形式表示
	佣金比例	这是企业从交易金额中收取的比例,通常以百分比表示
	佣金收入	这是企业通过促成交易而获得的收入,是佣金金额的总和
主要类型	交易佣金模式	企业通过促成商品或服务的交易,并从交易金额中收取一定比例的佣金,如电商平台、交易所等实行该模式
	服务佣金模式	企业通过促成服务的提供,并从服务金额中收取一定比例的佣金,如服务平台、咨询中介等实行该模式
	推广佣金模式	企业通过推广其他企业的商品或服务,并从产生的交易金额中收取一定比例的佣金,如联盟营销、推广渠道等实行该模式
优势	无库存问题	作为中介,平台通常无须自己持有商品或服务,无库存问题,降低了运营成本和风险
	收入稳定	佣金收入通常与交易量直接相关,稳定且可预测
	弹性经营	企业可以根据市场需求和行业变化灵活调整佣金比例和策略
劣势	信誉问题	信息不对称、技术安全隐患、商品质量和售后服务风险等问题容易引发企业的信誉危机,企业需要建立良好的品牌形象和服务体系
	竞争激烈	平台撮合模式的市场竞争激烈,企业需要不断提升服务质量和推广能力,以吸引交易双方

5．增值服务模式:基础服务免费,增值服务收费

增值服务模式是指通过提供免费的基础服务吸引大量用户,并为高端用户提供收费服务,实现分层经营。这种商业模式需要精确划分付费用户与免费用户的边界,以确保商业模式的可持续性。

例如,一站式办公服务平台WPS Office为用户免费提供基础的文档编辑、存储等功能,而对于需要更多高级功能(如团队协作、PDF编辑、云空间扩容等)的用户,则收取一定的费用。通过这种方式,平台可以吸引大量的用户使用基础服务,同时为有特定需求的用户提供增值服务,实现盈利。

增值服务模式的内容如表2-5所示。

表2-5 增值服务模式的内容

主要项目	关键要点	具体说明
核心要素	免费版	这是企业提供基本功能或服务的免费版本,通常具有一定的使用限制或功能局限
	付费版	这是企业提供高级功能或服务的付费版本,通常包含更全的功能、更高的性能、更好的支持等
	功能差异化	免费版和付费版之间通常会存在一定的功能差异,以吸引用户付费
	定价模式	企业需要制定合理的定价模式,包括免费版和付费版的价格定位、付费周期、优惠活动等
	用户转化	企业需要设计有效的用户转化策略,吸引免费版用户升级为付费版用户

续表

主要项目	关键要点	具体说明
优势	降低用户获取成本	免费版可以吸引更多用户尝试产品或服务，有助于降低用户获取成本
	试用效应	免费版允许用户在没有任何风险的情况下尝试产品或服务，增强用户的试用意愿
	收入稳定	付费版可以提供稳定的收入来源，为企业提供可持续发展的基础
劣势	定价问题	有时定价难以符合用户期望，需要制定合理的定价策略
	用户转化问题	有时免费版和付费版之间的功能差异不大，用户黏性低，需要不断提高用户转化率
	产品定位问题	付费版有时难以解决用户痛点，需要进行合理的产品设计和定位，以满足不同用户群体的需求

6. 数据变现模式：将数据作为商业资源

数据变现模式是指通过对用户数据进行分析，为广告、市场研究或其他业务提供服务。这种商业模式需要确保数据安全，在合规框架内运营。

例如，大数据分析公司通过收集和分析用户在互联网上的行为数据、消费数据等，帮助企业进行市场调研、绘制用户画像，更好地了解目标用户的需求和行为特征，制定更有效的营销策略。同时，一些金融科技公司也利用数据变现模式，通过分析用户的信用数据、消费习惯等，为用户提供个性化的金融服务（如贷款、信用卡推荐等），从金融机构那里获得收益。然而，在进行数据变现时，必须严格遵守相关的数据隐私法规，保护用户的个人信息安全。数据变现模式的内容如表2-6所示。

表2-6　数据变现模式的内容

主要项目	关键要点	具体说明
核心要素	数据收集	这是获取数据的初始阶段，可以通过各种方式收集数据，如问卷调查、传感器收集、网络爬虫收集等
	数据整理	对收集到的数据进行归类、清洗和处理，以确保数据的准确性和可用性
	数据分析	对整理好的数据进行分析，以提取有用的信息
	数据销售	将分析好的数据以各种形式销售给客户
主要类型	数据订阅	客户通过订阅的方式获取数据，通常按照时间周期（如月度、年度）进行付费
	定制数据报告	企业根据客户需求定制数据报告，提供特定领域或主题的数据分析
	提供数据接口	企业提供数据接口，允许客户通过编程方式访问和获取数据，通常按照调用次数或数据量进行计费
优势	高利润率	数据销售通常具有较高的利润率，因为数据的成本相对较低，但对于客户具有高价值
	可持续	数据销售业务可以持续为企业带来稳定的收入
	适用范围广泛	数据变现模式适用于各种行业和领域，包括金融、医疗、市场营销等
劣势	数据隐私问题	数据变现模式涉及大量的个人信息和敏感数据，企业需要严格遵守相关的数据隐私法规
	竞争激烈	数据销售市场竞争激烈，企业需要不断创新和提升数据分析能力，保持竞争优势
	数据质量问题	数据的质量直接影响到数据的价值，企业需要确保数据的准确性、完整性和可靠性

7．混合模式：多种模式的有机结合

许多互联网产品通常会结合两种或两种以上模式形成混合模式，以扩大利润空间。例如，美团平台不仅提供外卖服务（电商模式），还通过美团优选等业务提供了生鲜电商服务（"电商+平台撮合"模式），还通过数据分析为商家提供了精准的广告投放和营销服务（广告模式）。这种混合模式使美团能够获得多元化的收入来源。

社交电商平台也是一个采用混合模式的典型例子。社交电商平台融合了社交模式和电商模式，用户可以在社交互动的过程中发现和购买商品。平台既通过商品销售获取收入，又利用社交网络的传播效应吸引广告主投放广告，实现多种商业模式的有机结合。

此外，混合模式虽有整合优势，但并非所有产品都适用。例如，对于一些初创型企业而言，其资源、运营能力有限，贸然整合多种模式容易顾此失彼，导致资源浪费、模式冲突。因此，产品团队需要依据自身特性、发展阶段、市场定位审慎选择商业模式。

任务二 商业模式画布的绘制

商业模式画布（Business Model Canvas，BMC）是一种结构化的工具，用于全面梳理企业或产品的商业逻辑，是创业者、产品经理和决策者理解和构建商业模式的重要工具。它通过视觉化的方式，将复杂的商业模式分解为关键模块，帮助产品团队明确核心业务思路并促进沟通协作。

一、商业模式画布的作用

BMC 不仅是理论分析工具，还是一种强有力的实践方法，其作用如图 2-1 所示。

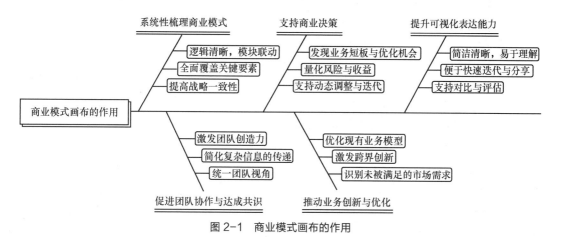

图 2-1　商业模式画布的作用

1．系统性梳理商业模式

BMC 由 9 个核心模块组成，分别是：客户细分（Customer Segment）、价值主张（Value Proposition）、渠道通路（Channel）、客户关系（Customer Relationship）、收入来源（Revenue Stream）、核心资源（Key Resource）、关键业务（Key Activity）、重要伙伴（Key Partnership）和成本结构（Cost Structure）。每个模块紧密关联，共同构成一个完整的商业逻辑。

BMC 通过关键模块的结构化展示，将零散的业务信息汇总成一个整体框架，帮助企业

系统性地梳理商业模式。这种系统性主要体现在以下几个方面。

（1）逻辑清晰，模块联动

每个模块既是独立的，又与其他模块紧密关联。例如，"价值主张"决定了"客户细分"的核心目标，而"核心资源"和"关键业务"支撑了产品价值的实现。BMC 帮助企业从全局视角出发，厘清复杂的商业逻辑，避免忽视重要环节。

（2）全面覆盖关键要素

BMC 覆盖了商业运作的所有关键要素，从用户需求、产品定位到盈利模式、资源分配，确保企业在规划时不遗漏关键因素。因此，BMC 特别适用于指导初创企业的商业模式设计和成熟企业的新业务拓展。

（3）提高战略一致性

在绘制 BMC 的过程中，团队能够明确企业的核心价值和业务重点，避免战略分散和资源浪费。例如，某电商平台梳理商业逻辑时发现，过多地尝试新业务导致其对"客户关系"模块的投入不足，从而及时调整战略。

2．促进团队协作与达成共识

在企业运营中，不同部门往往关注不同领域，容易导致沟通断层和目标冲突。BMC 的直观性和简洁性，使其成为跨职能团队沟通的有效工具。

（1）统一团队视角

不同部门可以通过共同参与画布绘制，理解业务整体逻辑。例如，市场部更加清楚技术开发的限制，产品部了解用户需求与运营策略的匹配度，从而统一视角，避免各自为政。

（2）简化复杂信息的传递

BMC 以模块化的形式呈现信息，简单直观，便于快速理解。因此，BMC 尤其适用于跨部门会议、内部培训或对外展示。例如，一家创业公司在向投资人展示其商业模式时，通过画布清晰阐明了用户价值、运营模式和收入结构，极大地提升了沟通效率。

（3）激发团队创造力

在共同绘制 BMC 的过程中，团队成员可以围绕每个模块进行头脑风暴，提出创新想法。例如，在"收入来源"模块，团队可能会想到基于用户数据的广告增值服务；而在"客户关系"模块，可能提出引入 AI 客服以提升用户体验。

3．支持商业决策

BMC 不仅是描述当前商业模式的工具，还是支持企业进行战略决策的重要参考依据。

（1）发现业务短板与优化机会

通过 BMC 的框架化分析，企业可以快速识别业务短板。例如，如果"收入来源"过于单一，可能意味着需要探索新的盈利渠道；如果"核心资源"无法支撑"价值主张"，则可能需要补充核心资源。

（2）量化风险与收益

BMC 能够帮助企业量化各模块的风险与收益。通过对"成本结构""收入来源"等模块的分析，企业可以评估业务的盈利潜力与潜在风险。例如，在某互联网教育产品项目中，团队分析"渠道通路"模块时发现，线上广告投放成本过高，但通过搜索引擎优化（SEO）可以降低获取用户的成本，从而降低整体风险。

（3）支持动态调整与迭代

市场环境和用户需求变化迅速，BMC 提供了一种灵活的迭代方式。企业可以通过调整画布中的单个模块（如"客户细分"或"价值主张"），迅速适应新的市场环境和用户需求。

例如，一款原本专注于提供新闻资讯的阅读类应用，在观察到用户对短视频内容兴趣浓厚且消费时长不断增加的趋势后，决定进行产品迭代。在"客户细分"模块，该应用重新定义了目标用户，不仅关注传统新闻阅读者，还将目光投向对短视频内容感兴趣的年轻用户。深入分析这些用户的兴趣偏好、使用习惯等，为产品迭代提供了精准的用户信息。在"价值主张"模块，该应用从提供单一的新闻资讯，转变为新闻资讯与短视频内容并重的综合信息平台。

4．推动业务创新与优化

BMC 是企业创新的催化剂，通过结构化的分析方法，帮助产品团队从多个角度探索新的机会。

（1）识别未被满足的市场需求

通过"客户细分"和"价值主张"的匹配分析，企业可以发现未被满足的用户需求。例如，一家在线教育平台通过画布分析，发现职场新人对职业技能课程需求旺盛，但现有课程过于简单或专业化，从而设计出针对性更强的课程产品。

（2）激发跨界创新

BMC 能够促使企业从全新的角度思考商业模式。例如，在分析"重要伙伴"模块时，某在线教育平台不再局限于传统的教育机构或内容提供商，而是开始寻找与科技公司、游戏开发公司甚至社交媒体平台的合作机会。

通过与科技公司的合作，该在线教育平台能够引入先进的人工智能技术，为学生提供更加个性化的学习体验和智能化的学习辅导。与游戏开发公司的合作则让平台得以开发寓教于乐的学习游戏，提高学生的学习兴趣和参与度。而与社交媒体平台的合作，则使得平台能够利用社交媒体的影响力，扩大品牌知名度，吸引更多的学生用户。

（3）优化现有业务模型

BMC 不仅适用于新业务设计，也能帮助企业对现有业务进行优化。例如，通过重新梳理"客户关系"模块，一家在线购物平台发现，通过引入个性化推荐算法，可以显著提升用户留存率和订单转化率。

5．提升可视化表达能力

BMC 通过直观的图形化形式，将复杂的商业逻辑以可视化的方式呈现。具体而言，这种可视化的优势主要包括以下几个方面。

（1）简洁清晰，易于理解

无须大量文字描述，画布通过图表化的模块呈现，使不同背景的团队成员或外部利益相关方（如投资者、合作伙伴、客户等）都能快速理解商业模式。

（2）便于快速调整与分享

画布设计灵活，调整模块内容非常方便，适合团队根据市场变化、客户反馈、新的技术发展等因素，快速地对商业模式进行改进、优化和更新。同时，画布内容便于分享，在演讲、路演或报告中可以高效展示。

（3）支持对比与评估

在可视化的基础上，企业可以方便地将不同业务模型进行对比。例如，通过对比两种"客户细分"和"渠道通路"的组合，评估哪种方式能够带来更高的用户增长率。

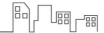

✳ 二、商业模式画布的结构

BMC 的结构如表 2-7 所示。

表 2-7　BMC 的结构

模块	说明	问题	示例
客户细分	明确产品的目标客户	谁是产品的核心客户？是否存在细分市场？不同细分市场的特点和需求是什么？	个人消费者、中小企业、大型企业、特定行业客户等
价值主张	描述产品为客户提供的价值和解决方案	产品提供的核心价值是什么？产品的独特之处在哪里？	价格优势、创新性、性能、品牌声誉、便利性等
渠道通路	确定产品触达客户的渠道	产品通过哪些渠道触达客户？哪些渠道最有效？	在线平台、实体店、电话销售、合作伙伴网络等
客户关系	明确企业与客户之间的互动方式和关系类型	企业如何获取、保持和增加客户？	自助服务、专属客服、社区运营、会员计划等
收入来源	明确产品的收入来源和盈利模式	企业从客户那里获得的收入是多少？收入模式是什么？	产品销售收入、订阅费、使用费、广告收入、许可费等
核心资源	确定实现商业价值所需的核心资源	企业需要哪些资源才能实现其价值主张？资源从哪里来？	人力资源、物质资源、知识产权、财务资源等
关键业务	描述产品的核心业务活动	企业需要进行哪些活动才能实现其商业模式？	产品设计、生产制造、市场营销、物流配送等
重要伙伴	确定产品实现商业价值所需的合作伙伴	企业需要哪些合作伙伴？合作伙伴提供什么价值？	供应商、分销商、技术合作伙伴、战略联盟等
成本结构	分析产品的成本构成	企业的主要成本是什么？这些成本是如何构成的？	固定成本（租金、薪资）、可变成本（原材料、运输成本）

📖 案例分析

淘宝网商业模式

淘宝网是阿里巴巴集团旗下的一个主要面向消费者的在线购物平台。淘宝网商业模式画布的 9 个模块如下。

（1）客户细分

淘宝网主要有以下 3 类客户。

① 个人消费者：希望在线购买各种商品的普通用户。

② 小微企业：希望通过在线平台销售商品的小企业和个体工商户。

③ 大型品牌商家：希望通过淘宝拓展销售渠道的大型品牌商家。

（2）价值主张

淘宝网的价值主张主要有以下几点。

① 广泛的商品选择：提供海量的商品品类，几乎满足所有生活需求。

② 价格竞争力：由于平台上竞争激烈，用户通常可以找到具有价格竞争力的商品。

③ 便捷的购物体验：从搜索商品、下单、支付到收货，可完成一站式全流程在线操作。

④ 安全保障：提供交易担保和售后服务，确保交易安全可靠。

⑤ 个性化推荐：基于用户行为数据，进行个性化商品推荐。

（3）渠道通路

淘宝网的运营渠道如下。

① 在线平台：通过淘宝网网站和移动应用提供服务。

② 社交媒体：利用微博、微信等社交平台推广和营销。

③ 合作伙伴：与物流公司和第三方支付平台合作，提供综合服务。

（4）客户关系

淘宝网主要通过以下几个服务模块与用户建立联系。

① 自助服务：用户可以通过平台自助搜索、下单和管理订单。

② 社区互动：通过用户评价、论坛和直播等功能，促进用户互动和分享。

③ 用户支持：通过在线客服、电话客服提供售后服务，解决用户问题。

（5）收入来源

淘宝网的收入来源主要有以下几个。

① 广告费：对商家在平台上投放广告收取一定的费用。

② 交易佣金：对每笔交易收取一定比例的佣金（主要针对天猫商家）。

③ 增值服务费：提供如店铺装修、数据分析等增值服务，获取增值服务费。

（6）核心资源

淘宝网通过长期的运营和发展，积累了以下几类核心资源。

① 技术平台：强大的电商平台技术和大数据分析能力。

② 活跃用户：庞大的用户群体和较高的交易频次。

③ 品牌声誉：良好的品牌形象和市场信任度。

④ 合作伙伴网络：包括商家、物流服务提供商和第三方支付平台。

（7）关键业务

淘宝网的关键业务如下。

① 平台运营：维护和优化电商平台，确保服务稳定和高效。

② 市场营销：通过各种渠道吸引新用户和商家，提升平台活跃度。

③ 技术开发：持续进行技术创新，提升用户体验和平台安全性。

④ 客户服务：提供优质的客户服务，保障用户满意度。

（8）重要伙伴

作为一个商品或服务交易平台，淘宝网的重要伙伴主要有以下几类。

① 品牌商家：提供丰富的商品来源，满足用户多样化的购物需求。

② 物流服务提供商：确保商品高效配送到用户手中。

③ 支付服务提供商：如支付宝，提供便捷和安全的支付解决方案。

④ 技术合作伙伴：提供云计算、大数据等技术支持。

（9）成本结构

淘宝网的成本主要由以下几个方面构成。

① 平台开发和维护成本：技术开发、服务器和网络基础设施的投入。

② 市场推广费用：广告投放、品牌推广和用户获取成本。

③ 运营成本：包括人力资源、客服中心和办公场地等方面的成本。

④ 合作伙伴费用：与物流、支付等服务提供商的合作费用。

要求：请同学们思考并讨论以下问题。

（1）淘宝网的客户可细分为个人消费者、小微企业和大型品牌商家，个人消费者这一

细分群体对应的价值主张有哪些？

（2）淘宝网众多重要伙伴里包含物流服务提供商，物流服务提供商对淘宝"客户关系"模块可以起到哪些作用？

（3）通过系统性梳理商业模式，淘宝网"广泛的商品选择"这一价值主张，与哪些关键模块紧密联动，支撑其电商业务运转？

✱ 三、绘制商业模式画布的步骤

绘制 BMC 的过程需要系统的思考和全面的分析，以确保所有模块之间的逻辑通畅，充分展示产品或企业的价值创造、传递与获取路径。产品团队可以参考以下步骤绘制 BMC。

1. 明确目标与背景

产品团队在绘制 BMC 时，明确目标与背景的要点如图 2-2 所示。

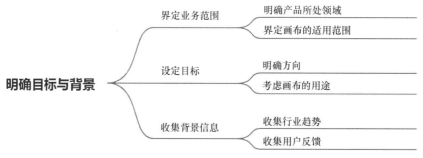

图 2-2　明确目标与背景的要点

产品团队首先需要界定业务范围，明确产品所处的领域，例如，互联网金融、在线教育、社交媒体平台等。这有助于团队确定工作重点。接下来，团队要清晰界定画布的适用范围。例如，明确画布适用于分析单一产品的商业模式还是适用于分析整个企业的业务模式。明确画布的适用范围能确保团队在后续工作中保持一致性，避免混淆。

设定目标是绘制 BMC 的又一重要步骤。团队需要明确自己的方向：是旨在设计一种全新的商业模式，还是对现有的模式进行优化？此外，产品团队还需考虑画布的用途。例如，画布是用于内部团队协作，提升决策效率和执行力，还是对外展示给投资人或合作伙伴，以获取资金或建立合作关系？明确的目标和用途将为团队提供明确的行动指南。

收集背景信息是团队下一步的工作。团队需要深入调研市场趋势，了解所在行业的动态和竞争格局。这些信息将为绘制 BMC 提供有力的数据支持，使团队能够更准确地把握市场脉搏，预测未来趋势。同时，收集用户反馈也是至关重要的一环。通过深入了解用户的需求和期望，团队可以更加精准地调整画布模块的内容，确保商业模式能够真正满足用户的需求。

2. 分步填写画布模块

在绘制 BMC 时，产品团队需要准备一块大白板、一张大纸或者一款数字白板工具（如 Miro 或 BoardMix），以及便笺纸和马克笔等工具，并按照一定的逻辑顺序填写画布模块，以确保内容的连贯性和逻辑性。分步填写 BMC 模块的说明如表 2-8 所示。

表 2-8　分步填写 BMC 模块的说明

模块	自问	行动
客户细分	我们的客户是谁？他们的主要特征是什么？	列出不同的客户群体，尽可能详细和具体
价值主张	我们为客户提供什么样的独特价值？我们的产品或服务如何解决客户的问题？	描述每个客户群体的价值主张，列出产品或服务的独特卖点
渠道通路	我们通过哪些渠道与客户互动和交付价值？	列出所有使用的渠道，涵盖营销、销售和交付的各个阶段
客户关系	我们如何与客户建立和维持关系？	描述不同的客户关系类型，如自助服务、个人助理、社区运营等
收入来源	我们通过哪些方式产生收入？每种收入来源的相对重要性如何？	列出所有的收入来源，如产品销售收入、订阅费、广告收入等
核心资源	实现我们的价值主张所需的主要资源是什么？	列出所有必要的资源，包括物质资源、人力资源、知识产权等
关键业务	为了实现我们的价值主张，我们需要开展哪些关键业务？	描述所有关键业务，如产品开发、市场营销、生产制造等
重要伙伴	为了优化我们的商业模式，我们需要哪些合作伙伴？他们提供什么价值？	列出所有重要伙伴，如供应商、技术合作伙伴、分销商等
成本结构	我们的主要成本是什么？这些成本是如何构成的？	列出所有的主要成本，区分固定成本和可变成本，并分析每种成本的相对重要性

3．BMC 示例

图 2-3 所示为某在线教育平台的 BMC，图 2-4 所示为某健身 App 的 BMC。

图 2-3　某在线教育平台的 BMC

图 2-4　某健身 App 的 BMC

❋ 四、绘制商业模式画布的注意事项

在绘制商业模式画布时，注意以下事项可以帮助产品团队确保画布的质量和有效性。

1．强调模块间协同

商业模式画布的 9 个模块是有机整体，不能孤立考虑。产品团队既要把握商业模式的全貌，又要在每个模块中关注细节，确保各模块能协同工作。

（1）模块的相互依赖性须合理设计

产品团队在填充一个模块时，应同时考虑它对其他模块的影响。例如，"收入来源"的设计必须与"成本结构"紧密相关，收入模式应能覆盖成本并产生利润，避免因模块脱节导致财务逻辑不合理。

（2）动态调整模块内容

处于不同阶段的企业会对模块内容有不同需求。在初创阶段，客户细分和价值主张可能是重点；而在扩展阶段，则需要更多关注成本结构和重要伙伴。

2．数据支持决策，避免主观臆测

科学的决策需要基于详尽的市场调研和用户分析，这不仅能减少偏差，还能提高商业模式的精准性。通过数据挖掘与验证，产品团队可以清楚了解市场趋势，识别真正的客户需求，确保每个模块设计的合理性。

（1）基于数据与事实

每个模块的内容必须经过市场调研和数据验证，避免凭经验或假设填写。例如，"客户细分"模块需依据用户行为分析或调查结果，而不能简单推测谁可能是潜在客户。

（2）关注细分市场

产品团队应针对不同细分市场的需求，制定差异化的价值主张，使商业模式更具针对性，避免"一刀切"的设计。例如，一个在线教育平台的细分客户可能包括学生、家长和教育机构，每个群体对应的价值主张可能并不相同。

3．注重外部环境与趋势

互联网行业变化迅速，政策、技术和市场趋势都会影响画布内容。在绘制商业模式画布时，产品团队应该保持开放的心态，遵守相应规范，积极探索新的商业机会和创新点，不断调整和优化商业模式。

（1）关注行业环境

某些模块可能受到政策或法律的限制，产品团队在填写模块内容时需要特别注意合规性。例如，在金融科技领域，"收入来源"模块设计须符合国家对金融服务的监管要求；在数据隐私法规不断完善的背景下，"客户关系"模块可能需要重新设计，突出隐私保护的措施。

（2）适应技术革新

新兴技术可能颠覆原有商业逻辑，画布应保持灵活性，能够随时调整。例如，随着人工智能技术的发展，产品团队可以将算法纳入"核心资源"模块。

4．确保可实施性

一份成功的商业模式画布不仅要体现战略高度，还要兼具实践意义。每个模块的内容都必须与企业的资源、能力和市场环境相匹配。团队应避免设计脱离实际的方案，通过试点验证各环节的可行性，确保商业模式能够有效落地并产生价值。

（1）设计务实的价值主张

价值主张必须基于企业现有资源和能力，避免过于理想化。一个初创企业的价值主张不能过于复杂，而且实现其价值主张的成本不能过高。

（2）验证关键假设

对于画布中每个模块的关键假设，产品团队应通过小规模试点验证其可行性，以避免盲目投入资源。例如，假设某营销渠道可以有效获取客户，产品团队可以先通过少量预算测试效果，再决定是否增加投资。

5．突出客户导向

以客户需求为中心的商业模式画布能够更好地应对市场挑战。通过深入了解目标客户的行为模式与核心需求，产品团队可以设计出精准的价值主张，并优化渠道和客户关系的配置。只有围绕客户展开设计，企业才能确立持久的竞争优势，实现业务的可持续增长。

（1）围绕客户需求展开

商业模式画布的核心是客户，因此从客户需求出发设计每个模块对于企业而言至关重要，要确保价值主张与客户需求吻合，渠道设计符合客户习惯。例如，如果目标客户是年轻用户，"渠道通路"模块应更多关注社交媒体和移动端，而非传统的线下推广。

（2）获取客户反馈

在商业模式设计完成后，产品团队可以通过用户访谈或问卷调查验证假设，收集改进建议。例如，产品团队根据目标客户对价值主张接受度的测试结果调整模块内容。

6．保持模块内容简洁且有重点

BMC 的关键在于清晰传递复杂信息，使团队和利益相关者能够快速理解业务逻辑。模块设计应直指核心，避免无关细节和信息冗余。内容简洁、逻辑清晰的画布能促进高效的团队协作，同时帮助决策者专注于战略重点。

（1）突出核心信息

画布的目的是直观展示商业模式，因此应提炼每个模块的核心内容，避免冗长。例如，

在"收入来源"模块，产品团队只需要列出主要收入来源，而非详细列出每个项目的具体金额。

（2）便于团队沟通

简洁的画布设计有助于团队理解和执行，确保所有成员对商业模式有一致的认识。

7．关注可持续发展

现代商业模式不仅关注短期利润，还需要兼顾长期价值创造。通过将环境责任、社会影响和经济效益融入画布设计，团队可以打造一个可持续的商业生态，在确保业务增长的同时，增强企业对社会与环境的正向影响，赢得客户与公众的认可。

（1）考虑长期盈利能力

产品团队不仅要关注当前的客户获取和收入来源，还要规划未来的盈利模式。例如，产品初期的收入可能依赖广告，后续逐步引入会员订阅或数据变现等模式。

（2）考虑环境与社会影响

随着用户对企业社会责任的关注增加，产品团队需要在画布中表述企业对可持续发展或社会影响的考虑。例如，产品团队可以在"成本结构"模块中引入环保材料，在"价值主张"模块中突出对社会问题的思考。

8．反复迭代优化

商业模式画布是一种灵活的工具，能够适应企业的不同发展阶段和外部环境的变化。产品团队应定期审查画布的有效性，根据用户反馈和市场动态调整。通过不断迭代优化，企业不仅能保持市场竞争力，还能在创新中探索更多的发展机会。

（1）定期审查和更新

商业模式不是一成不变的，因此产品团队需要根据市场变化、用户反馈和内部数据定期优化画布内容。例如，新产品推出后可能吸引了不同类型的客户，产品团队需要重新定义"客户细分"模块。

（2）尝试不同组合

产品团队可以在初始阶段绘制多份画布，分别探讨不同的商业模式组合，选择最优方案实施。

任务三 商业需求文档的撰写

商业需求文档（Business Requirement Document，BRD）是产品生命周期中最早产出的文档，在产品投入研发之前是企业高层决策的重要依据。通过BRD，企业高层可以了解产品的商业价值、市场前景、预期收益以及所需资源等信息，从而做出是否投入研发资源和支付市场费用的决策。

一、商业需求文档的作用

BRD是产品团队向企业高层阐述产品商业价值和可行性的重要文档。它的作用主要包括以下几个方面。

1．明确产品目标和商业价值

BRD的首要作用是辅助决策者决策。通过明确描述项目为何存在（背景与动机）、希望达到什么结果（业务目标），以及具体的实现范围（边界与限制），BRD可以帮助决策者清晰理解项目的背景、目标和范围，做出明智的决策。

2．助力资源获取与调配

对于产品团队而言，一份完善的 BRD 是争取资源的有力工具。无论是人力、物力还是财力，企业高层在进行分配时，都需要依据项目的商业价值、预期收益以及可行性等。BRD详细阐述了项目的市场前景、盈利模式等内容，能让企业高层直观地了解投入资源后可能获得的回报。

例如，互联网电商平台产品团队在向企业高层展示 BRD 后，企业高层看到文档里分析的巨大市场空间、合理的盈利预测以及明确的运营规划，就更有可能投入资金助力其发展，同时产品团队内部也能据此调配各职能部门的人力投入产品研发工作，如安排技术团队进行平台搭建，安排运营团队筹备推广活动。

3．指导产品开发

BRD 阐述了产品的宏观方向，包括产品的定位、核心价值和作用、发展方向等，为产品定型提供了基础。它不仅明确列出了"做什么"，还对"为什么要做"提供了合理的解释，从而帮助技术主管理解业务逻辑。

例如，在描述对一款视频会议工具的需求时，BRD 可能提到"用户需要在会议中共享高质量的屏幕内容"。技术主管可以据此确定相关的技术实现方向，如对视频编解码技术的支持。而这种明确的描述也有助于减少在开发过程中因需求模糊而引发的返工问题。

✳ 二、商业需求文档的特点

BRD 是一种战略性文档，它凭借简洁性和针对性，能帮助高层管理者与利益相关方迅速理解产品价值。而要达到理解产品价值的目的，撰写者具备高度敏锐的商业思维与市场洞察能力，使文档内容逻辑清晰、表达精准。在互联网产品设计领域，BRD 展现出以下特点。

1．面向企业高层或决策者

BRD 的服务对象通常是企业高层管理人员，他们根据文档所述情况进行产品立项决策。决策者通常可以划分为资本型（如财务总监）、市场型（如市场总监）、研发型（如技术总监）和战略型（如首席执行官）4 种类型，分别对文档相应部分的描述进行评估。这就要求文档语言专业且易懂，避免有过多的术语。

2．内容精练且针对性强

BRD 通常是供决策层讨论的演示文档，因此其内容相对精练，没有过多的产品细节。它主要关注项目的商业价值、商业目标以及实现这些目标所需的资源、时间和成本。同时，BRD 的针对性很强，它直接面向企业高层或决策者，旨在说服他们认可项目并投入资源。

3．结构清晰且内容广泛

BRD 的结构通常包括项目概述、市场分析、产品规划、商业模式等关键部分，涉及项目背景、用户需求、产品特色、盈利预测等多个方面内容。这些部分之间逻辑连贯，帮助决策者全面了解项目的来龙去脉。

4．强调商业价值与市场前景

BRD 主要聚焦于产品的市场趋势、目标用户、收入来源及盈利预测等内容，其核心目的是论证产品的商业价值和可行性。它通过分析市场数据和用户需求、痛点，展示产品在商业生态中的定位及潜在回报。

5．数据驱动且有理有据

BRD 中通常会包含大量的市场数据、用户调研数据以及竞争对手分析数据等。这些数据为 BRD 中的观点和结论提供了有力的支持，使 BRD 更具说服力。同时，BRD 中的数据经过精心挑选和处理，确保其准确性和可靠性。

❋ 三、商业需求文档的结构

BRD 的结构不仅反映了其对商业价值的高度关注，还凸显了对市场机会、资源分配和风险管理等多方面的综合考量。一份优秀的 BRD，其结构应兼具条理性和灵活性，既能全面展示产品提案的全貌，又能适应不同企业的实际需求。通过合理划分章节，文档能够更高效地支持高层决策的应用。BRD 的结构通常包括以下几个关键部分，如表 2-9 所示。

表 2-9 BRD 的结构

结构名称	说明	备注
项目概述	包括项目背景、目标、范围、预期收益等方面的内容	为决策者提供快速了解文档的入口，直截了当地说明为什么做这款产品
市场分析	对市场规模、市场趋势、用户需求、竞争情况等方面进行分析	从市场和竞争的角度阐明产品的潜在机会和挑战
产品规划	描述产品的定位、目标用户、功能模块、产品特色等方面的内容	对产品的核心功能和应用场景进行概括性描述
商业模式	阐述产品的商业模式和盈利模式，包括收入来源、盈利预测等方面的内容	明确产品预期实现的商业目标，并通过定量或定性分析，展示投资回报率
运营策略	运营策略包括用户获取、用户留存、用户活跃度提升等方面的内容	提供产品上线后初步运营的参考计划
风险评估	对产品开发和运营过程中可能面临的风险进行评估，并提出相应的风险应对措施	例如开发失败、失去市场机会、遭遇技术瓶颈等风险
资源需求	明确产品开发和运营所需的资源，包括人力、物力、财力等方面的需求	列出产品研发及推广所需的关键资源及其预算分配
时间计划	制订产品开发和运营的时间计划，明确各个阶段的工作任务和时间节点	初步拟定产品工期

❋ 四、撰写商业需求文档的要求

撰写 BRD 的关键在于准确表达业务价值，全面覆盖用户场景，并用数据支撑需求的合理性，从而为项目的成功提供明确路径。在撰写过程中，产品经理需要充分结合市场调研结果、行业趋势以及企业自身能力，通过清晰的逻辑架构和强有力的商业论证，使 BRD 真正发挥其作为企业决策工具的核心价值。撰写 BRD 的具体要求如下。

1．深入调研

产品经理在撰写 BRD 之前，应该进行深入的市场调研，了解市场需求和用户特点，为文档的撰写提供充分的数据支持。

2．明确目标

在深入调研的基础上，产品经理在撰写 BRD 时应明确产品的核心目标，如提升用户满意度、增加市场份额、提高盈利能力等。同时，还需要量化评估产品对企业整体战略的贡献，包括在预期收益、成本节约、品牌影响力提升等方面的贡献，为决策者提供直观的价值评估依据。

3．逻辑清晰

BRD 应该逻辑清晰、结构合理、内容连贯。为了确保 BRD 的可读性，产品经理可以采用金字塔原理或问题-解决方案结构，将内容条理清晰地呈现出来。同时，合理划分文档章节，如分为背景介绍、市场分析、产品概述、功能需求、商业模式、风险评估等，便于决策者在阅读时快速抓住要点。此外，产品经理还需要确保各部分内容相互支撑，形成完整的论述体系，避免逻辑混乱和内容重复。

4．语言简洁

BRD 的语言应该简洁明了、通俗易懂，避免使用过于专业的术语和复杂的句子结构。对于必要的专业术语，产品经理应提供清晰的解释或定义，确保非专业人士也能理解。此外，产品经理还可以适当使用图表、故事板等视觉元素，以增强文档的可读性。

5．数据准确

BRD 应该提供准确的数据，数据来源可靠，数据计算方法正确。产品经理需要明确数据收集的途径和方法，确保数据的真实性和可靠性，同时运用统计学方法对数据进行分析，得出科学结论，支持文档中的论点。产品经理还可以通过引入成功案例或研究数据等方式来增强文档内容的说服力，需要注意案例的相关性和时效性，确保它们能够真正反映当前的市场环境和用户需求。

五、商业需求文档案例解析

表 2-10 所示为某线上生活服务平台"生活+"的 BRD 解析。

表 2-10 "生活+"的 BRD 解析

		原 BRD	补充说明
项目概述	项目背景	互联网发展与生活节奏加快，使线上生活服务需求增长，现有平台有提升空间，故此拟开发"生活+"互联网生活服务平台	随着互联网技术的飞速发展以及人们生活节奏的加快，线上便捷生活服务的需求日益增长。当下，虽然市场上存在各类生活服务平台，但在整合多种生活服务功能、进行个性化推荐以及打造一站式服务体验方面仍有较大的提升空间。基于此背景，我们计划开发一款名为"生活+"的互联网生活服务平台，旨在为用户打造便捷、高效、个性化的生活服务解决方案
	项目目标	一年内获 50 万名用户，收支平衡并实现盈利，发展成为领先平台，覆盖多个城市用户	在上线后的一年内，积累至少 50 万名注册用户，用户活跃度达到 30%以上，同时实现收支平衡，并逐步实现盈利。长期目标是成为国内领先的生活服务综合平台，覆盖全国主要城市的用户

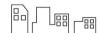
续表

		原 BRD	补充说明
项目概述	项目范围	初期聚焦于餐饮、生鲜、家政、缴费四大服务，后期依用户反馈拓展	平台初期将聚焦于餐饮外卖、生鲜配送、家政服务、生活缴费四大核心生活服务板块，后续根据用户需求和市场反馈逐步拓展到更多服务领域，如宠物服务、鲜花配送等
	预期收益	靠交易佣金、增值服务费用、广告投放收入实现盈利，首年预计营收 500 万元，后续逐年增长	预计通过收取合作商家的交易佣金、用户的增值服务（如会员专属优惠、加急配送等）费用以及广告投放收入等方式实现盈利。在第一年，预计实现营收 500 万元，随着用户规模的扩大和业务的拓展，后续每年保持 30% 以上的营收增长率
市场分析	市场规模	根据今年某数据分析平台信息，国内市场规模超万亿元且年增 15%	根据今年某数据分析平台的相关报告，目前国内互联网生活服务市场规模已突破万亿元，且近年来一直保持着 15% 左右的年增长率。其中，餐饮外卖市场规模达数千亿元，生鲜配送市场也在不断扩容，家政服务和生活缴费等领域同样有着广阔的市场空间，整体市场呈现出蓬勃发展的态势
	市场趋势	需求向便捷、个性化发展，下沉市场潜力大	一方面，消费者对于生活服务的便捷性、即时性要求越来越高，更倾向于通过线上平台一站式满足多种生活需求；另一方面，随着大数据、人工智能等技术的应用，个性化推荐、精准服务成为吸引用户的关键因素。此外，下沉市场的消费潜力正在逐步释放，对于生活服务平台来说是拓展用户的重要方向
	用户需求	用户需要一站式服务、个性化推荐及质量保障等服务	通过用户调研发现，约 70% 的用户希望能在一个平台上便捷地获取多种生活服务，减少在不同 App 之间切换的烦琐操作； 60% 的用户期望平台能够根据他们的消费习惯、地理位置等数据信息进行个性化的服务推荐； 还有不少用户关注服务的质量保障以及价格优惠力度等方面
	竞争情况	虽有竞争对手占有大量市场份额，但"生活+"凭精细服务、智能推荐等具备差异化优势	目前市场上已有一些知名的生活服务平台，如"美团""饿了么"，主要在餐饮外卖领域占据较大市场份额，且在不断拓展其他生活服务板块；"京东到家"在家政服务、生鲜配送等方面也有一定优势。然而，这些平台在服务整合的深度以及个性化服务的精准度上仍存在改进空间。我们的"生活+"平台将凭借更精细化的服务分类、更智能的个性化推荐算法以及更贴心的用户服务体验来形成差异化竞争优势
产品规划	产品定位	综合性、智能化生活服务平台，满足多样需求	"生活+"平台定位为综合性、智能化的互联网生活服务平台，致力于成为用户生活中的贴心助手，满足用户多样化、个性化的生活服务需求
	目标用户	侧重于 20～45 岁上班族，兼顾部分老年、中年女性群体	"生活+"平台主要面向城市中忙碌的上班族，年龄集中在 20～45 岁，他们注重生活品质，追求便捷、高效的生活方式，但时间相对紧张，希望通过线上平台轻松解决生活琐事；同时也服务于部分老年群体和中年女性群体，方便他们进行生活缴费、生鲜采购以及预约家政服务等

续表

	原BRD	补充说明
产品规划	**功能模块** 含餐饮、生鲜、家政、缴费模块，有下单、推荐等实用功能	**餐饮外卖模块**：整合周边各类餐厅资源，提供丰富的菜品选择，具有在线下单、订单跟踪、评价反馈等功能，同时根据用户口味偏好和消费历史进行个性化推荐 **生鲜配送模块**：与优质的生鲜供应商合作，确保食材新鲜、品类齐全，用户可选择定时配送，查看生鲜溯源信息，并享受会员专享的优惠活动 **家政服务模块**：涵盖保洁、家电维修、管道疏通等多种家政服务项目，用户能查看家政人员的资质评价，预约服务时间，服务完成后可以进行满意度评价，平台依据评价对家政人员进行管理和筛选 **生活缴费模块**：支持水费、电费、燃气费等多种生活费用的线上缴纳，提供缴费提醒功能，方便用户及时缴费
	产品特色 智能推荐、社区互动、一站式服务	采用智能推荐算法，根据用户的地理位置、消费行为、服务偏好等多维度数据进行精准的个性化推荐，让用户快速找到心仪的服务； 打造社区互动功能，用户可以分享服务体验，交流生活小妙招，增强用户对平台的归属感； 提供一站式服务，若用户在服务过程中遇到问题，可通过平台快速反馈，平台及时协调，保障用户权益
商业模式	**商业模式阐述** 平台撮合模式为主，混合广告模式和增值服务模式	主要采用平台撮合模式，作为连接用户和各类生活服务商家的桥梁，通过为双方提供便捷、高效的交易撮合服务来实现自身价值
	盈利模式 含交易佣金、增值服务费用及广告收入	**交易佣金**：与合作商家协商，按照一定比例从每笔交易中抽取佣金，这是主要的收入来源之一。例如，在外卖订单中抽取10%～15%的佣金，在家政服务订单中抽取20%左右的佣金等，具体比例根据不同服务类型和与商家合作情况而定 **增值服务费用**：推出会员服务，会员可享受诸如免配送费、专属折扣、优先预约服务等特权，平台通过收取会员费增加收入；同时，对于部分加急服务需求，用户支付额外的加急费用，平台从中获取相应收益 **广告投放收入**：为有推广需求的商家提供广告位，在平台首页、推荐页面等显眼位置展示广告，按照广告展示量、点击量等收取广告费用
	盈利预测 初期推广、积累，下半年起营收增长，未来3年有望持续提升	在运营初期，随着用户数量的逐步增加和合作商家的不断入驻，预计上半年主要处于市场推广和用户积累阶段，营收相对较低； 从下半年开始，随着平台知名度的提升和用户活跃度的提高，营收将逐步增长。第一年预计实现500万元营收，净利润达到50万元左右。随着后续业务的拓展和用户规模的进一步扩大，预计在未来3年内，营收保持30%以上的年增长率，净利润率也将逐步提升至15%左右

		原 BRD	补充说明
运营策略	用户获取	线上推广结合线下推广，提升知名度，吸引流量	**线上推广**：利用社交媒体平台（如微博、微信公众号、抖音、小红书等）进行广告投放，制作有趣、实用的宣传内容，吸引用户关注并下载使用平台；与搜索引擎合作，通过关键词优化，提高平台在搜索结果中的排名，增加自然流量
			线下推广：在写字楼、小区、商场等人流量较大的场所开展地推活动，发放宣传资料、小礼品，引导用户现场下载注册并赠送新人优惠券；与社区、物业合作，举办生活服务主题活动，提高平台在本地居民中的知名度
	用户留存	靠服务保障、个性化推荐、会员运营留住用户	**优质服务保障**：建立严格的商家入驻审核机制，确保合作商家提供的服务质量；定期对用户进行满意度调查，根据反馈及时优化平台功能和服务流程，解决用户遇到的问题，提升用户体验
			个性化推荐：持续优化智能推荐算法，为用户推荐更贴合他们需求的个性化服务，让用户感受到平台的用心和独特价值，增强用户黏性
			会员运营：为会员提供专属的服务，定期推送会员专享的优惠活动、新品推荐等内容，通过会员权益激励用户持续使用平台，提高会员续费率
	用户活跃度提升	举办互动活动、更新服务，促使用户高频使用平台	**互动活动策划**：在平台社区内定期举办话题讨论、生活小妙招分享、服务体验晒单等互动活动，鼓励用户参与，对于积极参与的用户给予积分、优惠券等奖励，提高用户在平台上的活跃度
			服务拓展与更新：根据用户需求和市场变化，不断拓展新的生活服务品类，优化现有服务功能，如增加新的家政服务项目、缩短生鲜配送的时间等，增加用户的使用频率，提升平台整体的活跃度
风险评估	风险识别	有技术、市场、合作、政策风险，影响平台发展	**技术风险**：平台涉及多类型生活服务的整合以及大数据、智能推荐等技术应用，可能存在技术难题攻克不了，影响功能实现和用户体验的情况，如推荐算法不够精准、系统出现卡顿等问题
			市场风险：尽管市场需求旺盛，但竞争激烈，若竞争对手推出更具吸引力的服务或优惠活动，可能导致我们的用户流失；同时，市场推广效果可能不及预期，用户获取速度缓慢，影响平台的发展速度
			合作风险：与众多生活服务商家合作，可能面临商家资质参差不齐、合作过程中出现纠纷（如服务质量不达标、佣金结算问题等）的情况，影响平台的信誉和正常运营
			政策风险：互联网生活服务领域可能受到相关政策法规的影响，如外卖配送的食品安全监管政策、家政服务的行业标准规范等政策调整，若平台不能及时响应和合规运营，可能面临处罚或整改风险

		原 BRD	补充说明
风险评估	风险应对措施	构思和风险对应的解决办法，保障平稳运营	**技术风险应对**：组建专业的技术研发团队，提前进行技术储备，与外部技术专家、科研机构保持合作，遇到技术难题及时攻克；建立完善的系统监测和应急处理机制，确保平台在出现故障时能够快速恢复，保障用户正常使用
			市场风险应对：密切关注竞争对手动态，定期进行市场调研，分析竞品优势和用户需求变化，及时调整运营策略，推出差异化的服务和优惠活动；优化市场推广方案，根据不同渠道的推广效果及时调整资源分配，提高推广效率，加快用户获取速度
			合作风险应对：加强对合作商家的资质审核，建立详细的商家档案和评价体系，定期对商家进行培训和监督，对于违规或服务质量不佳的商家及时进行处理；制定完善的合作协议，明确双方的权利义务以及纠纷解决机制，保障合作的顺利进行
			政策风险应对：安排专人关注行业政策法规动态，及时解读并调整平台的运营策略和服务标准，确保平台运营符合政策要求；积极参与行业协会组织，与政府相关部门保持沟通，为政策制定建言献策，争取有利的政策环境
资源需求	人力需求	技术、运营、商务团队分工协作	**技术团队**：前端开发工程师 5 名、后端开发工程师 8 名、测试工程师 3 名、算法工程师 2 名、运维工程师 2 名，负责平台的开发、测试、维护和算法优化等工作
			运营团队：运营经理 1 名、市场推广专员 5 名、用户运营专员 3 名、客服人员 10 名，分别负责平台的整体运营规划、市场推广、用户维护以及客户服务等工作
			商务团队：商务拓展经理 2 名、商务专员 5 名，负责与生活服务商家进行合作洽谈、签约以及关系维护等工作
	物力需求	需要办公场地、设备及宣传物料等	租赁办公场地，配备办公设备（计算机、桌椅等），搭建服务器集群用于数据存储和平台运行，同时根据业务发展需要，适时购置相关的宣传物料（如海报、宣传单页等）用于线下推广活动
	财力需求	前期投入、市场推广费用、运营及拓展等成本明确，初筹 650 万元，后续按需补充	预计项目前期研发投入 200 万元，主要用于技术团队组建、服务器购置、软件研发工具购买等； 市场推广费用 100 万元，用于线上线下广告投放、地推活动等； 运营成本（包括人员工资、办公场地租赁费、水电费等）每年约 300 万元； 合作商家拓展及维护费用每年 50 万元； 项目启动初期，预计筹集资金 650 万元，后续根据业务发展情况，通过盈利再投入或寻求外部融资等方式满足资金需求

续表

原BRD			补充说明
时间计划	项目筹备阶段（第1~2个月）	分为项目筹备、开发、测试、上线、运营优化阶段，在各阶段按节点有序推进项目，控制成本、达成目标	完成团队组建、办公场地租赁、项目需求调研与分析等工作；确定平台的整体架构和功能模块设计，制订详细的项目开发计划
	开发阶段（第3~6个月）		技术团队按照开发计划进行平台的功能开发，包括各个生活服务模块的搭建、数据库设计、接口开发等工作；商务团队同步开展合作商家的洽谈与签约工作，确保上线时有一定数量的优质商家入驻
	测试阶段（第7~8个月）		测试工程师对平台进行全面的功能测试、性能测试、兼容性测试等，收集并整理测试过程中发现的问题，反馈给开发团队及时修复；运营团队开始制定市场推广方案和运营策略初稿
	上线阶段（第9个月）		完成平台的优化和部署工作，正式上线运营；同时启动大规模的市场推广活动，按照运营策略开展用户获取、用户留存等工作
	运营优化阶段（第10个月及以后）		根据用户反馈和市场变化，持续优化平台功能、服务内容以及运营策略，拓展合作商家和生活服务品类，不断提升平台的用户体验和商业价值，逐步实现项目的盈利目标

项目实训：ABC 在线教育平台 BRD 撰写实训

1．实训背景

ABC 在线教育平台成立于 2015 年，致力于通过互联网和先进的教育技术，为全球用户提供优质的在线学习资源。企业愿景是通过技术和创新，提供高质量的在线教育资源，帮助全球学习者实现其教育和职业目标。ABC 在线教育平台的主营业务和价值主张如下。

（1）主营业务

ABC 在线教育平台专注于提供多样化的在线课程，涵盖编程、数据科学、设计、语言学习等领域，致力于为用户提供便捷、高效的学习体验。平台上的课程内容涵盖广泛的学科领域，包括但不限于以下几个方面。

① 编程与开发：提供从基础编程语言到高级软件开发的各类课程。

② 数据科学：涵盖数据分析、机器学习、人工智能等前沿领域的课程。

③ 设计：提供平面设计、UI/UX（用户界面/用户体验）设计、动画制作等方面的课程。

④ 语言学习：包括英语、法语、西班牙语等多种语言的学习资源。

（2）价值主张

ABC 在线教育平台的价值主张主要包括以下几点。

① 优质内容：平台上的课程由业内资深专家和教育机构共同打造，确保课程内容的权威性和实用性。

② 个性化学习：通过先进的推荐算法和学习进度追踪系统，为用户提供个性化的学习路径和资源。

③ 互动学习：增加课程中的互动元素，提升学习的趣味性和参与度，包括在线讨论、实时答疑和项目合作等。

④ 支持服务：提供全天候在线客服和社区支持，帮助用户在学习过程中解决各种问题。

未来，ABC 在线教育平台将继续专注于教育技术创新，增加课程内容的深度和广度，提升用户学习体验。同时，该平台还计划进一步开拓国际市场，将优质的在线教育资源带给全球更多的学习者。ABC 在线教育平台坚信，通过不断的努力和创新，其可以成为全球领先的在线教育平台，帮助更多人实现他们的梦想。

2．实训目标

了解 ABC 在线教育平台的业务模式、价值主张及市场定位，能够精准提炼关键信息，完成一份结构完整、内容翔实的 BRD 初稿，清晰阐述平台现阶段的商业价值与发展潜力。通过调研在线教育行业的市场动态、竞品情况以及用户需求，掌握收集与分析市场信息的方法，在 BRD 中合理呈现市场分析板块。

3．实训要求

（1）收集资料

广泛查阅在线教育行业的相关资料，包括但不限于行业报告、权威统计数据、竞品官网信息、用户评价等。收集的资料需确保真实、可靠、时效性强，至少整理出 3～5 份具有参考价值的行业资料，用于支撑 BRD 中的市场分析部分，剖析行业现状与趋势。

（2）撰写 BRD

按照 BRD 的格式与结构进行撰写，涵盖项目概述、市场分析、产品规划、商业模式、运营策略、风险评估等核心板块。文字表述要简洁明了、逻辑清晰，避免冗长复杂的语句与专业术语堆砌。

（3）团队协作要求

以小组为单位开展实训，小组成员明确分工，分别负责资料收集、市场调研、文档撰写、校对审核等不同环节。最后各小组进行成果材料的展示并讨论。

巩固提高

一、单选题

1．美团外卖整合线下餐饮商家、构建物流体系，这体现了互联网产品商业模式的什么特点？（　　）

　　A．边际成本递减，规模效应显著　　　B．资源整合的跨界性与高效性

　　C．以用户为中心的逻辑驱动　　　　　D．轻资产模式

2．某互联网金融产品团队打算向技术总监展示项目商业价值与可行性，最适合选用（　　）完整呈现。

　　A．商业需求文档　　　　　　　　　　B．产品需求文档

　　C．竞品需求文档　　　　　　　　　　D．市场需求文档

3．大数据分析公司利用数据变现模式时，为合法合规运营，最重要的是（　　）。

　　A．提高数据分析的精准度　　　　　　B．拓展数据销售的客户群体

　　C．确保数据安全　　　　　　　　　　D．降低数据收集的成本

4. 一款互联网产品处于扩张阶段，绘制商业模式画布时应重点关注（　　　）。

　　A. 客户细分与价值主张　　　　　　B. 成本优化与合作伙伴

　　C. 渠道通路与客户关系　　　　　　D. 收入来源与产品功能

5. 绘制商业模式画布时，关乎产品如何触达目标客户的模块是（　　　）。

　　A. 渠道通路　　　　B. 客户关系　　　　C. 价值主张　　　　D. 客户细分

二、判断题

1. 互联网产品具有边际成本递减的特点，这利于其突破地域限制，快速拓展国际市场。（　　　）

2. 某新兴互联网教育产品为迅速让用户了解产品价值，打开市场，最适宜优先采用的商业模式是免费增值模式。（　　　）

3. 商业需求文档的内容应尽量涵盖产品更多的细节信息，以便企业高层决策。（　　　）

4. 商业模式画布中的"价值主张"模块应与企业初衷保持一致，不宜更改。（　　　）

5. 商业需求文档中，为让企业高层直观了解投入资源后的潜在回报，产品经理应重点阐述商业模式部分。（　　　）

三、简答题

1. 简述广告模式作为互联网产品商业模式的优势与劣势。

2. 简述商业模式画布的结构。

3. 简述商业需求文档的特点。

模块二

产品需求分析篇

目标竞品分析

🛒 知识目标

- ➢ 了解竞品的类型及锁定竞品的步骤。
- ➢ 掌握竞品分析的内容和收集竞品数据的方法。
- ➢ 掌握分析竞品的方法。
- ➢ 了解竞品分析文档的结构及撰写注意事项。

🛒 能力目标

- ➢ 能够收集竞品数据，并从不同维度详细分析竞品。
- ➢ 能够运用 SWOT 分析法分析竞品。
- ➢ 能够有效撰写竞品分析文档。

🛒 素养目标

在描述竞品时，能够客观公正，不夸大其词，不恶意攻击，体现诚信友善的价值观，维护良性竞争的市场环境。

🛒 项目导读

竞品分析是企业经营和产品开发运营必不可少的环节。通过锁定目标竞品、分析目标竞品优劣势，产品团队能够明确自身产品设计思路和市场定位，为后续产品开发设计、运营推广等做好准备。

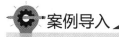 知识导图

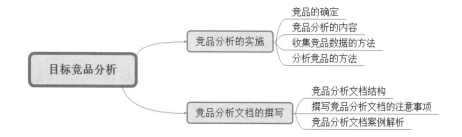

目标竞品分析
- 竞品分析的实施
  - 竞品的确定
  - 竞品分析的内容
  - 收集竞品数据的方法
  - 分析竞品的方法
- 竞品分析文档的撰写
  - 竞品分析文档结构
  - 撰写竞品分析文档的注意事项
  - 竞品分析文档案例解析

案例导入

拼多多——下沉市场消费生态的引领者

微课视频

在当今快速发展的互联网行业中，产品的竞争日趋激烈，企业要想在市场中脱颖而出，就必须深入了解竞争对手的优势和劣势。竞品分析成了企业获取市场信息、指导产品创新和优化市场策略的重要工具。

拼多多作为一个相对新兴的电商平台，在面对阿里巴巴、京东等电商巨头的市场主导地位时，并没有选择正面"硬碰硬"，而是通过精准的竞品分析，发现了市场中的空白点和潜在机会。拼多多认识到，尽管一线城市的竞争已经非常激烈，但三、四线城市及农村地区的下沉市场仍存在巨大的发展空间。这些区域的用户对价格更为敏感，对高性价比商品有着强烈的需求。

基于这一洞察，拼多多采取了差异化竞争策略，专注于下沉市场，并通过社交电商模式，利用微信等社交平台，鼓励用户参与拼团购买，以优惠价格吸引用户。这种模式不仅有效降低了营销成本，还促进了用户增长，增强了用户黏性。

拼多多的成功不仅在于它的市场定位，还在于它对竞品的深入分析。通过不断监控竞品的动态，拼多多能够及时调整自己的产品功能、营销策略和用户体验，确保在激烈的市场竞争中保持优势。

任务一 竞品分析的实施

竞品分析不是简单的调研和对比，而是从产品设计到市场策略的全方位探索。通过科学的竞品分析，产品团队可以进一步明确自身产品的核心竞争力，并在激烈的市场竞争中找到适合的独特定位。

竞品分析需要以明确的目标为导向，结合严谨的方法论，对竞品进行全面而深入的探索。这不仅包括竞品类型的明确划分、竞品的精准锁定，更涉及竞品信息的收集、整理与分析，以及分析结果在产品设计与市场策略制定中的有效应用。

一、竞品的确定

竞品确定的过程实质上是对市场格局、用户需求、产品定位以及技术发展等多方面因

素的综合考量。它要求产品团队具备敏锐的市场洞察力、严谨的分析能力和前瞻性的战略思维。

1. 竞品的类型

在确定竞品之前，产品团队首先需要明确竞品的类型，分析各类竞品对目标用户和市场环境的不同影响，从而聚焦于产品的核心竞争优势。竞品一般分为以下3类。

（1）直接竞品

直接竞品是指与本产品功能高度重合、定位相似的产品。例如，在线办公软件领域的腾讯文档和金山文档互为直接竞品，它们都提供文档编辑、协作等功能，面向的用户群体主要是企业和个人用户，在市场上的定位都是提高办公效率的工具。

如果目标用户放弃自家产品，那么直接竞品通常就成为目标用户的首选。产品团队通过分析直接竞品可以准确理解市场对某类功能的基础需求，识别用户对于必需功能和附加功能的期望。

（2）间接竞品

间接竞品是指功能上有部分重叠，但并非服务于同一用户需求或者并不直接竞争的产品。例如，知乎与网易云课堂互为间接竞品。网易云课堂主要提供职业技能培训课程，而知乎也有知识分享板块。它们在知识传播方面有一定的重合。

微信和钉钉也互为间接竞品。微信不仅是个人社交的重要工具，也是许多企业满足内部办公需求的工具。钉钉是一个专注于企业沟通和协同办公的平台，提供即时通信、打卡考勤、审批流程、会议管理等功能。它们的共同用户需求是工作沟通和协同办公。

间接竞品可以启发产品团队探索不同的应用场景和增值功能，帮助产品团队思考功能的多样性，挖掘潜在的用户需求。

（3）潜在竞品

潜在竞品是当前市场影响力较小，但因其创新性或独特功能而可能在未来对本产品产生竞争压力的产品。例如，随着人工智能技术的发展，一些智能语音助手可能会逐渐拓展其功能，进入在线教育领域，因此这些智能语音助手是在线教育平台的潜在竞品。

潜在竞品通常具有前瞻性和创新性，产品团队通过了解潜在竞品可以提前洞察市场变化，做好应对策略。

📖 **案例分析**

携程旅行——一站式在线旅游服务平台

携程旅行是一个一站式在线旅游服务平台，直接为酒店、航空、铁路、旅游景区、保险等公司提供代理销售和广告业务，为消费者提供交通出行、住宿、保险、游览等旅行服务。其拥有完整的产业生态系统，通过整合各种旅游资源，为用户提供全面、便捷、舒适的旅行体验。

携程旅行的特点包括以下几个。

（1）提供丰富的产品种类：携程旅行提供了包括酒店预订、机票购买、旅游线路规划、景点门票购买、火车票预订、国内/国际汽车票预订及城际用车服务、自驾服务等多种服务，还提供了旅游攻略、购物指南。

（2）具有强大的供应链优势：携程旅行能够与众多酒店、航空公司等供应商进行谈判，获得更优惠的价格，并推出各种优惠活动，如发放优惠券、红包等，降低用户的旅行成本。

（3）提供完善的售后服务：携程旅行的客服响应迅速，网站和 App 界面友好，操作便捷，搜索功能强大，用户可以快速找到所需产品。此外，携程旅行还提供了完善的售后服务，确保用户在旅行过程中遇到问题时能够得到及时解决。

（4）构建用户评价系统：携程旅行提供在线比价和用户评价系统，帮助用户做出更明智的选择。用户可以根据其他旅客的评价和评分来筛选和预订旅游产品。

（5）提供会员积分：用户通过预订旅游产品、参与活动等方式可以获得积分，积分可以兑换礼品或抵扣现金等，进一步降低旅行成本。

此外，携程旅行还拥有强大的技术管理系统和优秀的管理团队，采用先进的管理理念和方法，如六西格玛方法等，确保服务质量和效率。同时，携程旅行还积极与多个行业进行合作，确保服务的多样性和高质量。

要求：请分组讨论携程旅行的主要竞品有哪些，它们是如何形成竞争关系的，并完善表 3-1。

表 3-1　携程旅行的主要竞品

竞品分类	竞品情况
直接竞品	
间接竞品	
潜在竞品	

2．锁定竞品的步骤

在确定竞品类型后，产品团队需要系统化地锁定竞品。产品团队可以根据以下步骤选出目标竞品。

（1）明确产品定位与目标市场

产品团队首先应从自身产品的市场定位和目标用户出发，分析哪些竞品是目标用户的主要选择。例如，明确产品是面向广泛用户还是特定群体，是注重娱乐性还是实用性，这样才能够为竞品选择提供方向。

（2）开展市场调研

市场调研是产品团队了解竞品现状的重要方法。产品团队可以通过多种调研渠道收集竞品信息，包括行业分析报告、市场研究数据、应用商店排名等。这一过程可以帮助团队确认哪些竞品在市场中占据主导地位，哪些竞品具有创新点或者具有增长潜力。

（3）选择具有代表性的竞品

基于市场调研结果，产品团队需要选出市场中具有典型性和竞争力的竞品。这些竞品应在用户中有一定的认可度，并在功能、设计或市场定位上具备典型特征。这类竞品的数据来源通常会比较广泛，有助于产品团队进行分析，进而为产品决策提供具体依据。

✲ 二、竞品分析的内容

在竞品分析中，有"用户体验五要素（战略层、范围层、结构层、框架层和表现层）"和"企业、产品、用户三维度"两种分析路径可供产品团队使用，如图 3-1 所示。

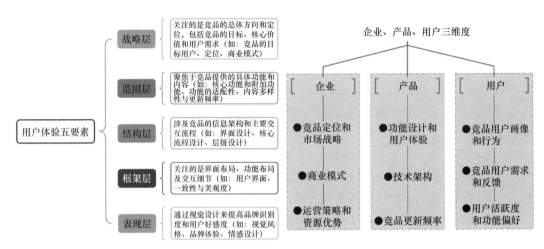

图 3-1　通过"用户体验五要素"和"企业、产品、用户三维度"路径分析竞品

产品团队需要从不同维度详细分析竞品，以便全面理解其功能、用户体验、市场表现等关键点。产品团队在进行竞品分析时应重点关注以下内容。

1．产品功能

功能分析是竞品分析的核心。产品团队可以先梳理出竞品的核心功能和附加功能，然后逐项对比其功能丰富度、易用性及用户接受度。例如，如果分析一款在线教育平台，其核心功能包括课程观看、进度追踪等，而附加功能有互动答疑、课后测试等。通过详细记录竞品功能，产品团队能够判断哪些功能是用户的基础需求，哪些是附加需求，进而为自身产品的功能设计提供参考。

此外，产品团队还应关注竞品的功能优化情况。例如，一款在线办公软件可能会根据用户的反馈不断优化文档编辑功能，增加协作工具；而另一款在线办公软件可能会加强安全性能，提高数据存储和管理的效率。

2．用户体验

用户体验包含了界面设计、交互流程、响应速度等方面内容，产品团队可以对竞品的各部分体验进行详细分析。例如，分析某款音乐软件的操作流程是否流畅，界面风格是否简洁大方。这能够有效帮助产品团队了解竞品在用户体验方面的设计逻辑。此外，产品团队还可以通过用户评价分析用户对竞品的体验评价，明确竞品的亮点和缺点。

3．市场表现

用户数量、市场占有率、增长率等指标，可以反映竞品在用户中的受欢迎程度。产品团队可以通过应用商店的下载量、活跃用户数及其历史增长数据了解竞品的市场表现。例如，产品团队通过分析某款社交软件的用户增长率，可以在一定程度上判断该竞品的市场潜力及用户黏性。

4．商业模式

产品团队需要分析竞品的盈利模式，以了解其是如何在市场中实现商业价值的。例如，竞品是通过广告、订阅服务还是增值服务获得收入？如果竞品的商业模式包含付费会员系统，那么产品团队可以进一步探讨该系统的用户接受度及实际转化率。

此外，产品团队还应分析竞品的成本结构，这包括研发成本、运营成本、营销成本等。例如，一款游戏软件的研发成本可能较高，需要投入大量的人力、物力和时间；而一款工具类软件的运营成本可能相对较低，服务器维护和技术支持等成本较高。

5．技术架构

了解竞品的技术架构能够帮助产品团队判断实现某些功能的技术可行性及难度。例如，一款金融科技产品采用了区块链技术，产品团队可以分析其技术应用场景和效果，以决定是否需要在自身产品中引入类似技术。

6．用户反馈

用户反馈能够为产品团队提供竞品的真实使用体验。产品团队可以收集社交媒体上的评论、应用市场的评价等数据，分析用户对竞品的具体评价。例如，许多用户提到一款软件的启动速度慢，产品团队需要将该问题记录下来并考虑在后续产品研发中如何提高软件的启动速度，以便于优化自身产品，提升市场竞争力。

❋ 三、收集竞品数据的方法

为了全面获取竞品的相关数据，产品团队可以采用以下几个方法。

（1）访问竞品官网

产品团队可以访问竞争对手的官方网站，了解其产品特点、功能优势、市场定位等信息。例如，通过竞争对手的官网可以了解其产品的最新动态（如最新功能更新日志）、促销活动、用户案例等方面的内容。

（2）利用应用商店

产品团队可以在各大应用商店中查看竞品的下载量、用户评价、排名等信息。例如，App Store 和安卓应用商店都提供了丰富的应用数据和用户评价，可以帮助产品团队了解竞品的市场表现和用户反馈。

（3）利用社交媒体

产品团队可以通过社交媒体平台，了解用户对竞品的讨论和评价。例如，在微博、微信、抖音、小红书、知乎等平台上搜索竞品的相关话题，可以看到用户关于竞品的使用体验、功能需求等方面的讨论和建议。

（4）利用第三方市场分析平台

一些专业的第三方市场分析平台（如艾瑞咨询、App Annie、QuestMobile 等）可以为产品团队提供详细的市场数据，包括竞品的用户画像、下载量、活跃用户数等。这类数据通常来源权威、覆盖全面，能够帮助产品团队准确地知晓产品的市场表现。

（5）收集用户反馈

产品团队可以通过各种方式收集用户对竞品的评价和意见。例如，通过在线调查、用户访谈等方式收集用户对竞品的使用体验、功能需求等方面的反馈。

（6）实际体验

产品团队可以亲自下载并使用竞品，进行详细体验。通过实际体验，产品团队可以直观地感受到竞品在功能、界面、用户流程等方面的设计逻辑。例如，团队成员可以对比两款购物软件的下单流程，记录每一步的操作难易程度，从而找出自己产品的优化方向；开发人员可以分析并获取竞品的技术架构、代码实现等方面的信息。

此外，产品团队还可以通过数据分析平台，自行分析用户在使用竞品时的行为数据。例如，通过分析用户的访问时长、页面浏览量、转化率等数据，了解用户对竞品的兴趣点和使用习惯。

✿ 四、分析竞品的方法

产品团队可以通过多种分析方法、从不同维度深入挖掘竞品的数据，从而获得科学的分析结论。

1. SWOT 分析

SWOT 分析法是一种通过全面分析对象的内部资源和外部环境，识别出关键的成功因素和潜在风险，从而为制定战略和做出决策提供指导的分析方法。SWOT 分析法强调 4 个要素，即优势（Strength）、劣势（Weakness）、机会（Opportunity）和威胁（Threat）。这 4 个要素共同构成了一个完整的分析框架。SWOT 分析法不仅可以用于分析自身产品，还可以用于分析竞品。

（1）竞品 SWOT 分析

具体而言，竞品 SWOT 分析中的 S 为竞品内部优势，W 为竞品内部劣势，O 为竞品外部机会，T 为竞品外部威胁。

① 竞品内部优势（S）

S 指的是竞争对手内部因素中超过其他竞争对手的方面，如技术优势、有形资产优势、无形资产优势、人力资源优势、组织体系优势、竞争能力优势等。

产品团队在分析竞品时，需要仔细研究其内部因素中超过自身产品的方面。在分析互联网产品时，技术优势可能是先进的算法，如搜索算法更加精准、推荐算法更符合用户兴趣，能为用户推荐更优的内容，这使竞品在搜索和个性化推荐功能上表现出色。有形资产优势可能是强大的服务器资源，能在高并发情况下保持系统的稳定性和快速响应，使用户体验不受影响。无形资产优势可能是独特的品牌形象和声誉，竞品在用户心中树立了专业、可靠的形象，吸引大量用户。

从人力资源角度看，竞品可能拥有一支经验丰富、专业技能强大的开发和运营团队，能够快速响应市场变化并及时优化产品。组织体系优势则可能是高效的内部沟通机制和项目管理流程，能确保产品高效开发和更新，例如，可以快速迭代产品功能，更快地推出新的版本以满足用户新需求。竞争能力优势方面，竞品可能在某个特定领域具有垄断地位，例如，在社交电商领域，它可能已经建立了庞大的用户社交网络，用户之间的互动频繁，交易转化率高。

② 竞品内部劣势（W）

W 指的是竞争对手内部因素中不如其他竞争对手的方面，如资源缺乏、技术落后、市场定位不明确、客户满意度低等。

分析竞品的内部劣势也至关重要。资源缺乏可能是竞品面临的问题之一，例如，在资金方面，如果竞品的融资渠道有限，可能无法进行大规模的市场推广或产品升级。技术落后在互联网产品中表现明显，例如，其界面设计不符合当前用户的期待，操作不够便捷，或者其数据安全性低，容易出现用户信息泄露问题，这会导致用户流失。

市场定位不明确也是常见的劣势，若竞品试图同时满足不同类型用户的需求，却没有突出的核心功能，就会导致产品特色模糊，用户难以形成清晰的产品认知。客户满意度低可能是由于其客户服务不到位，用户反馈的问题不能及时解决，或者产品频繁出现故障，影响用户正常使用。

③ 竞品外部机会（O）

O指的是竞争对手外部环境中可能带来的机遇，如市场需求增长、技术进步、政策支持、合作伙伴关系建立等。

市场需求增长是竞品的重要发展机会。例如，随着移动互联网的普及，短视频类互联网产品的市场需求大幅增加，如果竞品是一款短视频应用，那么这就是它的发展契机。技术进步也会为竞品带来机会，如5G的发展使视频加载速度更快，高清视频播放更流畅，竞品可以利用这一技术优势提升产品的视频播放质量。政策支持方面，如果政府出台鼓励互联网文化产业发展的政策，竞品可以借助政策东风，加大在内容创作和版权购买上的投入，丰富产品内容。

合作伙伴关系建立也是重要机会，若竞品能与知名的内容创作者、品牌商或其他平台达成合作，如与知名影视公司合作推出独家内容，或与支付平台合作优化支付流程，都能提升产品的竞争力和用户体验。

④ 竞品外部威胁（T）

T指的是竞争对手外部环境中对其企业经营和产品推广不利的因素,如竞争对手的崛起、市场需求减少、不利的政策变动、经济衰退等。

在外部环境中，其他竞争对手的崛起会对竞品构成严重威胁。例如，新出现的具有类似功能的互联网产品可能以更创新的模式、更低的价格或更优质的服务吸引用户，抢占竞品的市场份额。市场需求减少也是威胁之一，如社交类互联网产品，如果用户对社交的需求从公开社交转向私密社交，那么以公开社交为主的竞品就会面临用户流失的风险。

不利的政策变动同样会影响竞品发展，如政府加强对互联网内容监管，要求产品对内容进行更严格的审核，如果竞品在内容管理方面存在疏漏，可能会面临整改甚至下架的风险。经济衰退时期，用户在互联网产品上的消费可能减少，对于依赖付费用户实现盈利的竞品来说，这会导致收入下降，影响产品的持续发展。

（2）SWOT组合策略

利用SWOT分析法分析竞品后，产品团队也可以利用SWOT分析法，通过组合优势、劣势、机会、威胁，得到SWOT矩阵，如图3-2所示。在SWOT矩阵中，4个要素两两组合可以形成4种不同的策略，即优势-机会（SO）策略、劣势-机会（WO）策略、优势-威胁（ST）策略和劣势-威胁（WT）策略。

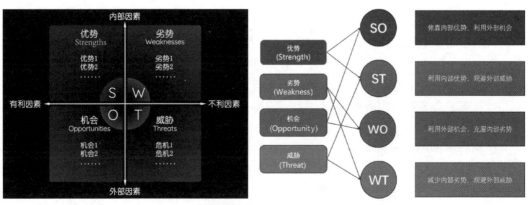

图3-2 SWOT矩阵

① SO 策略

SO 策略指依靠内部优势，利用外部机会。这是一种增长型战略，旨在充分发挥企业的内部优势，抓住外部机会，以实现快速发展和扩张。例如，如果企业具有强大的技术研发能力（内部优势），并且市场上出现了对该技术相关产品的高需求（外部机会），那么企业可以加大研发投入，推出新产品，满足市场需求，从而获得更多的市场份额和利润。

② WO 策略

WO 策略指利用外部机会，克服内部劣势。这是一种扭转型战略，通过利用外部机会来弥补内部的劣势，使企业能够逐步提升自身实力。例如，企业可能在生产效率方面存在劣势（内部劣势），但市场上出现了合作机会，可以与其他企业合作生产或共享资源（外部机会），从而提高生产效率，降低成本，提升竞争力。

③ ST 策略

ST 策略指利用内部优势，规避外部威胁。这是一种多种经营战略，企业凭借自身的优势，尽量避免或减少外部威胁对企业的影响。例如，企业拥有独特的品牌优势和客户忠诚度（内部优势），当面临激烈竞争或市场需求下降等威胁（外部威胁）时，可以通过加强品牌营销、推出差异化产品等方式，保持市场份额和客户满意度。

④ WT 策略

WT 策略指减少内部劣势，规避外部威胁。这是一种防御型战略，企业需要努力减少内部的劣势，同时避免外部威胁的影响，以保持稳定。例如，企业在技术创新和市场响应速度方面存在不足（内部劣势），同时面临市场竞争加剧和不利的政策法规变化等威胁（外部威胁），此时企业应加强内部管理，提升技术水平，优化产品结构，同时密切关注市场动态和政策变化，及时调整战略，以降低风险。

（3）SWOT 分析法示例

假设产品是一款针对年轻用户的社交视频编辑应用，名为"VidX"，其市场定位为年轻人的"智能易用的视频编辑社交应用"，通过简单的编辑工具和有趣的社交机制吸引视频创作者，并增强用户之间的互动。VidX 的主要功能为：促进社交互动，提供一键特效、滤镜、字幕、配乐等基础功能，以及高阶的 AI 智能编辑工具。

假设产品团队分析的竞品是一款主流的短视频应用（名为 A）。产品团队通过 SWOT 分析，对竞品的优势、劣势、机会与威胁进行全面评估，从而得出有针对性的分析结论和建议。

① 优势（Strength）

A 的用户基数大，在年轻用户中拥有大量的粉丝，特别是在 18～30 岁年龄段中的市场占有率高，用户黏性强。凭借强大的数据分析和机器学习技术，A 可以根据用户的历史观看记录和喜好进行精准的个性化推荐，极大地延长和提升了用户的停留时长和活跃度。A 聚集了众多知名内容创作者，为用户提供了丰富多样的优质内容资源，用户留存率高。

② 劣势（Weakness）

A 的内容同质化严重，大量用户反映内容缺乏新意，许多视频风格和主题高度重复，导致用户在长时间使用后感到疲劳，影响留存率。A 的广告投放量较高，部分用户反馈广告出现频率太高，导致观看体验不佳，降低了用户的使用满意度。相较于其他竞争对手，A 在新功能开发方面进展较慢，缺乏特色和创新点，影响了对用户的持续吸引力。

③ 机会（Opportunity）

随着用户对短视频内容需求的增加，尤其是在移动互联网普及的背景下，市场整体保持增长趋势，为应用 A 带来了扩展用户群体的机会。AR、VR 等技术的成熟为短视频内容带来了更多创新可能。通过引入这些新技术，应用 A 可以提升内容表现力，吸引更多关注。在国内市场已经较为饱和的情况下，应用 A 可以考虑进军海外市场，尤其是在文化相近的地区，以扩大用户基础和增加收入来源。

④ 威胁（Threat）

短视频领域涌现出众多竞品，其中不乏主打创新功能、垂直内容的应用，这些竞品的快速发展对应用 A 形成了挑战。短视频内容监管政策日趋严格，任何违规内容都可能导致平台面临整改或下架的风险，对业务造成负面影响。年轻用户偏好多变，容易被新的内容形式或产品吸引，如果应用 A 无法及时创新并适应这些变化，用户可能会转向其他竞品。

⑤ 竞品分析结论与建议

短视频应用 A 凭借其庞大的用户基础、精准的算法推荐和强大的创作者资源，已在市场上占据了主导地位。然而，内容同质化、广告过多和创新乏力的问题影响了用户的长期留存。同时，行业竞争激烈和政策风险也使应用 A 面临市场挑战。

基于以上对竞品短视频应用 A 的 SWOT 分析，该产品团队可以为 VidX 制定以下策略。

a. 提供个性化的内容创作工具与创作体验

VidX 可以推出更具个性化的内容创作工具，如独特的滤镜、AR 特效以及主题模板等，帮助用户创作具有差异化的内容，避免内容同质化的问题。VidX 可以定期推出与潮流主题相关的滤镜、特效等功能，鼓励创作者发挥个性。同时，通过人工智能算法提供一键生成创意内容的功能，降低用户的编辑门槛，增强用户的创作兴趣。

b. 优化广告展示策略

VidX 可以增加软广的比例，弱化用户的抗拒心理。产品团队也可以考虑在用户观看广告后提供一定的奖励（如应用内积分或特效使用权限），这样既提升了广告的接受度，又提升了用户的使用体验。同时，可根据用户画像智能分发广告，以实现精准投放。

c. 鼓励社交互动与用户参与

VidX 可以增加视频挑战和排行榜功能，鼓励用户参与互动活动，形成活跃的社区氛围。挑战赛等活动不仅能增加互动，还可激发用户创作力。VidX 可以通过"合拍视频"和"互动话题"功能增加用户之间的联系，让用户在平台上建立好友关系，提升其黏性。

d. 优化内容推荐算法

VidX 团队应优化算法，基于用户的浏览行为和兴趣，提供更符合用户喜好的视频内容，从而增加用户留存率。VidX 还可以结合社交元素进行推荐，例如推荐好友或关注者喜欢的内容，丰富用户内容来源。

e. 完善内容审核机制，规避政策风险

VidX 应完善内容审核机制，使用 AI 技术实现实时监控和自动审核，确保内容符合平台规范，以减少政策风险。VidX 还可以设立用户反馈通道，鼓励用户举报不合规内容，提升内容安全性。良好的内容管理将增强用户对平台的信任感。

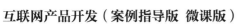

f. 提前布局创新功能，引领用户需求

VidX 可以通过用户调研与数据分析发现用户对创新功能的需求，保持产品定期更新，增加新颖的玩法或技术应用（如互动直播或 VR 滤镜），满足用户对新鲜内容的期待。VidX 还可以在新功能推广前进行小范围测试，根据反馈确定新功能是否适合广泛上线，使平台保持技术的领先性和创新性。

2．PEST 分析

PEST 分析法是一种用于分析企业外部环境的工具，它强调政治（Political）、经济（Economic）、社会（Social）和技术（Technological）4 个方面，如图 3-3 所示。通过对这 4 个方面的分析，产品团队可以了解竞品所处的宏观环境及其对竞品的影响。

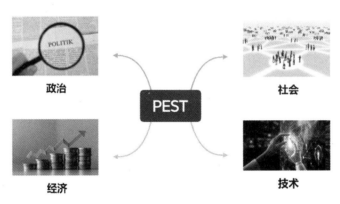

图 3-3　PEST 分析要素

PEST 分析法在竞品分析中的应用如下。

（1）政治（Political）

从政治角度来看，政策法规会对互联网产品产生诸多影响。例如，对于跨境类产品，在数据隐私保护方面，不同的国家和地区有着不同的法律规定。一些竞品可能由于其所在地区的严格隐私政策，因此投入大量资源用于数据加密、用户授权管理等功能开发；而其他竞品若处于相对宽松环境，可能在这方面的投入和重视程度较低。这就促使产品团队在分析竞品时，需要考虑政策环境如何促使产品在合规性上进行投入，进而影响其功能特性、运营模式以及市场竞争力。

金融科技类互联网产品会受到金融监管政策的严格约束，合规的竞品会在产品设计中突出反洗钱、风险防控等功能模块，而不符合政策要求的产品可能面临下架或运营受限等风险，产品团队在分析此类竞品时就要尤其注意政治因素的考量。

（2）经济（Economic）

在经济层面，宏观经济形势、行业经济状况以及成本结构等因素在竞品分析中意义重大。宏观经济的波动会影响消费者的购买力和消费意愿。在经济繁荣时期，消费者对于高端、增值型互联网产品服务的接受度更高，竞品可能会加大在高品质内容创作、个性化服务提供等方面的投入以吸引用户；而在经济衰退期，消费者更倾向于性价比高的产品，竞品则可能侧重于成本控制、推出基础免费而增值收费的模式。

例如在线教育领域，当经济状况较好时，一些竞品会重金聘请知名教师，打造独家课程资源，并提高收费标准；当经济下行时，部分竞品则会推出低价课程套餐，维持市场份额。

（3）社会（Social）

在社会层面，社会文化、人口结构、消费习惯等都会反映在竞品分析中。不同的社会文化背景下，互联网产品的设计和推广策略大相径庭。从社会因素出发，能精准把握竞品在不同社会环境下的定位与特色。以社交类产品为例，在注重隐私和个人空间的社会文化中，竞品可能强调用户信息的严格保密、群组的私密设置等功能；而在社交氛围开放、群体活动频繁的文化环境里，竞品会更突出社交互动的多样性、大型社区活动的组织功能。

人口结构的变化，如老龄化程度加深，对老年群体友好的互联网产品会着重强化界面的简洁性，加大开发语音交互功能，以适应老年用户的需求和操作习惯。

（4）技术（Technological）

在技术层面，新技术的出现和发展是竞品分析的关键着眼点。当人工智能技术兴起，部分竞品会迅速将人工智能算法应用于用户推荐系统，实现精准内容推送，提升用户体验和黏性；而另一些竞品可能由于技术研发能力有限，在这方面进展缓慢。移动支付技术的普及也促使众多互联网竞品优化支付流程、增加多种支付渠道，以降低支付门槛，提升交易便捷性。产品团队通过对 PEST 中技术因素的分析，可以清晰地看到竞品在技术创新和应用上的步伐差异，以及这种差异如何塑造其在市场中的竞争态势。

3．对比分析

对比分析法，也称为比较分析法或者对比法，是一种通过对比实际数与基数，揭示实际数与基数之间的差异，从而了解和评价事物的方法。这种方法的适用领域十分广泛。在对比分析中，产品团队可以将多个竞品的数据整理成表格，按功能、用户体验、市场表现等进行横向对比。对比分析能够直观展示各竞品的优势和不足。例如，通过对比多款健身 App，产品团队可以看到哪一款的健身课程种类更丰富，哪一款的用户互动功能做得更好。

4．用户评价分析

产品团队可以对竞品的用户评论进行分析，以识别用户对竞品的具体感受和情绪。如果评论中出现大量正面评价，如"界面友好""操作简单"等词汇，则表明该竞品的用户体验好；如果出现大量负面评价，如"功能复杂""操作不便"等词汇，则表明该竞品在用户体验上存在改进空间。产品团队可以将用户评价中的共性问题提炼出来，作为自身产品优化的参考点，从而规避竞品的不足，增强自身产品的竞争优势。

任务二　竞品分析文档的撰写

竞品分析完成后，产品团队需要将这些深入的分析结果整理成报告文档，以便在团队内部进行分析和交流。同时，产品团队需要将其提交给相关管理层，为他们提供决策支持，使他们能够基于翔实的信息和数据做出更加科学、合理和有效的战略选择，从而推动企业产品竞争力的提升。

一、竞品分析文档结构

竞品分析文档是竞品分析过程及结果的展现形式，一个典型的竞品分析文档一般包括以下几个部分，如表 3-2 所示。

表 3-2　竞品分析文档结构

序号	部分	内容描述	备注
1	封面	报告题目、日期、报告人、编制单位	方便后续追溯文档的时效性和负责人
2	基本信息	报告目的、相关背景信息（如竞品名称和所属领域）、文档标题和版本号（如《×××竞品分析文档 V1.0》）	明确报告基本信息
3	市场背景	行业概况、市场趋势、目标用户	为竞品分析提供背景
4	竞品	选择竞品的理由、竞品的定位和目标用户、竞品发展历程（如竞品从推出到当前阶段的关键节点、各主要版本更新带来的功能和体验上的变化等）	明确分析对象
5	竞品分析	竞品数据信息采集，使用 SWOT 分析法等对竞品进行详细分析（包括市场表现、产品特性、用户反馈、功能、用户界面和交互设计、性能、商业模式等内容）	深入分析竞品
6	分析结论	基于分析得出的主要结论	明确结论
7	迭代方向	根据分析结果提出建议（即如何利用竞品分析结果优化自身产品和市场策略）	为决策和产品迭代提供参考
8	附录	调研问卷、相关数据图表、参考文献等	支持材料
9	其他	文档审阅记录、反馈汇总、法律声明和保密协议（如有必要）	确保报告质量

　　表中内容只是一个通用的结构，具体的竞品分析文档应根据实际情况和需求进行调整。如果产品团队需要针对特定的产品或行业进行分析，可能需要补充更详细的信息。

✻二、撰写竞品分析文档的注意事项

　　在撰写竞品分析文档时，产品团队需要注意以下事项（见图 3-4），以确保文档的质量和有效性。

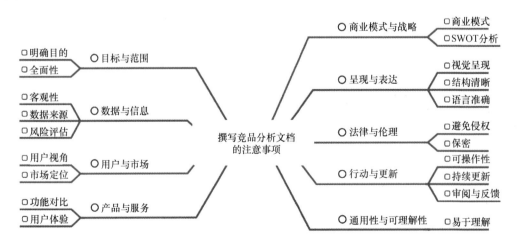

图 3-4　撰写竞品分析文档的注意事项

1．目标与范围

产品团队在开始撰写之前，必须确定分析的目标。例如，是为了给新产品寻找市场切入点，还是为现有产品的优化升级寻找参考方向，或是评估竞争对手的战略布局对本企业的影响。明确的目标将为整个分析过程提供清晰的指引方向。

产品团队应确保分析的全面性，即覆盖所有关键的竞品。这要求产品团队运用多种渠道去挖掘市场中的竞品信息，包括行业展会、专业论坛、市场调研等，通过对这些渠道的综合利用，全面了解市场上的竞品情况，从而获得完整的市场视角，避免因信息遗漏而导致分析结果出现偏差。

2．数据与信息

产品团队在整个分析过程中必须保持客观，坚决避免个人偏见对分析结果的影响。产品团队应聚焦于事实依据，无论是对竞品的优点还是缺点进行评价，都要基于客观存在的数据和现象，而不能因个人喜好歪曲事实。

产品团队所使用的数据必须来源于可靠途径，如官方发布的数据资料、权威的行业报告、具有广泛代表性的用户评价等。官方数据通常具有较高的准确性和权威性，行业报告则是专业机构经过深入调研和分析得出的成果，而用户评价则能直接反映竞品的市场表现。对于从网络上获取的信息，产品团队需要谨慎甄别，避免使用那些未经证实或来源不明的数据。

产品团队要具备敏锐的洞察力，善于识别与竞品相关的潜在风险和挑战，如竞品在技术更新、市场策略调整、政策法规变化等情况下可能对本企业产品造成的影响。例如，如果竞品正在研发一项新技术，可能会在未来改变市场竞争格局，产品团队就需要在文档中对此类潜在风险进行详细分析和提示。

3．用户与市场

产品团队要始终从用户需求出发，深入分析竞品满足用户的方法与策略。这需要产品团队对用户的使用场景、需求、痛点、期望的功能和体验等方面有深入的理解。例如，通过分析用户在使用竞品过程中的行为数据、用户反馈以及用户调研结果等，来了解竞品在功能设计、用户引导、客户服务等方面是如何满足用户需求的，并从中发现潜在的改进空间或创新机会。

产品团队需要全面了解竞品的市场定位，包括其目标用户和品牌形象。对于目标用户，要详细分析其年龄、性别、职业、消费习惯、地域分布等特征，以及这些特征如何影响竞品的功能设计、营销策略和价格定位。在品牌形象方面，要研究竞品所传达的价值观、品牌个性和品牌声誉，以及这些因素在用户心目中的印象和对用户的影响，从而为评估竞品在市场中的竞争力提供依据。

4．产品与服务

产品团队要对竞品的功能进行详细对比，找出它们之间的差异和共同点。这需要产品团队对每个竞品的功能模块进行拆解，分析功能的完整性、功能的创新性、功能的实用性等方面。例如，对于两款功能相似的软件产品，要比较它们在核心功能的实现方式、附加功能的种类和质量、功能更新的频率和方向等方面的差异，从而明确本企业产品在功能方面的优势和不足，为产品功能优化提供参考。

产品团队要深入分析竞品的用户体验，涵盖界面设计、易用性、性能等多个维度。在界面设计方面，要评估界面的布局是否合理、色彩搭配是否协调、图标设计是否清晰易懂等；

在易用性方面，要考察操作流程是否简洁、提示信息是否明确、用户学习成本是否较低等；在性能方面，要关注软件的加载速度、运行的稳定性、资源占用情况等。通过对用户体验的分析，了解竞品在吸引和留存用户方面的策略和方法，为提升本企业产品的用户体验提供借鉴。

5．商业模式与战略

产品团队要深入分析竞品的商业模式，包括盈利方式、成本结构等关键要素。对于盈利方式，要明确竞品是通过直接销售产品、提供服务、投放广告还是其他方式来实现盈利的，并分析每种盈利方式所实现的收入在整体收入中的占比和变化趋势。在成本结构方面，要了解竞品在研发、生产、营销、运营等各个环节的成本支出情况，以及这些成本是如何影响其价格策略和利润空间的，从而为评估竞品的商业可持续性和竞争力提供依据。

产品团队要对每个竞品进行 SWOT 分析，以更全面地把握竞品在市场中的竞争态势。在分析优势时，要关注产品的独特功能、优质的用户体验、强大的品牌影响力、高效的运营模式等方面；对于劣势，要指出产品存在的功能缺陷、用户体验不佳、成本过高、市场份额下滑等问题；机会分析则要考虑市场需求增长、新技术应用、政策支持等外部有利因素对竞品的潜在影响；威胁分析要关注新的竞争对手的进入、替代品的出现、市场需求萎缩、政策法规不利调整等可能对竞品造成不利影响的因素。

6．呈现与表达

产品团队可以使用图表和其他视觉元素来增强文档的可读性。例如，用柱状图展现竞品的市场占有率，用流程图展示用户在使用竞品时的操作流程，用截图展示竞品的界面设计等。这些视觉元素能够更直观地传达信息，使读者更容易理解比较复杂的数据和内容。

产品团队要保持文档结构清晰，合理使用标题和子标题来组织内容。标题和子标题应准确地概括内容的核心主题，使读者在浏览文档时能够快速了解文档的逻辑架构和内容层次。例如，可以将文档分为"前言""竞品概述""分析内容""结论与建议"等大的板块，在"分析内容"板块下再细分"用户分析""产品分析""商业模式分析"等子板块，每个子板块下还可以根据具体内容进一步细分，使文档层次分明、逻辑严谨。

产品团队在文档中要使用准确、专业的语言，避免模糊不清的表述。语言表达应简洁明了，准确传达分析的结果和观点。对于专业术语的使用，要确保其准确性和规范性，并在必要时对一些可能不太容易理解的术语进行解释。同时，要注意语法和标点符号的正确使用，以保证文档的专业性和严肃性。

7．法律与伦理

产品团队在使用图片、商标等资料时，必须确保不侵犯知识产权。在引用竞品的相关资料时，要遵循合理使用原则，如果涉及商业用途或可能带来知识产权风险，则使用必须获得合法的授权。对于从网络上获取的图片等素材，要确认其版权信息，避免因侵权行为给企业带来法律风险。

对于在撰写过程中涉及的敏感信息，产品团队要确保遵守保密协议和法律法规。这些敏感信息可能包括竞品的未公开商业计划、尚未发布的新产品信息、企业内部的保密数据等。产品团队要严格控制信息的传播范围，防止因信息泄露而给相关企业带来损失，同时也要保护本企业在分析过程中所涉及的自身商业秘密。

8．行动与更新

产品团队要提供基于分析结果的具体建议和行动计划。这些建议和计划应具有可操作性，能够指导企业在产品研发、市场营销、客户服务等方面采取有效的行动。例如，如果发现用户对竞品的某个功能满意度较高，而本企业产品在这方面存在不足，产品团队可以提出具体的改进建议，包括改进的方向、技术实现的途径、预计的时间和资源投入等，使企业能够根据这些建议制订切实可行的改进计划。

产品团队要认识到，竞品分析是一个持续的过程，因为市场环境、竞品本身以及用户需求都在不断变化。因此，产品团队要定期更新文档信息，及时反映竞品的最新动态。产品团队可以建立定期监测机制，例如，每月或每季度对竞品进行一次全面的信息收集和分析更新，确保文档的有效性，使其始终能够为企业的决策提供准确的参考依据。

在文档发布之前，产品团队要将其交给同事或专家进行审阅，获取他们的反馈。同事和专家可以从不同的角度对文档进行审查，审查分析方法的合理性、数据的准确性、结论的可靠性、建议的可行性等方面，提出修改意见。产品团队要认真对待这些修改意见，对文档进行进一步的完善，以提高文档的质量。

9．通用性与可理解性

产品团队要确保文档对非专业人士而言也是易于理解的，在撰写过程中尽量避免使用过于深奥、晦涩的专业术语和复杂的句子结构。产品团队在使用专业术语时，要对其进行解释。同时，可以通过举例、类比等方式将复杂的概念和分析结果进行通俗化处理，使文档能够被企业内不同部门、不同专业背景的人员所理解，从而更好地发挥其在产品决策过程中的作用。

✸ 三、竞品分析文档案例解析

随着人们对健康生活的追求，智能健身手环市场呈现出蓬勃发展的态势。众多品牌纷纷推出各自的产品，竞争日益激烈。XYX 公司作为一家新兴科技公司，计划推出一款面向年轻用户的智能健身手环，以满足年轻群体对健康和时尚的需求。该公司锁定了 3 个竞品进行竞品分析。表 3-3 是该公司撰写的竞品分析文档。表 3-4 是使用 SWOT 法分析竞品 A、B、C。

表 3-3　XYX 公司的竞品分析文档

板块	内容描述
封面	**报告题目**：智能健身手环竞品分析报告 **日期**：2024 年 11 月 **报告人**：王五 **编制单位**：XYX 公司
基本信息	**报告目的**：全面剖析智能健身手环市场竞争态势，为 XYX 公司即将推出的面向年轻用户的智能健身手环的开发与市场定位提供精准参考 **相关背景信息**：当前人们健康意识增强，推动智能健身手环市场需求高涨。XYX 公司计划进军该领域，针对年轻用户推出智能健身手环，故需分析现有竞品 **文档标题和版本号**：《智能健身手环竞品分析文档 V1.1》
市场背景	**行业概况**：智能健身手环行业处于快速发展阶段，市场规模不断扩大，大量品牌涌入，竞争愈发激烈，消费者对健康监测设备的需求也日益攀升 **市场趋势**：技术创新是行业发展的关键驱动力，传感器技术的进步提高了监测精度，人工智能和大数据应用能为用户提供个性化服务。同时，功能拓展是未来重要方向，智能健身手环的功能将从运动监测向健康管理、医疗辅助等领域延伸 **目标用户**：主要是关注健康、热爱运动的人群，年轻人居多。他们重视健康管理，追求时尚个性，对智能设备兴趣浓厚且有一定消费能力。他们的需求包括准确监测数据、个性化建议、便捷操作体验和时尚外观。在消费习惯上，注重品牌和性价比，常参考网络评价，乐于尝试新科技产品

板块	内容描述
竞品	**选择竞品的理由：** 目标竞品在智能健身手环市场占比较大，市场影响力强 所属品牌在消费者中知名度高，品牌形象佳 竞品的功能与公司计划推出的产品相似或相关，能满足目标用户需求，且在某些方面有独特创新 目标竞品的用户口碑良好，用户对其性能、质量和使用体验评价较高 **竞品的定位和目标用户：** 竞品 A 定位为满足大众健身人群基本运动和健康监测需求的产品 竞品 B 针对专业运动人士和追求科学训练的用户 竞品 C 的目标用户为追求时尚且关注健康的年轻群体，尤其适用于有水上运动需求或长时间户外运动需求者 **竞品发展历程：** 竞品 A 较早进入市场，初期以简单运动监测功能为主，随着市场发展逐步增加心率、睡眠监测等功能，并不断优化与手机 App 的连接 竞品 B 源于专业运动领域需求，起初专注于运动追踪，后引入健康数据分析和个性化训练计划，加强社交分享功能，拓展用户群体 竞品 C 从健康监测角度出发，早期以生理指标监测为特色，后续注重外观设计和功能拓展，加入诸如防水、长续航和远程控制等功能
竞品分析	**竞品数据信息采集：** 综合艾瑞咨询等市场调研机构报告、行业分析文章及京东、淘宝等电商平台销售数据，了解竞品市场份额、销售量、销售额 深入研究各竞品官方网站、产品说明书、技术文档以及在各大应用商店、专业健身论坛的用户评价，全面掌握其功能特点、技术规格、用户体验信息 从微博、抖音等社交媒体，京东、淘宝产品评论区，以及健身论坛等渠道收集用户评价，分析用户满意度、意见和建议 **使用 SWOT 分析法等对各竞品进行详细分析：**具体分析见表 3-4
分析结论	**竞品 A：**凭借品牌和市场份额优势在市场立足，功能全面且与手机 App 连接稳定，方便用户。但外观、续航和操作界面问题影响用户体验。智能健身手环市场增长带来机遇，同时面临竞争和用户个性化需求挑战 **竞品 B：**精准的运动模式识别功能和强大的个性化训练计划受专业人士喜爱，社交分享功能也备受用户青睐。然而，价格和兼容性问题限制市场拓展。可通过吸引普通用户和加强运动社区合作提升影响力，但需应对竞争和技术更新压力 **竞品 C：**全面的生理指标监测、时尚外观、防水和长续航功能使其具备竞争力。不过，智能提醒和操作问题需改进。与医疗机构合作和拓展海外市场是机会，但要应对政策法规变动、监管趋严和竞品技术进步的威胁
迭代方向	**产品功能：**加大研发投入，重点提升续航能力和智能提醒功能的准确性，拓展与其他健康设备联动的功能，实现更全面的健康监测和提供个性化训练计划 **用户体验：**优化操作界面，简化操作流程，增强界面友好性，降低学习成本，提高使用便捷性和舒适度 **外观设计：**参考年轻用户偏好，推出多种款式和颜色，可与时尚设计师或品牌合作，设计独特外观，或推出限量版 **价格策略：**综合考虑产品性能、成本和市场竞争，制定合理的价格体系，提高性价比，通过成本控制和供应链优化降低成本，参考市场调研和用户反馈确定价格 **市场推广：**强化品牌宣传推广，利用社交媒体、线下活动等多种渠道提升知名度和美誉度。积极与运动社区、医疗机构合作，举办健身活动、健康讲座等，提升产品专业性和影响力，拓展市场份额 **技术创新：**密切关注行业技术趋势，持续加大研发投入，例如，利用新传感器技术提高监测精度，应用人工智能优化个性化推荐，保持技术领先，应对竞争

板块	内容描述
附录	**调研问卷**：设计涵盖智能健身手环功能需求、外观偏好、价格接受度、使用体验等内容的调研问卷，通过线上线下多种途径收集×份有效问卷 **相关数据图表**：包括竞品市场份额对比表、功能参数对比表、用户年龄分布柱状图、用户需求雷达图等，直观展示数据和分析结果 **参考文献**：艾瑞咨询《2024年智能健身设备行业报告》《中国健身人群消费趋势白皮书》、各竞品官方网站资料、相关领域学术论文等
其他	**文档审阅记录**：由XYX公司产品研发团队、市场团队、设计团队共同审阅。产品研发团队对功能分析提出技术可行性建议，市场团队针对市场趋势和用户需求部分提出优化意见，设计团队对外观设计相关内容给出专业指导，记录审阅时间、人员和具体意见 **反馈汇总**：整理内部团队成员讨论意见，如对竞品某些功能细节的看法、对自身产品功能优先级的建议，以及来自潜在用户在试用与调研中的反馈，如对功能改进方向的期望、对价格的期望等 **法律声明和保密协议**：声明文档内容归XYX公司所有，未经授权，任何单位和个人不得用于其他商业目的。接触文档的人员需遵守保密义务，不得向第三方泄露文档内容、分析过程和结果，确保公司商业信息安全

注：以上示例仅为参考，具体的竞品分析文档应根据实际情况进行撰写。

表3-4　使用SWOT法分析竞品A、B、C

竞品名称	优势（Strength）	劣势（Weakness）	机会（Opportunity）	威胁（Threat）
A	品牌创办较早，知名度高，在市场上有广泛的用户基础，市场份额较大。功能涵盖实时运动监测（步数、距离、能量消耗等）、心率监测、睡眠监测、智能提醒和与手机App稳定连接，能满足多数用户日常健康和运动监测需求，数据同步，方便用户查看与管理	外观设计传统，缺乏时尚元素，对年轻用户吸引力不足。续航能力有限，频繁充电可能影响用户体验。部分用户反馈操作界面不够简洁，学习成本较高	随着智能健身市场的蓬勃发展，可通过与智能体重秤、体脂仪等健康设备联动，拓展功能，提供更全面的健康管理方案，进一步挖掘市场潜力	市场竞争加剧，新品牌不断涌入，可能抢夺竞品A市场份额。用户需求个性化，对产品创新要求更高，若竞品A不能及时跟上市场变化，可能失去用户
B	运动模式识别精准度高，无论是常见运动模式还是特殊运动模式，都能准确记录数据，深受专业运动人士信赖。个性化训练计划功能强大，能依据用户身体状况、运动目标和习惯生成科学训练方案，广受好评。社交分享功能促进用户互动，提高用户黏性和产品传播力	价格偏高，超出部分价格敏感型用户预算，限制潜在用户消费。产品与部分手机型号存在兼容性问题，影响使用体验	调整营销策略，吸引更多普通运动爱好者，扩大市场覆盖范围。加强与知名运动社区、健身App合作，举办线上线下活动，提升品牌在运动领域的影响力	市场竞争激烈，其他品牌不断提升产品功能和用户体验，对竞品B的市场地位构成挑战。技术更新换代迅速，若不能持续投入研发，产品技术易落后

续表

竞品名称	优势 （Strength）	劣势 （Weakness）	机会 （Opportunity）	威胁 （Threat）
C	生理指标监测全面，除基本运动数据外，可监测血压、血氧等重要生理指标，为用户提供更详细的健康信息。外观设计时尚，符合年轻用户审美，尤其在时尚和健康监测需求兼具的用户中受欢迎。防水功能和长续航能力出色，适用于多种复杂使用场景，如游泳、户外运动等	智能提醒功能存在不足，误提醒情况时有发生，干扰用户正常生活。操作相对复杂，新用户需要花费一定的时间学习，可能降低用户使用意愿	与医疗机构合作，为患者健康监测提供数据支持，或者参与医疗研究项目，提升产品专业性和医疗价值。拓展海外市场，尤其是对健康监测和时尚产品需求旺盛的地区，寻找新的业务增长点	政策法规变化可能对产品销售产生影响，如医疗数据相关法规趋严。竞争对手技术进步可能削弱竞品C优势，如其他品牌在生理指标监测准确性或外观设计新颖性方面取得突破

项目实训：电子书阅读器竞品分析

1．实训背景

随着数字化时代的到来，电子书阅读器已经逐渐成为许多读者的阅读工具，为读者提供了可以随时随地阅读的体验。然而，面对市场上众多型号和品牌，如何挑选一款真正适合自己的电子书阅读器呢？购买电子书阅读器需要考虑以下要素：屏幕效果、续航能力、存储空间、系统流畅度、软件生态、售后服务、更新维护等。

假如你是一家电子书阅读器公司的产品经理，你的公司想要开发一款电子书阅读器产品，你需要先对市场上的竞品进行分析，找准市场空白。

2．实训目标

掌握竞品分析的基本流程和方法，学习如何收集和分析竞品相关信息，学会撰写结构清晰和信息丰富的竞品分析报告。

3．实训要求

（1）选择需要分析的竞品

在搜索引擎和电商平台中搜索电子书阅读器，选择至少3款市场占有率较高或具有特色的电子书阅读器作为竞品。

（2）收集竞品信息

分别收集这些竞品的市场表现、用户评价、产品特性等信息。

（3）分析竞品的市场定位

了解竞品的市场定位，包括其目标用户和品牌形象。

（4）进行竞品的SWOT分析

分析每款竞品的优势（Strength）、劣势（Weakness）、机会（Opportunity）、威胁（Threat）。

（5）撰写竞品分析文档

根据收集的数据和分析内容，撰写一份完整的竞品分析文档，最后和老师与同学们一起沟通、探讨。

巩固提高

一、单选题

1. 分析竞品的成本结构属于（　　）分析内容。

   A. 产品功能　　　　B. 商业模式　　　C. 技术架构　　　D. 用户体验

2. 在竞品分析中，（　　）是确定竞品是否具有创新性的关键。

   A. 明确产品定位与目标市场　　　　　B. 开展市场调研

   C. 选择具有代表性的竞品　　　　　　D. 分析竞品的功能更新历史

3. （　　）的竞品数据对于了解竞品的最新功能更新最有帮助。

   A. 社交媒体用户讨论　　　　　　　　B. 竞争产品官方网站

   C. 应用商店用户评价　　　　　　　　D. 第三方市场分析平台报告

4. 竞品在外部环境中面临市场需求减少的情况，属于 SWOT 分析中的（　　）。

   A. 优势（Strength）　　　　　　　　B. 劣势（Weakness）

   C. 机会（Opportunity）　　　　　　　D. 威胁（Threat）

5. 在撰写竞品分析文档的"基本信息"部分时，除了报告目的和背景，还应包括（　　）。

   A. 详细的竞品分析结论　　　　　　　B. 所有数据收集方法的介绍

   C. 文档的标题和版本号　　　　　　　D. 具体的迭代方向建议

二、判断题

1. 在协同办公领域，微信用户基数巨大，是钉钉的潜在竞品。（　　）

2. 当分析一款电商竞品的商业模式时，发现其主要盈利来源是广告收入和交易手续费，这表明该竞品更注重平台流量的变现。（　　）

3. 在分析竞品的用户体验时，不包括分析其技术架构方面的内容。（　　）

4. 若竞品的个性化推荐功能较差，但用户忠诚度较高，在 SWOT 分析中这体现了其机会与威胁并存。（　　）

5. 在竞品分析文档中，使用流程图展示用户在使用竞品时的操作流程，其主要目的为增加文档的趣味性，吸引读者。（　　）

三、简答题

1. 简述竞品分析的内容。

2. 竞品分析的方法有哪些？

3. 撰写竞品分析文档有哪些注意事项？

项目四

产品需求挖掘与分析

🛒 知识目标

- ➢ 了解产品需求的构成要素与本质。
- ➢ 掌握需求采集的多种方法。
- ➢ 掌握识别真伪需求和评估需求优先级的方法。
- ➢ 掌握需求池管理的方法和处理客户需求的流程。

🛒 能力目标

- ➢ 能够运用多种方法有效采集产品需求。
- ➢ 能够运用多种方法准确识别真伪需求，以及评估需求优先级。
- ➢ 能够妥善管理客户的需求。

🛒 素养目标

树立服务意识，以客户为中心，尊重客户需求，倾听客户的声音，关注客户的反馈，以真诚的态度对待每一位客户。

🛒 项目导读

在互联网产品设计中，需求挖掘与分析不仅是产品开发的起点，更是决定产品成败的关键环节。客户的需求既可能是明确的功能诉求，也可能是未被直接表达但影响深远的潜在需求。面对快速变化的市场环境和用户行为，产品团队需要以敏锐的洞察力识别需求，以科学的方法论解构需求，并系统管理需求。

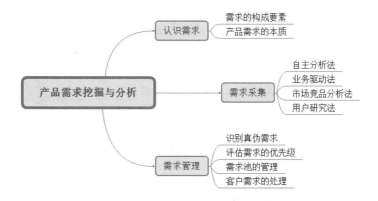

知识导图

产品需求挖掘与分析
- 认识需求
  - 需求的构成要素
  - 产品需求的本质
- 需求采集
  - 自主分析法
  - 业务驱动法
  - 市场竞品分析法
  - 用户研究法
- 需求管理
  - 识别真伪需求
  - 评估需求的优先级
  - 需求池的管理
  - 客户需求的处理

案例导入

飞书——依循需求导向，革新协作格局

微课视频

飞书是字节跳动公司自主研发的企业级协作与管理平台，自 2016 年开始内部研发，2019 年正式推向市场，其凭借高度集成、智能化、灵活定制的特点，迅速在全国吸引了大量企业用户，成为推动企业数字化转型的重要工具。飞书的成功离不开其背后有深度且精准的需求挖掘与分析过程。

（1）内部需求的驱动

飞书的诞生源于字节跳动内部对于更高效协作工具的需求。随着字节跳动业务的迅速扩张，公司内部对于项目管理、文件共享、即时通信的需求日益复杂，而现有的外部工具无法满足其全部需求。因此，字节跳动决定自主研发一款能够完美适配其全球业务发展的协作平台，飞书应运而生。这一决策基于字节跳动对内部需求的深刻理解，为飞书的发展奠定了坚实的基础。

（2）市场调研

在飞书的设计过程中，团队进行了广泛的市场调研，包括竞品分析、用户访谈、问卷调查等，以深入了解企业用户在协作办公方面的痛点和需求。例如，团队发现许多企业面临着信息孤岛、沟通不畅、工作流程烦琐等问题，于是飞书在设计时特别注重功能的集成、流程的简化和数据的共享，力求解决这些痛点。

（3）用户画像和场景模拟

飞书团队通过构建详细的用户画像，包括企业规模、行业分布、工作流程特点等，进一步细化了目标用户。同时，团队还通过场景模拟，如项目管理、会议安排、文件协作等，深入挖掘每个场景下的具体需求，确保产品设计能够精准满足用户的实际需求。

（4）需求和产品设计的组合

基于需求挖掘的结果，飞书团队确定了即时通信、在线文档协作、智能日历、视频会议、云盘存储等核心功能，并不断优化这些功能，以提供更好的用户体验。例如，飞书的在线文档支持多人实时协作，能够自动保存版本，有效避免了信息丢失和版本混乱的问题；智能日历则能够自动整合会议安排，提醒用户即将到来的任务，提高工作效率。

飞书在界面设计、交互逻辑上做了大量创新，力求简洁直观，降低用户学习成本。例如，飞书的聊天界面采用了卡片式设计，便于用户快速浏览和回复消息；同时，飞书还引入了AI技术，如智能翻译、语音识别等，进一步提升了用户体验。

考虑到不同企业的差异化需求，飞书提供了丰富的 API（应用程序接口）和插件市场，允许企业根据自身业务特点进行定制开发。这一设计不仅增强了飞书的灵活性和可扩展性，还为其赢得了更多企业用户的青睐。

飞书的成功推出，不仅满足了字节跳动内部的需求，更在市场上获得了广泛的认可。飞书已经服务了包括教育、科技、金融、医疗等多个行业的企业用户，成为推动企业数字化转型的重要力量。

任务一 认识需求

在互联网产品设计中，需求不单指用户期望的功能。需求的清晰定义决定了产品设计的方向，最终影响产品的市场表现和用户满意度。只有了解需求的构成要素、本质，产品团队才能设计出具有市场竞争力的产品。

❋ 一、需求的构成要素

需求的构成要素包括用户、目标、场景、任务和期望。用户是指产品服务的对象，目标指用户希望达成的结果，场景指发生需求的特定环境，任务指用户为了实现目标而需要完成的一系列操作步骤，期望指用户在需求被满足时获得的收益。明确这些要素能够帮助产品团队清晰地了解需求的本质。

1．用户

明确产品面向的特定用户是产品开发的起点。不同年龄、性别、地域、职业的用户，其需求偏好差异显著。例如，年轻的游戏爱好者可能更追求具有高度竞技性与创新玩法的游戏产品，而中老年群体可能对操作简易、功能实用的健康养生类应用更感兴趣。

不同用户的特征、行为、偏好直接决定了需求的设计方向和优先级。产品团队要从目标用户的特征出发，结合他们的行为模式、兴趣、痛点和习惯，精准勾勒出用户画像。例如，在设计一款面向年轻人群的社交应用时，产品团队应重点关注他们对隐私保护的重视程度和偏好的社交方式等方面的内容。

2．目标

用户目标可以是完成某项任务，如购买商品、预订机票、查找信息等；也可以是满足某种情感需求，如获得娱乐、社交互动、自我表达等。例如，在线购物平台的用户目标是方便快捷地购买到心仪的商品，而短视频平台的用户目标则是在休闲时间获得娱乐和放松。用户目标可以分为显性和隐性两种：显性目标是用户明确表达出来的需求，例如"快速搜索酒店"；隐性目标则包含了用户潜在的、未被直接提及的需求，例如"希望行程安排更加灵活"。产品团队通过识别并满足隐性目标，能够有效增强产品的吸引力。

3．场景

场景描述了用户在何种具体情境下使用产品，对需求的呈现形式和实现方式有直接影响，是产品团队在需求分析中必须考虑的要素。产品团队需要明确用户在何种情况下会产生需求。例如，在通勤途中的用户可能会使用音频类产品来消磨时间，此时产品需要满足"在移动环境下保持网络稳定"且"操作便捷"的用户需求；一个旅游 App 的用户需求可能在"预定行程"和"出发前搜索"两个场景中各不相同。理解使用场景是产品团队找到用户真实需求的关键，有助于其设计出更符合用户实际情况的解决方案。

4．任务

任务涵盖任务流程与任务复杂度两个方面。任务流程即用户为实现目标所需经历的一系列操作步骤。例如，在电商购物流程中，用户需进行搜索商品、浏览详情、加入购物车、填写收货信息、选择支付方式等一系列连贯操作。产品团队在进行产品设计时应对任务流程进行优化，去除烦琐环节，提高操作流畅性。

任务复杂度会直接影响用户的体验和使用意愿。过于复杂的任务可能会导致用户放弃使用产品，过于简单的任务又可能导致其失去兴趣。因此，产品团队需要根据用户的能力和使用场景，合理控制任务的复杂度。对于新用户，过于复杂的任务容易使其产生挫败感而放弃使用产品，产品团队可以在产品界面提供清晰的引导信息，帮助用户顺利完成任务。

5．期望

这里的期望具体是指用户在需求被满足后所体验到的情感、体验和功能上的收获。产品团队需要挖掘用户的情感需求。例如，在一个健康类应用中，用户不仅希望获取准确的健康数据，还希望感受到关怀和激励。

通过对期望的理解，产品团队可以设计更有温度的产品。体验期望涉及产品的界面美观度、交互友好性、响应速度等多个方面。一款界面简洁、操作流畅且响应速度快的产品往往能给用户带来满足感。用户基于过往经验与自身需求会对产品应具备的功能有一定预期。例如，地图导航应用的用户期望其具备精准定位、实时路况更新、多种路线规划等功能。

✹ 二、产品需求的本质

产品需求的本质在于解决问题和创造价值。它并非单纯的功能罗列，因此产品团队需要深入挖掘用户在特定场景下的"痛点""痒点""爽点"。

"痛点"是用户在使用现有产品或完成某项任务过程中遇到的困扰与障碍，如传统打车方式下乘客在高峰期难以快速叫到车，而网约车平台产品的出现则有效解决了这一"痛点"。

"痒点"是用户潜在的需求，能激发其兴趣与欲望，例如一些个性化定制的产品服务，满足了用户对独特性与专属感的追求。

"爽点"则是在满足用户需求时给予其超出预期的愉悦感与满足感，如视频平台的智能推荐算法能精准推送用户感兴趣的内容，让用户在海量视频中迅速找到心仪之选，带来"爽感"。

在理解产品需求时，产品团队应始终关注"需求对用户的实际意义"以及"需求对产品的战略意义"这两个核心点。产品需求的本质要求产品团队站在用户角度，以解决问题为导向，整合资源与技术，构建具有竞争力的互联网产品。同时，产品需求还应能够推动业务发

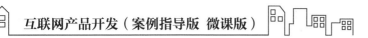

展，为企业创造商业价值。因此，在产品需求分析过程中，产品团队需要明确需求的价值导向，确保需求的设计与企业战略保持一致。

任务二 需求采集

产品需求的来源包括产品团队和企业内部以及外部客户。需求采集是一项系统性的工作，它不仅关乎数据的收集，还关乎数据的分析。有效的需求采集需要综合多种方法，以确保获得全面、准确且具有深度的需求。

❋ 一、自主分析法

自主分析法是一种基于自身经验和洞察力进行需求判断的方法，强调通过多体验、多分析、多实战的方式来挖掘和理解用户需求。自主分析法的优势在于能够灵活应对市场变化和用户需求的变化。然而，它也存在一定的局限性，如主观性较强、可能遗漏重要信息等。因此，在使用自主分析法时，需要与其他需求采集方法相结合，以确保需求采集的全面性和准确性。

在自主分析法的框架下，头脑风暴法（见图4-1）可以作为一种有效的工具，用于挖掘和整理关于特定问题或项目的信息。组织团队成员进行头脑风暴，可以集思广益，从不同角度和层面探讨问题，从而发现潜在的需求、机会或解决方案。

图 4-1　头脑风暴法

头脑风暴需遵循一定规则。首先，要鼓励自由畅想，不设任何限制，无论是看似荒诞的想法还是常规的想法，都应被允许提出。其次，追求数量而非质量，尽可能多地提出各种想法，因为大量的想法能够为后续筛选与整合提供丰富的素材。再者，要注重对想法的合并与改进，当多个成员提出相似或相关的想法时，应共同探讨如何将其整合，形成更具价值的方案。通过头脑风暴，团队能够突破思维定势，挖掘出一些潜在的、独特的产品需求，为产品创新提供有力支持。

为确保头脑风暴的高效进行，产品团队可以采取以下具体步骤。

1．确定讨论主题

在头脑风暴前，产品团队需要设置清晰的讨论主题，如"如何提升用户留存率"或"增强产品的社交属性"。明确的主题有助于团队聚焦于讨论方向。

2．角色分配

产品团队可以分配不同角色，如"用户角色""市场竞争角色"，从不同视角来探索需求，确保团队不局限于单一思维。例如，"用户角色"可以提出需求痛点，"市场竞争角色"可以指出市场的潜在机会。

3．建立筛选标准

在头脑风暴结束后，产品团队需要筛选需求，去除不具备可行性或不符合市场定位的需求。团队可以为每个需求打分，结合市场价值和技术可行性确定优先级。筛选后的需求被验证，确保采集结果的实用性。

二、业务驱动法

业务驱动法是一种基于企业战略目标的需求采集方式，适合在业务需求与用户需求结合紧密的项目中使用，产品团队通过了解企业的业务目标、发展策略和竞争优势，识别出能够助力业务增长的需求。实施业务驱动法时，产品团队应与业务负责人和高层管理者共同探讨企业的发展方向，明确产品的核心定位、目标客户和业务优先级，确保所挖掘的需求能够切实推动业务目标的达成。

企业的业务规划、市场拓展方向以及盈利模式等对产品需求有着重要的引导作用。例如，一家以提供企业级服务软件为主的公司，若其业务规划是进军国际市场，那么产品需求就需考虑不同国家和地区的法律法规、语言文化差异以及企业管理模式的多样性。产品团队从业务流程角度出发，分析现有业务流程中的瓶颈与优化点，可以将其转化为产品的需求点。例如，企业内部的财务审批流程烦琐，那么产品团队在财务软件产品设计中就可以针对性地提出简化审批流程、实现自动化审批提醒等需求。

此外，企业的盈利模式也可以决定产品需求的侧重点。如果企业的产品采用的是广告盈利模式，产品团队就需要考虑如何在不影响用户体验的前提下，合理设置广告位，精准推送广告，以提高广告收入。

业务驱动法能够确保产品需求与企业的整体发展紧密相连，使产品成为实现企业业务目标的有力工具。产品团队在具体实施业务驱动法时，可以参考以下步骤，如图4-2所示。

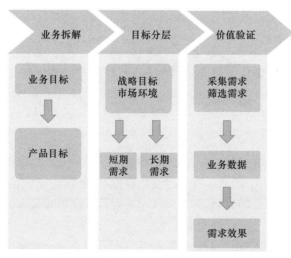

图 4-2　业务驱动法

1．业务拆解

产品团队要将企业业务目标细化为产品目标。例如，为实现"提高市场占有率"的业务目标，产品团队可以制定"提高产品的用户付费转化率""提高产品的用户使用频次"等产品目标。

2．目标分层

产品团队应根据企业战略目标和市场环境，将需求分为短期需求和长期需求。对于短期需求，应集中资源迅速开发对应产品并投向市场；对于长期需求，产品团队可以逐步开发对应产品并保留升级空间，确保产品能随市场变化灵活调整。

3．价值验证

产品团队在采集和筛选需求后，要验证需求的有效性，确保业务驱动的需求既符合产品定位又具备市场价值。例如，产品团队通过分析用户增长数据验证某项功能的实际价值，并结合用户反馈，及时调整需求采集策略。

❋ 三、市场竞品分析法

市场竞品分析法是一种通过分析同类竞品的特性和表现，获取产品需求信息的方法。产品团队可以通过对竞品功能、用户反馈和市场表现的研究，了解行业趋势和用户偏好。常用的方法包括 SWOT 分析、PEST 分析等。这种方法的关键在于找到竞品的差异点和用户的"未满足需求"，以此指导自身产品定位和功能的调整。

产品团队在使用市场竞品分析法时，首先需要全面收集竞品信息，包括其功能特性、用户体验、市场定位、营销策略等；进而确定主要的竞争对手，了解他们的产品特点、优势和劣势。产品团队可以通过使用竞品、阅读用户评价、分析竞品的市场份额和发展趋势等方式，获取关于竞品的信息，然后对比自己的产品，找出差距和不足。

例如，如果竞品某个功能表现出色，而自己的产品在这方面有所欠缺，产品团队就可以考虑将改善这个功能作为产品需求，同时可以从竞品的创新点中获得启发，挖掘出潜在的需求。例如，当市场上出现了一种新的交互方式或商业模式时，产品团队可以分析其可行性和适用性，考虑是否能够引入自己的产品中。

❋ 四、用户研究法

用户研究法聚焦于直接从用户处获得信息，具有较高的需求可靠性。通过精准的用户研究，产品团队可以更准确地捕捉用户需求并优化产品。用户研究法主要涉及以下 6 个方面。

1．确定用户

确定用户是用户研究法的基础。产品团队需要运用多种方式精准描绘产品的目标用户，明确目标用户的年龄、性别、职业、收入、受教育程度等特征。例如，一款高端时尚电商应用的目标用户主要是年龄在 25～45 岁的女性，她们具有较高的收入和受教育水平，从事时尚、艺术、传媒等行业。

同时，产品团队可以结合用户的心理特征与行为习惯，如消费观念、兴趣爱好、社交行为等进一步细化用户画像。通过分析用户在社交媒体上的关注话题、参与的社群活动等行为数据，产品团队可以深入了解用户的兴趣偏好与价值观。只有明确了产品的目标用户，才能有针对性地挖掘其需求，确保产品设计符合用户期望。

2．用户反馈

用户反馈是获取产品需求的直接来源。产品上线后，产品团队要积极收集用户的反馈，无论是好评、差评还是建议都具有重要价值。产品团队可以收集应用商店的用户评价、社交媒体上的用户留言、客服整理的用户咨询与投诉等。例如，一款在线旅游应用如果收到用户关于酒店预订流程烦琐的反馈，就需要产品团队对预订流程进行改进。

对于用户反馈的问题，产品团队要深入分析其背后的原因，如是功能缺陷、界面设计不合理还是用户操作失误。同时，要建立用户反馈的跟踪与处理机制，及时回应用户，让用户感受到产品团队对其意见的重视，这不仅有助于改进产品，还能提高用户满意度与忠诚度。产品团队可以定期收集用户对产品的反馈，并通过词云图（见图 4-3）等工具，直观呈现用户的需求趋势。

图 4-3　应用商店中某视频 App 的用户评论词云图

3．问卷调查

问卷调查是一种广泛应用的需求采集方法。产品团队在设计问卷时，要明确调查目的与目标用户。问卷内容应涵盖用户的基本信息、使用产品的行为习惯、对产品功能与体验的评价、期望的新功能等方面。例如，产品团队在设计一款餐饮外卖应用的调查问卷时，可以询问用户的点餐频率、常用的支付方式、对配送速度与菜品质量的满意度，以及希望增加的菜品分类或优惠活动等内容。问卷的问题形式应多样化，包括单选题、多选题、填空题、量表题等，以满足不同类型信息的收集需求。

此外，问卷的设计要具有针对性和可操作性，问题要简洁明了，避免引导性和歧义性。例如，产品团队可以针对产品的某个功能模块进行问卷调查，了解用户对该功能的使用体验和改进建议；或者针对特定的用户群体，调查他们的需求和期望。

在问卷发放过程中，产品团队要选择合适的渠道，如在应用内推送、在社交媒体平台投放、通过电子邮件发送等，确保能够触达目标用户。产品团队通过对问卷调查结果的统计与分析，能够量化用户需求，为产品决策提供数据支持。

4．用户访谈

用户访谈便于深入挖掘用户内心的需求与想法。产品团队可以通过深入访谈用户，挖掘用户的隐性需求。访谈应包含开放性问题，以引导用户畅谈使用场景和痛点。同时，产品团队可以通过用户的语言和表情来观察其情感反应。

产品团队应选取具有代表性的目标用户作为访谈对象，其应涵盖新用户、老用户、活跃用户、流失用户等不同类型。访谈形式可以是一对一深度访谈或小组焦点访谈。在访谈过程中，访谈者（即产品团队）要营造轻松、让人信任的氛围，引导用户畅所欲言。

例如，在设计一款音乐播放应用时，产品团队可以通过询问用户在不同场景下（如运动、学习、休闲）的音乐收听习惯、对音乐推荐算法的感受等情况，以挖掘用户需求，提供产品改进方向。访谈者要善于倾听，不仅关注用户明确表达的需求，还要捕捉用户的情感变化、潜在期望以及未被满足的需求，并对访谈内容进行详细记录与整理分析，提取有价值的需求信息，为产品设计提供参考依据。

访谈方式包括结构化、半结构化或非结构化的方式，产品团队需要根据研究的目的和需求进行选择。例如，在产品开发的初期，产品团队可以采用非结构化访谈的方式，与用户进行开放式的交流，了解他们的需求和痛点；在产品优化阶段，可以采用结构化访谈的方式，针对特定的问题进行深入探讨。

5．数据分析

数据分析是基于用户与产品交互产生的大量数据来挖掘需求。产品团队可以通过收集用户的行为数据（如页面浏览量、停留时间、点击次数、转化率等），运用漏斗分析、留存率分析、行为路径分析等技术方法，分析用户的行为模式与偏好，找出用户在使用产品的过程中产生的需求。

例如，电商类产品团队通过分析用户的购买历史、浏览商品的品类与价格区间，能够了解用户的消费偏好与购买能力，从而为用户推荐个性化的商品，优化商品展示与推荐算法。同时，产品团队可以分析用户的使用路径，如用户从进入产品到完成特定任务的操作流程，找出其中的转化率瓶颈与用户流失环节，有针对性地提出改进需求。此外，产品团队还可以利用数据挖掘技术，发现用户之间的关联行为与潜在需求，例如发现购买某类商品的用户同时也对相关配件或服务有较高需求，从而拓展产品的功能与服务范围，提升产品的商业价值。

6．用户画像

用户画像是对目标用户的综合可视化描述。产品团队最终将所有数据汇总，可以构建多个用户画像，以真实的用户场景为依据挖掘产品及用户的需求。例如，对于一款在线教育产品，产品团队可以构建出不同类型的用户画像，如学生用户画像、教师用户画像、家长用户画像等，以便更好地满足不同用户群体的需求。

用户画像可以包括用户的基本信息、兴趣爱好、消费习惯、使用场景等方面的内容。例如，一个健身类应用的用户画像：小李，男，30岁，公司白领，热爱健身，每周健身3～4次，喜欢力量训练与有氧运动，经常在社交媒体上关注健身达人，使用健身类应用主要是为了制订个性化的健身计划、记录健身数据以及与其他健身爱好者交流经验。

通过创建用户画像，产品团队能够更加直观地了解目标用户的全貌，在产品设计过程中能够时刻以用户画像为参照，确保产品的功能、界面、交互等各个方面都能满足用户的需求与期望，使产品更具针对性与吸引力。

任务三 需求管理

管理需求不仅包括收集和划分需求，还包括对需求的识别、优先级评估和动态更新。需求管理需要具备体系化、透明性和灵活性的特征，以应对市场的动态变化，避免资源浪费。

❋ 一、识别真伪需求

在需求管理中，识别真伪需求是产品团队的首要任务。伪需求往往看似合理，但实际上无益于解决用户问题或不符合产品目标。例如，在一款专注于文字编辑的工具中，有些用户可能会提出添加复杂的图像处理功能的建议。这可能只是个别用户的特殊需求，与产品的核心定位不符，属于伪需求。而真需求则是基于用户真实痛点，与产品目标一致且具有商业可行性的需求。

在互联网产品设计中，不仅用户会提出伪需求，产品团队或企业内部也可能产生伪需求。一些常见的来自产品团队或企业内部的伪需求如表 4-1 所示。

表 4-1 来自产品团队或企业内部的伪需求

伪需求产生的原因	伪需求类型	具体描述	示例
过度追求技术创新而忽略用户价值	技术驱动而非需求驱动	产品团队的技术人员因对新技术感兴趣，在产品中引入不契合用户需求与业务场景的技术	在普通文档编辑产品中引入区块链技术存储文档，普通用户更关注编辑效率与分享便利性，区块链技术增加了复杂性与成本
	为创新而创新	企业内部盲目追求创新，开发新功能不基于用户核心需求与习惯	成熟的社交产品中新增复杂的新互动方式，与用户社交习惯不符，接受度低
企业战略与实际用户需求脱节	高层指令性需求	企业高层基于战略规划提出与实际用户需求存在偏差的需求	个人财务管理产品应高层要求增加企业财务管理功能，但主要用户为个人，个人并无此需求
	盲目跟风	企业受市场热点或竞品影响，盲目提出需求，未结合自身产品特点与用户基础	看到市场对竞品的直播功能的反响热烈，自身产品在无相关生态与用户基础时跟风添加，但无人问津
内部沟通不畅	部门间需求传递失真	市场部门向产品团队传递个性化推荐需求，因沟通不畅，开发功能不符合初衷与用户期望	市场部门提出个性化推荐需求，产品团队开发功能未达预期
	跨团队协作中的需求偏差	多团队协作时因对产品理解与目标不一致产生需求偏差	设计团队设计炫酷但复杂的操作界面，开发与用户体验团队认为这会影响性能与易用性，得不到用户认可
数据解读存在偏差	对数据的错误解读	因错误解读数据得出错误需求结论	误认为页面停留时间长是因为用户感兴趣而添加类似内容，实际是加载慢或流程烦琐导致的
	片面依赖数据	过于依赖数据，忽视用户实际行为与反馈	仅依据点击数据判断用户对功能的喜爱程度，忽略用户的使用困惑与不满，开发无用功能
个人主观臆断	产品经理的个人偏好	产品经理个人偏好影响需求判断，未考虑用户多样性与市场情况	产品经理偏好简洁界面，简化后的界面不符合多数用户的习惯，导致用户满意度下降
	团队成员的主观假设	团队成员没有经过充分调研验证，凭主观假设提出需求	开发人员假设用户喜欢特定操作方式并建议修改，但用户习惯现有的操作方式

产品团队在判断真伪需求时需要从多个方面进行考量，如图4-4所示。

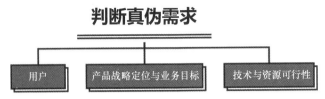

图4-4　产品团队判断真伪需求的考量方面

一是从用户角度出发，通过深入的用户研究，了解用户提出需求的背景与动机。如果是少数用户的个性化需求且与大多数用户的需求相悖，就需要谨慎对待。

二是结合产品的战略定位与业务目标，分析需求是否有助于实现产品的核心价值与商业目标。例如，对于一款主打高效办公协作的产品，需求应与提高团队协作效率、优化文档管理等方向相关，偏离此方向的需求可能为伪需求。

三是考虑技术与资源的可行性，即使需求看似合理，但如果当前技术无法实现或需要耗费大量资源而得不偿失，也应视为伪需求。

产品团队需要通过严谨的分析与判断，筛选出真正有价值的需求，避免在伪需求上浪费资源与时间。

✳ 二、评估需求的优先级

需求评估与优先级排序是需求管理中的核心环节，产品团队应结合市场需求、产品发展阶段和用户需求的紧迫性，合理安排需求的开发顺序。几种常用的需求优先级评估方法如下。

1.四象限分析法

产品团队可以采用四象限分析法，将需求按照重要性和紧急性分为4类：高重要性、高紧急性（第一象限），高重要性、低紧急性（第二象限），低重要性、低紧急性（第三象限），低重要性、高紧急性（第四象限），如图4-5所示。通过四象限分析法对需求进行分类排序，产品团队能够合理分配资源，确保产品在满足当前紧急需求的同时，也注重长远发展。

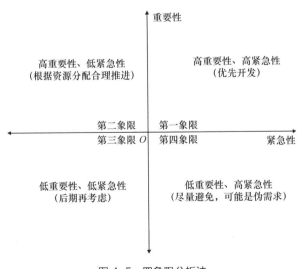

图4-5　四象限分析法

第一象限的需求应优先处理，这类需求通常与产品的核心功能、关键业务流程或严重影响用户体验的问题相关。例如，产品存在严重的安全漏洞，这一需求必须立即解决以保障用户数据安全。

第二象限的需求可以安排在中期规划中，根据资源分配情况进行处理。这类需求对产品的长远发展与竞争力提升有重要作用，如对产品架构的优化升级、新功能的前瞻性规划等。

第三象限的需求则可暂时搁置，等到后期再处理或者放弃，避免分散资源。

第四象限的需求很有可能是伪需求，产品团队应尽量避免，可以适当安排资源处理，或考虑通过其他替代方式解决。如一些临时性的运营活动需求，若对产品核心价值影响不大，可采用简化方案或借助第三方工具满足。

2．产品生命周期评估

在产品的不同生命周期阶段，需求的优先级有所不同。产品团队可以根据产品的导入期、成长期、成熟期、衰退期等不同阶段，决定需求的优先级，以满足产品当前的发展需求，如图 4-6 所示。产品团队根据产品生命周期评估需求优先级，有助于产品在不同阶段具有竞争力与适应性。

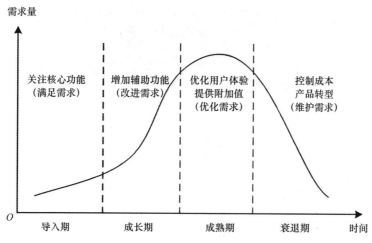

图 4-6　根据产品生命周期评估需求优先级

在导入期，重点需求是验证产品的核心价值与市场可行性，此时应优先满足与产品核心功能相关、能够吸引种子用户的需求，即构建最小可行产品（Minimum Viable Product, MVP）。例如，一款新推出的短视频应用，在导入期需确保视频拍摄、编辑、上传与基本播放功能完善，以及提供一些简单易用的滤镜与特效来吸引用户尝试。

在成长期，随着用户数量的增加，需求转向改进原有功能、拓展新功能以满足不同用户群体的需求，如提高核心功能的稳定性、增加社交互动功能等。

在成熟期，为保持市场份额与用户黏性，需求侧重于精细化运营、服务质量提升与创新功能挖掘，以优化用户体验，如推出会员专属服务、优化用户界面设计、开展跨界合作等。

在衰退期，需求则更多地为控制成本和引导用户迁移，如数据备份与迁移功能完善，以便用户在产品转型时能够顺利过渡。

3．金字塔分析法

产品团队可以将需求按照层次结构进行分类，形成需求金字塔，如图 4-7 所示。金字塔的底层是基础需求，如产品的稳定性、安全性等；中间层是期望需求，即用户期望产品具备的功能和特性；顶层是兴奋需求，即能够给用户带来惊喜和超出预期的体验。产品团队在评估需求优先级时，应优先满足基础需求（产品能用），然后逐步满足期望需求（产品好用）和兴奋需求（惊喜感十足，公司重点宣扬的产品特征）。例如，对于一款在线音乐产品，稳定的播放功能、丰富的音乐资源是基础需求，个性化推荐、歌词显示等是期望需求，而社交互动、音乐创作等功能则是兴奋需求。

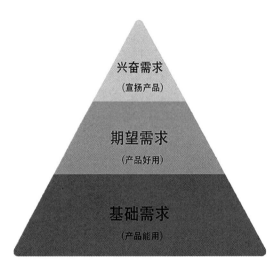

图 4-7　金字塔分析法

4．用户场景分析法

用户场景分析法是指产品团队通过构建用户在使用产品过程中的各种场景，包括时间、地点、人物、任务、目标等要素，来全面了解用户需求和行为的一种方法，如图 4-8 所示。这种方法有助于产品团队避免孤立地看待需求，而是从用户的角度出发，将需求与实际的使用情境相结合，从而准确地评估需求的优先级。

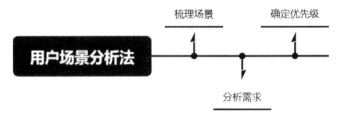

图 4-8　用户场景分析法

产品团队首先对用户场景进行梳理，如电商应用的用户场景包括日常购物场景、促销活动场景、退换货场景等，然后分析用户在不同场景下的需求和行为，确定哪些需求是用户重点关注的。在日常购物场景中，用户最关心的是商品信息的准确性与完整性、搜索与筛选的便捷性；在促销活动场景中，用户关注活动规则的清晰度、优惠力度与参与流程的简便性。

产品团队应给予那些在关键场景中对用户体验影响较大、能够解决用户核心痛点的需求较高的优先级。例如，在电商大促期间，优化购物车结算流程以应对高并发流量的需求就显得尤为重要。通过用户场景分析法，产品团队能够确保产品在不同场景下都能良好运行，满足用户的实际需求。对于一个外卖 App，用户在午餐时间和晚餐时间的需求可能会有所不同，在午餐时间更注重快速下单和送达，而在晚餐时间可能更关注菜品的丰富性和品质。因此，产品团队可以根据用户场景的特点，调整不同时间段需求的优先级。

用户场景和需求并不是一成不变的，随着市场环境的变化、用户行为的演变以及产品的发展，产品团队需要不断地对用户场景和需求进行重新分析和评估，及时调整需求的优先级。例如，随着移动支付的普及，用户对外卖 App 支付方式的多样性需求可能会减少，而对订单配送的实时跟踪和预计送达时间的准确性需求可能会增加，产品团队需要根据这些变化及时调整需求优先级，优化产品功能。

5．用户等级分析法

用户等级分析法是一种依据用户对产品及企业的重要性程度来评估需求优先级的方法，如图 4-9 所示。不同等级的用户对产品的需求和期望往往存在较大差异，他们对产品的价值贡献也各不相同。

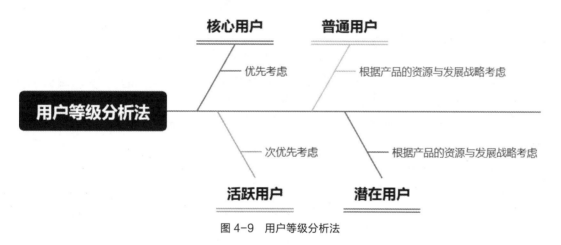

图 4-9　用户等级分析法

通过用户等级分析法，产品团队能够精准地把握不同层次用户的核心需求，将有限的资源优先投入满足高价值用户的关键需求上，从而提高产品的用户满意度和商业价值。同时，这种方法也有助于产品团队针对不同等级的用户制定个性化的营销策略和产品优化方案，提升产品的竞争力。

产品团队可以将用户分为核心用户、活跃用户、普通用户与潜在用户等不同等级。核心用户是产品使用频率高且对产品的传播与发展具有重要影响力的用户。例如，对于一款社交应用，核心用户是那些拥有大量粉丝、经常发布优质内容且积极参与社区互动的用户。对于核心用户提出的需求，产品团队应给予高度重视，因为满足他们的需求有助于保持产品的核心竞争力与促进口碑传播。活跃用户也是产品生态系统的重要组成部分，他们的需求对产品的活跃度提升有较大作用。

在满足核心用户与活跃用户的核心需求后，产品团队可以根据产品的资源与发展战略考虑满足普通用户与潜在用户的需求。通过用户等级分析法，产品团队能够有针对性地满足不同等级用户的需求，提升产品的用户满意度与忠诚度。

产品团队在满足不同等级用户需求时，要注意个性化与通用性的平衡，既要为高等级用户提供个性化的服务和专属权益，以体现他们的价值，又要保证产品的基本功能和体验对所有用户是通用和友好的，避免因过度关注高等级用户而忽视普通用户的感受，导致产品的用户基础受到影响。

虽然用户等级分析法能够为需求优先级的评估提供重要依据，但产品团队不能完全依赖用户等级来确定需求的优先级，要充分考虑其他因素，如市场趋势、竞争态势、产品的长期发展战略等，确保需求优先级的评估更加全面和客观。

❋ 三、需求池的管理

建立需求池是进行需求管理的重要手段。需求池是所有需求的收集与存储平台，目的是集中管理各类需求并确保需求的合理跟进和开发。需求池的建立和管理不仅能提升产品团队的协同工作效率，还能保证产品开发的连续性和一致性。

1．需求池的建立

首先，产品团队需要明确需求池所涵盖的产品或项目范围，确定哪些类型的需求可以纳入其中，如功能需求、性能需求、用户体验需求等，避免需求的无序混入，确保需求池的有效性。

接着，产品团队需要根据自身规模、项目的复杂程度以及团队的协作习惯，选择一款适合自身的需求管理工具。这个管理工具就是需求池的实体，它可以是一个电子表格、项目管理工具（如 Jira、Trello 等）或者专门的需求管理软件（如 PingCode）。这些工具能够提供需求创建、编辑、查询和跟踪功能，支持多人协作、实时更新、需求的多维度记录和分类，便于产品团队随时检索和评估，有助于提高产品团队管理需求池的效率和准确性。

2．需求池的框架

在需求池中，产品团队需要对收集到的需求进行统一管理，进而建立一个完善的需求池框架。这包括需求编号、需求描述、需求来源、需求优先级、需求状态、预计完成时间等字段。

需求编号用于标识每个需求，方便查询与跟踪；需求描述应简洁明了地阐述需求的内容与目标；需求来源用于记录需求是来自用户反馈、业务部门、市场分析还是团队内部创意等；需求优先级根据前面提到的评估方法确定，并由产品团队进行排序；需求状态可以分为待处理、处理中、已完成、已搁置等；预计完成时间则为需求的开发计划提供时间参考。

此外，产品团队还需要确保需求池系统有完善的权限管理功能，以保证不同角色的成员能够根据职责权限访问和管理需求。

3．需求的跟踪与更新

产品团队需要定期或不定期地跟踪需求的开发进度，通过项目管理工具、进度汇报会议等方式，及时了解需求的完成情况（包括已完成、正在进行、遇到问题和风险等），对于进度滞后的需求，要及时与负责人沟通，协调解决问题，确保需求按时得到开发。

需求池中的需求应保持动态更新，产品团队要定期对需求进行复审，以确定需求的当前状态和优先级。产品团队应每隔一定周期（如每季度）重新评估需求，筛选过时或不再具备开发价值的需求，并确保关键需求得到及时关注。产品团队可以设置定期复盘机制，由需求评估小组对需求池内容进行全面复盘。产品团队还可以使用项目管理工具的提醒功能（如PingCode 的"工作项提醒"，见图 4-10），确保高优先级需求得到及时更新和处理。

图 4-10 PingCode 的"工作项提醒"功能

4．需求的变更管理

在产品开发过程中，需求的优先级和内容可能会发生变更。因此，产品团队需要制定明确的变更流程，确保每一次变更都经过合理的评估，并记录变更原因、影响和最终决策，避免无序的需求修改影响开发进度。

（1）建立变更流程

需求变更流程包括需求变更的申请、评估、审批、实施等环节。当需求发生变更时，需求提出者需要填写变更申请表，详细说明变更的原因、内容和变更对项目进度、成本、质量等方面产生的影响。然后，由相关的团队成员对变更请求进行评估，分析变更对项目进度、成本、质量等方面的影响。最后，由产品经理或需求评估委员会根据评估结果进行审批和实施。

（2）控制变更风险

在需求变更过程中，产品团队要严格控制变更的范围和影响，避免频繁的变更导致项目失控。对于影响较大的变更，产品团队要重新评估需求的优先级和计划安排，确保变更后的需求仍然能够与产品的战略目标和业务需求保持一致。同时，产品团队还应在需求池中详细记录变更前后的内容、原因及审批意见，以便后续复盘。

（3）更新项目文档

产品团队需要根据变更的内容，同步更新项目的各种文档，如需求文档、设计文档、测试文档等，确保文档与实际产品保持一致，为后续的开发、维护和管理提供准确的依据。

5．需求池的定期回顾与优化

产品团队需要定期对需求池进行回顾和总结，通过建立相应机制，形成定期回顾和持续

改善的良性循环。回顾的内容应包括：需求的完成情况、优先级的合理性、需求的变更情况等。产品团队应通过回顾，发现需求管理过程中存在的问题和不足之处，及时进行调整和优化。

在需求回顾后，产品团队需要针对需求池运作流程和发现的问题进行优化，及时清理长期搁置或废弃的需求，合并且重新评估冗余需求，完善需求描述。例如，完善需求收集和整理的方法，提高需求评估的准确性和效率，优化需求变更的流程和控制措施等，不断提升需求池管理的水平和效果。

❋ 四、客户需求的处理

对于产品团队而言，客户提出的需求通常具有较高的时效性和关注度，但也可能带有一定的情绪化或特定偏好。因此，产品团队在处理客户需求时，既要尊重客户的反馈，又要通过专业的需求分析评估其可行性和适用性。

1．客户需求的记录

当接收到客户需求后，产品团队首先要进行详细的记录与分类。记录者要将客户需求的关键信息完整地记录下来，包括需求提出者的基本信息，如姓名、联系方式、所属用户群体等，以便后续进行沟通与调研。例如，若客户通过在线客服反馈需求，记录者应在记录中注明客户的账号信息以及咨询的时间。

接着，记录者需要将需求划分为功能类、体验类、性能类等。功能类需求可能涉及产品新功能的添加或现有功能的改进，体验类需求侧重于界面设计、交互流程的优化，性能类需求则关注产品的响应速度、稳定性等。

同时，记录者要在记录中尽可能清晰、准确地描述需求，涵盖需求的具体内容、期望达成的效果以及出现需求的场景等细节。例如，客户提出希望在电商 App 中增加商品图片放大功能，记录者可以详细注明"在商品详情页面，客户希望通过点击图片实现多倍放大，以便查看商品细节"，且要记录客户提及此需求是因为"在购买某些精细商品时难以看清产品纹理"等背景信息。

2．需求可行性分析

在处理客户提出的需求时，产品团队需要进行系统性的可行性分析。这一过程的目的是明确客户需求是否能够在技术和业务层面实现，并评估需求实现的成本及其对现有产品和市场的影响。需求可行性分析通常包括技术可行性分析和业务可行性分析两个部分。

（1）技术可行性分析

技术可行性分析主要关注客户需求是否能够在现有技术条件下实现，并识别需求实现过程中可能遇到的技术挑战。技术团队需要从以下几个方面对客户需求进行详细评估。

① 基础架构评估

技术团队需要判断客户需求是否与现有系统的基础架构兼容，并评估系统是否需要改造或扩展。例如，客户要求增加实时数据同步功能，如果现有架构为单体系统，则可能需要改造为分布式架构。一些需求可能会对系统负载造成影响，例如，客户要求支持更高并发访问量时，团队需评估是否需要优化数据库性能或增加服务器容量。如果现有系统无法直接支持需求实现，技术团队需提出明确的改造或升级方案。例如，调整数据流转逻辑、优化 API 或升级中间件版本。

② 实现复杂度评估

技术团队需要分析需求的实现难度及其对开发计划的影响，并针对复杂需求提出解决方案。

在功能实现难度方面，技术人员需要对客户需求进行拆解，明确每一功能模块的技术难点。例如，客户提出的需求涉及 AI 算法优化，则需要评估团队是否具备相关技术能力。

在技术栈适配性（指在互联网产品开发中，评估产品需求所要求的技术与开发团队现有的技术体系、技能水平以及工具等方面的匹配程度）方面，技术团队需要评估需求是否超出现有团队的技术能力。例如，客户的需求需要引入全新技术（如区块链）来实现，团队可能需要花额外时间进行学习或引入外部专家支持。

此外，技术团队还需要根据需求的复杂程度和开发资源，合理估算开发时间，明确资源投入是否与时间预算相符，如果开发时间不足，可以选择分阶段实现需求或与客户协商调整交付周期。

（2）业务可行性分析

业务可行性分析主要评估客户需求是否符合产品战略目标和业务发展目标，同时确保需求具备足够的商业价值。

① 战略一致性分析

产品团队需要判断客户需求是否与现有产品定位和企业战略方向一致，避免开发偏离战略目标的功能。

例如，一家电商企业的战略目标是扩大海外市场。某客户提出希望增加支持多币种支付和国际物流跟踪的功能，这一需求虽然需要额外的技术投入，但符合企业的战略方向，应被优先考虑。又如，某产品团队所在企业专注于为中小型企业提供轻量化的 SaaS（软件运营服务）解决方案，其核心定位是"简单易用、价格实惠"。然而，某大客户提出增加一个"多级审批流程自动化"功能的需求，以满足其企业内部复杂的审批管理需求。这一功能虽然可以满足该大客户的需求，但它与产品的核心定位背道而驰，可能会使系统过于复杂，从而影响现有中小企业用户的使用体验。

② 收益价值评估

产品团队需要分析需求的实现是否能够带来足够的收益，以抵消其开发成本。

例如，某客户提出希望为现有的内容平台新增"付费订阅"功能，用户需要支付月费才能访问优质内容。产品团队通过市场调研发现，竞争对手在引入类似功能后，ARPU（每用户平均收入）值提高了 20%。结合成本分析，团队预计推出该功能后能够快速收回开发投入，因此决定新增该功能。又如，某电商平台的客户提出开发一个"虚拟试衣间"的需求，让其可以通过手机摄像头实时试穿商品。这一需求从技术角度看较为复杂，需要团队开发 AR（增强现实）模块并集成到现有平台中。该平台经计算后预计会入不敷出，于是放弃了"虚拟试衣间"的开发。

3．需求分级处理

需求分级处理是产品团队在面对多个客户需求时，为合理分配资源、明确优先级而采取的一种重要方法。通过对需求的重要性、紧急程度、商业价值等维度进行考量，团队能够确保资源利用的最优化和开发流程的高效性。需求分级处理的要点如图 4-11 所示。

（1）高优先级需求

高优先级需求是指对产品核心功能、客户体验或业务目标有直接重大影响的需求，这类需求通常需要优先开发。

图 4-11　需求分级处理的要点

① 核心功能保障

高优先级需求通常与产品的核心功能相关，直接决定产品的基本价值。例如，一款专业图形设计软件的客户反馈：软件的图层管理功能出现混乱，新建、删除、合并图层时频繁出错，且无法准确调整图层顺序和透明度。图层管理作为图形设计软件构建复杂图像作品的核心功能，一旦出现异常，设计师们便无法高效地进行创作，严重影响工作效率和作品质量。因此，产品团队将"即刻修复图层管理功能的稳定性与准确性"需求列为高优先级。

② 关键客户需求

如果某些客户需求来自企业的核心客户（如长期高价值客户或战略客户），且解决该需求对业务目标有直接贡献，产品团队应优先考虑。

例如，某 SaaS 平台的核心客户提出，需要新增"实时报告导出"功能，以便满足其紧急的业务运营需求。该客户贡献了平台 30%的收入，产品团队将其需求列为高优先级，并安排在下一个版本中开发完成。

③ 业务风险缓解

高优先级需求还包括解决可能导致重大业务风险的问题，如法律合规或安全隐患。

例如，某金融 App 的客户反馈，希望 App 能够增加生物识别技术（如指纹识别、面部识别、声纹识别等）与传统密码、短信验证码相结合的多重身份认证方式，并且在用户进行大额资金交易时，自动触发更高级别的风险评估与人工审核流程。在金融领域，保障用户资金安全和符合监管要求是业务的生命线。因此，产品团队将开发完善的多重身份认证系统和智能风险评估审核机制列为高优先级需求。

（2）中优先级需求

中优先级需求是指能够改善客户体验或优化现有流程的需求，但其影响范围相对较小或紧急程度相对较低。这类需求通常结合开发计划逐步实现。

① 次要功能优化

中优先级需求多为对已有功能的改进或体验优化，其能够提升用户满意度但不会立即影响核心业务。例如，某物流平台客户反馈，希望订单详情页面增加包裹重量的显示功能，以便其了解运输成本。虽然此功能有助于改善客户体验，但不影响核心物流功能，因此被产品团队划为中优先级需求，计划在后续迭代中完成。

② 流程改进

流程改进需求通常与内部流程效率提升有关，但对外部客户的直接影响较小。例如，某在线零售平台的客服团队反馈，后台查询订单记录的流程过于复杂，导致客户等待时间延长。产品团队提出在后台增加"关键字搜索功能"，支持客服人员快速查找订单记录。虽然这一功能不会直接服务于客户，但能够显著提升客服处理效率，因此被产品团队划为中优先级需求，并纳入季度优化计划。

（3）低优先级需求

低优先级需求是指影响范围小、商业价值有限或开发成本较高的需求。这些需求通常会被产品团队暂时搁置，等待资源充足时再考虑实现。

① 用户反馈量较少

低优先级需求多来自少数客户的个性化反馈，其适用范围较窄且影响较小。例如，某在线教育平台的少数客户建议新增"课件颜色个性化设置"功能。然而，产品团队发现该功能开发成本较高且大部分用户无此需求，所以决定将其列为低优先级，暂不开发。

② 商业价值有限

如果需求的潜在收益无法抵消开发成本，或与核心业务目标关联较弱，产品团队应优先处理其他更具价值的需求。例如，某社区运营平台的客户建议在帖子中加入"表情包搜索功能"，尽管该功能可以增加互动趣味性，但对用户留存和增长的实际贡献有限，因此被划为低优先级。

③ 实现成本较高

若要实现低优先级需求，需要投入过多技术资源或进行复杂的跨系统改造，但对产品价值提升的作用较小，产品团队应优先处理其他更具价值的需求。例如，某音乐流媒体平台用户提出，希望增加"虚拟现场演唱会体验"功能。产品团队经技术评估发现，这一功能需要大规模投入 VR 开发资源，短期内收益难以覆盖成本，因此决定暂时搁置该需求。

④ 偏离产品定位

低优先级需求还包括那些与产品核心定位不符的提议，虽然其实现技术可行，但与当前的产品战略方向相悖。例如，某健康管理应用的客户希望新增"每日天气推送"功能，虽然实现难度不大，但与健康管理的核心定位无关，因此被划为低优先级。

4．需求实现过程

需求实现是将需求转化为具体功能的过程。为了确保需求的高质量落地，产品团队需要在需求开发计划、开发过程中的沟通以及验收与上线等环节中紧密协作，逐步完成从需求到功能的全流程闭环管理。需求实现过程的要点如图 4-12 所示。

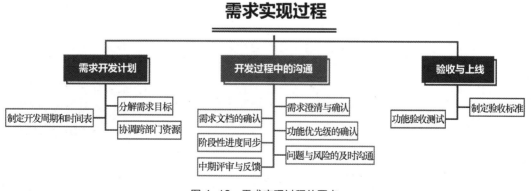

图 4-12 需求实现过程的要点

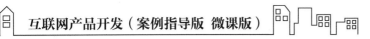

（1）需求开发计划

产品经理需要制订清晰的需求开发计划，为需求实现过程提供指导和约束。这一计划应明确时间节点、资源分配以及阶段性目标，以确保团队的高效协作和目标达成。

① 分解需求目标

产品经理需要将客户提出的需求分解为若干小的开发任务，形成清晰的需求文档，便于技术团队理解和实现。例如，一个企业客户提出的"自定义报表导出"需求，可被分解为数据接口开发、前端样式设计以及导出格式优化等开发任务。

② 制定开发周期和时间表

团队需要合理分配开发资源并规划开发周期，可以采用敏捷开发模式（如 Sprint）。Sprint可以确保在每个开发阶段有明确的交付成果，同时使中期评审和调整具有灵活性。

③ 协调跨部门资源

产品经理需要协同技术、设计、运营以及市场团队，确保需求实现过程中所需资源按时到位。例如，一个客户的跨境支付功能需求可能需要与第三方支付渠道对接，这就要求技术团队与商务部门紧密合作，获取必要的 API 权限和合同。

（2）开发过程中的沟通

在需求实现过程中，与客户保持高效沟通是确保需求准确落地的重要保障。产品经理可以在需求开发的各个阶段主动与客户联系，通过定期同步、阶段性评审和反馈交流，确保开发方向与客户预期一致，并及时调整需求细节。

① 需求澄清与确认

在正式开发前，产品经理应与客户充分沟通，确保对需求的理解完全一致，同时探讨实现路径及关键交付内容。

② 需求文档的确认

产品经理可以向客户提供详细的需求文档或功能说明书，确保所有需求都被明确记录。客户需要确认文档内容是否完整、准确，并针对不清晰的部分提出补充意见。例如，一家电商客户希望新增"商品价格波动历史展示"功能。产品经理在编写需求文档后，与客户确认是否需要实时更新历史记录，经过沟通，明确每 24 小时更新一次的需求细节，进而避免技术团队对实时功能的误解。

③ 功能优先级的确认

产品经理应与客户探讨功能优先级，根据客户的业务需求和产品开发计划，确认哪些功能需要优先实现。例如，某企业客户要求的报表功能中包含"年度报表"和"自定义分析报表"两个部分。通过沟通，客户确认"年度报表"是其短期重点需求，而"自定义分析报表"可在后续版本中完成。这一沟通结果帮助开发团队优化了资源分配。

④ 阶段性进度同步

在开发过程中，产品经理可以定期向客户同步进展，确保客户能够及时了解开发状态，并根据实际情况调整需求。产品经理还可以根据需求开发计划，将项目的阶段性成果向客户进行展示，如功能原型、模块设计等，获取客户的即时反馈。例如，某教育平台的客户提出新增"学生学习进度实时追踪"功能。在初步开发完成后，产品经理通过视频会议向客户展示功能原型，客户指出界面上应增加具体时间标记，团队据此调整设计，确保最终功能符合客户期望。

⑤ 问题与风险的及时沟通

在开发过程中，产品团队可能会出现技术挑战或资源不足等问题。产品经理需及时与客户沟通,争取客户理解并共同商讨解决方案。例如,某跨境电商客户要求开发多币种支付功能。在开发中,产品团队发现部分币种支付网关的集成成本过高,产品经理与客户沟通后调整需求,优先开发使用率高的币种支付功能,并将其他币种列入后续计划。

⑥ 中期评审与反馈

中期评审是客户参与的重要环节,产品经理可以组织客户审查开发进展和阶段性成果,根据客户反馈及时调整偏差,确保最终成果符合客户预期。

(3)验收与上线

验收与上线是需求实现的最后阶段,产品团队需要确保产品功能质量和客户满意度,同时做好上线后的监控和优化工作。

① 制定验收标准

产品经理需要在开发开始前,与客户明确需求的验收标准。例如,客户要求的"数据报表导出功能"需满足报表生成时间小于5秒、支持3种常见文件格式(PDF、Excel、CSV),以及输出数据的准确性达到100%。

② 功能验收测试

在功能开发完成后,技术团队需要进行充分的测试,包括功能测试、性能测试和安全测试,确保需求的实现符合既定标准。测试完成后,产品经理需要与客户共同进行验收确认。

5. 需求反馈闭环

产品团队需要在需求实现后及时向客户反馈结果,以形成良好的需求闭环。例如,产品团队可以定期向客户发送需求处理报告,内容包括已实现的需求、正在实现的需求以及预计完成时间等信息。对一些复杂需求或需求变更,产品团队要与客户进行深入讨论,确保双方对需求的理解一致,避免因沟通不畅导致客户满意度下降。同时,将处理后的客户需求经验进行总结与沉淀,为后续产品的迭代升级提供参考依据,不断提升产品对客户需求的响应能力与满足程度,增强产品在市场中的竞争力。

📖**案例分析**

淘宝——拓展业务,满足用户多样化购物需求

电商行业竞争激烈,消费者的购物需求也在不断变化。早期,消费者主要关注商品的价格和基本功能,随着生活水平的提高,对商品品质、购物体验等方面的要求也越来越高。

淘宝通过用户评价和购物行为数据挖掘需求。例如,淘宝发现用户对商品的真实性和质量保证非常关注。因此,淘宝推出"正品保障"服务,对符合条件的商品提供质量保证承诺。

同时,淘宝挖掘出用户对个性化购物的需求。淘宝利用大数据分析用户的浏览历史、购买记录等,为用户进行个性化的商品推荐。例如,一个经常购买运动装备的用户在打开淘宝App时,会看到更多运动品牌的新品、运动周边产品等相关内容。

在物流体验方面,淘宝察觉到用户希望快速收到商品的需求。因此,淘宝与各大物流公司合作,实现物流信息的实时更新,并推出"次日达""当日达"等服务选项,提升用户的购物满意度。

淘宝通过这些措施增强了用户对平台的信任,提高了用户忠诚度,其市场份额在电

商领域一直保持领先地位，并且不断拓展业务，如淘宝直播。淘宝直播源于用户希望通过直播更直观地了解商品的需求。淘宝直播进一步丰富了购物方式，促进了商品销售。

要求：

（1）请查看应用商店的淘宝App的评论区，总结用户评论区提出的差评、建议，从中归纳出淘宝尚未满足的用户需求。

（2）请在应用商店搜索并下载淘宝的竞品，如京东、拼多多、苏宁易购等，查看其应用介绍和应用最近更新情况，结合在网络中查找的资料，分析这些电商App是如何满足用户需求的。

项目实训：在线健身平台产品需求挖掘实训

1．实训背景

一家名为"活力健身在线"的新兴在线健身平台上线约半年，已吸引了5万名注册用户，这些用户遍布全国各大城市，年龄主要集中在18～45岁，涵盖学生、上班族以及自由职业者等不同群体。平台目前提供丰富多样的健身课程视频，包括有氧健身操、力量训练、瑜伽、普拉提等，同时具备简单的运动记录功能，如记录运动时长、消耗能量等。

然而，产品团队通过对平台数据的分析发现，近一个月的用户留存率仅为30%，日活跃用户数占注册用户数的比例约为15%，用户活跃度和留存率均有待提高。平台近期收到了来自用户的各种反馈和建议。例如：部分用户反映课程视频加载速度较慢，尤其是在网络信号不佳的情况下；一些用户希望能够增加个性化的训练计划定制功能，根据自己的身体状况、健身目标和时间安排生成专属的健身方案；还有用户提出想要让平台增加与其他健身爱好者进行互动交流的社交功能，如社区论坛、好友挑战等。

与此同时，市场上出现了一些竞争产品，如"动感健身云平台"等，它们推出了直播健身课程、与专业健身教练实时互动功能以及更完善的社交分享功能，这对"活力健身在线"平台的发展构成了一定挑战。

2．实训目标

运用所学的需求采集方法，收集并整理平台用户的需求信息，确定目标用户的特征、需求偏好，并对收集到的需求信息进行分析，识别真伪需求。

3．实训要求

（1）需求采集

以小组为单位进行实训，每组人数不超过5人。各小组需详细记录需求采集的过程和方法，包括使用的调查问卷、访谈提纲、数据分析的指标等，并整理成文档。小组成员可重点采用市场竞品分析法，在应用商店查看同类互联网产品的应用介绍以及应用最近更新情况，甚至下载后使用，记录使用后的感受。

（2）整理需求

对需求进行分类整理，建立需求池框架，清晰展示需求编号、描述、来源、优先级、状态等信息。

（3）撰写报告

根据需求分析结果，撰写一份产品功能改进和优化的报告，内容包括需求评估的依据、需求开发计划的要点以及预期用户留存率和活跃度的提升效果。

（4）汇报展示

各小组在班级内进行汇报展示，分享实训成果，并回答其他小组和教师的提问。

巩固提高

一、单选题

1. （　　）体现了产品需求的"痒点"。

　　A. 手机支付应用使人们出门不带现金

　　B. 定制化的手机壳满足用户彰显个性的潜在需求

　　C. 视频平台提供海量免费视频资源供用户观看

　　D. 在线教育平台推出名师直播课程以提升学习效果

2. 在头脑风暴过程中，（　　）不是参与者需遵循的规则。

　　A. 自由畅想，无任何限制　　　　　　B. 优先追求高质量想法，数量其次

　　C. 注重对想法的合并与改进　　　　　D. 允许提出看似荒诞或不合常规的想法

3. 采用四象限分析法评估需求优先级时，对于重要但不紧急的需求，应（　　）。

　　A. 立即处理

　　B. 安排在中期规划中，根据资源分配进行处理

　　C. 尽量避免，采用简化方案或借助第三方工具解决

　　D. 暂时搁置，后期再处理或放弃

4. 以下不属于用户研究法中的数据分析范畴的是（　　）。

　　A. 通过页面浏览量分析用户对产品不同模块的关注度

　　B. 依据用户在社交媒体上的言论了解其需求

　　C. 利用留存率分析评估用户对产品的黏性

　　D. 分析用户购买历史以了解消费偏好

5. 产品团队处理客户需求时要进行技术可行性分析，若发现需求实现需要引入全新技术且团队无相关经验，此时应（　　）。

　　A. 直接拒绝该需求，因为无法实现

　　B. 立即投入大量资源学习新技术以实现需求

　　C. 评估引入外部专家或分阶段实现需求的可行性

　　D. 先满足其他技术难度低的需求，再考虑该需求

二、判断题

1. 产品需求的本质在于解决用户的痛点。（　　　）

2. 在设计调查问卷时，问题越多、越详细越好，这样能获取更全面的需求信息。（　　　）

3. 需求评估与优先级排序是需求管理的首要环节，产品团队应结合市场需求、产品发展阶段和用户需求的紧迫性，合理安排需求的开发顺序。（　　　）

4. 在需求池的管理中，需求的分类归档主要依据不包括需求提出者的身份。（　　　）

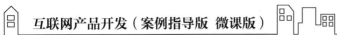

5. 对客户提出的需求，如果产品团队确定该需求的商业价值有限且开发成本较高，通常会将其归为废弃需求。（   ）

三、简答题

1. 简述需求的构成要素。

2. 简述产品需求管理中判断真伪需求的方法。

3. 在需求优先级评估中，产品生命周期评估是如何影响需求排序的？

模块三

产品设计与运营篇

项目
五

互联网产品设计

> ➤ 掌握产品定位的步骤和产品阶段性计划制订的方法。
> ➤ 掌握从需求到功能转化的核心方法和优质产品设计的标准。
> ➤ 掌握产品功能流程梳理方法、产品功能信息架构以及产品结构梳理方法。
> ➤ 了解交互设计的要素与原则。
> ➤ 了解交互设计文档的主要内容，以及用户体验与交互设计的关系。
> ➤ 掌握产品使用过程中体验设计的内容。

🛒 能力目标

> ➤ 能够运用多种方法准确进行产品定位和确定产品策略。
> ➤ 能够制订产品阶段性计划。
> ➤ 能够理解并践行优质产品设计的标准。
> ➤ 能够分析产品功能信息架构。
> ➤ 能够撰写交互设计文档。

🛒 素养目标

互联网产品设计是一个不断创新的过程，设计者应具备创新意识和实践能力，能够不断探索新的设计理念和技术手段，提升产品的竞争力和用户体验。

🛒 项目导读

互联网产品设计是将用户需求、商业目标与技术创新融为一体的复杂而精妙的创作过程，是推动创新、塑造品牌价值和构建市场竞争力的关键所在。在这个瞬息万变的数字时代，用户对产品的要求早已超越基本功能，转而关注体验的流畅性、操作的简便性以及情感的共鸣。因此，互联网产品设计不只是一个"如何做"的过程，更是"为何做"的深度思考过程。

知识导图

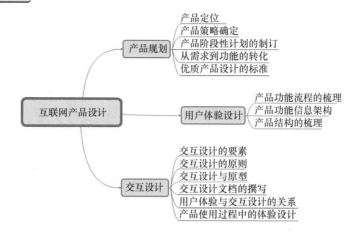

案例导入

小红书——聚焦生活分享，用产品设计搭建年轻用户社交桥梁

在当下的互联网社交领域，小红书已成为一股不可忽视的力量。自2013年上线以来，其发展态势迅猛，在全球范围内的影响力与日俱增。

（1）产品规划锁定生活分享赛道

小红书自创立之初，便精准定位为生活方式分享社区。在发展进程中，平台始终围绕"让用户分享和发现生活中的美好事物"这一核心展开产品规划。从早期聚焦购物分享，到如今涵盖时尚、美妆、美食、旅行、家居、健身等多元生活领域，小红书不断拓展内容边界，吸引了海量年轻用户群体。通过构建多元化内容生态，使用户能在小红书找到各种感兴趣的内容，小红书真正成为年轻人探索生活、获取灵感的重要阵地。

（2）个性化瀑布流设计

小红书在内容呈现上采用瀑布流形式，这种设计让用户一进入应用便能被大量图文、视频内容吸引。每刷一次屏幕，新内容就会出现，如同开启一场永不落幕的生活展览。小红书系统依据用户兴趣、浏览历史、点赞评论等行为数据，进行个性化推荐。

（3）营造活跃的社区氛围

小红书深知社交互动对用户体验的重要性。用户在浏览内容时，可轻松通过点赞、评论、收藏等操作与博主及其他用户互动。此外，私信功能方便用户与感兴趣的人一对一交流，关注功能让用户能持续追踪喜欢的博主动态。这种社交互动增强了用户对平台的归属感与黏性。

（4）搜索功能强大

小红书的搜索功能强大。在搜索栏输入关键词，无论是具体产品名称、景点名称，还是宽泛的风格、主题，瞬间便能呈现大量相关笔记。搜索结果页面按照相关性、热度等因素排序，展示清晰明了。

（5）发布功能设计简单便捷

小红书的发布功能设计得极为简单便捷，充分考虑用户分享需求。用户点击发布按钮，可快速上传手机相册中的图片、视频，也能即时拍摄。上传后，支持裁剪、添加贴纸、滤镜、文字说明等编辑操作，过程流畅，即便没有专业设计基础的用户也能轻松上手，将自己的生活经验、感悟、创意等，以美观的笔记形式分享出来。

任务一 产品规划

产品规划是互联网产品设计的基础和核心环节，是产品团队围绕市场需求、企业目标和技术可行性展开的战略设计过程，其目标是明确产品发展的方向，确定执行的步骤，并保证需求到功能的科学转化。通过精细的规划，产品团队可以在复杂的开发过程中明确目标和高效利用资源。

一、产品定位

产品定位是产品规划的起点，其核心在于回答两个问题：产品解决什么问题？产品为谁服务？在明确产品定位后，产品团队才能制订清晰的规划并将目标转化为可执行的行动方案。

产品团队可以通过以下步骤（见图 5-1）逐步明确产品定位。

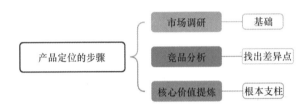

图 5-1 产品定位的步骤

1．市场调研：洞察市场与趋势

市场调研是产品定位的基础，可以帮助团队了解行业环境和用户需求，找到切实可行的突破点。基于市场调研的产品定位方法如下。

（1）目标市场分析

产品团队需要对目标市场展开深入探究。这要求团队精准测定行业规模，细致剖析行业发展趋向，并全面考量政策法规对行业的影响，如图 5-2 所示。

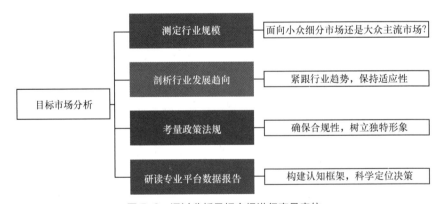

图 5-2 通过分析目标市场进行产品定位

产品团队需要运用专业的统计分析手段与丰富的市场信息资源，明确当下市场的总体用户数量及其增长速率，从而明确市场当前的体量，为团队预估市场未来的发展轨迹提供关键的量化依据，进而确定产品是面向小众细分市场还是大众主流市场。

团队应凭借对行业前沿科技动态的持续关注与专业研判，前瞻性地思索在未来 3～5 年内，行业的技术革新可能聚焦于哪些具体领域，是新型材料在产品制造中的创新应用，还是智能化技术对产品功能的深度赋能。产品团队在进行产品定位时充分考虑这些因素，能使产品紧跟行业趋势，在市场演变进程中保持适应性。例如，在智能手机行业，对拍照技术革新趋势的把握可在产品定位环节突出影像功能特色，契合用户对高质量拍照手机的需求趋势。

此外，全面考量政策法规对行业的影响不可或缺，产品团队在定位产品时必须确保合规性。某些政策法规可能限制或鼓励特定产品特性或业务模式，产品团队要敏锐捕捉。例如，在数据安全法规日益严格的背景下，产品定位若注重数据安全保障，打造安全可靠的数据处理与存储功能，不仅能满足法规要求，还能赢得注重隐私保护的用户信任，从而在市场中树立独特形象。

产品团队可以合理利用诸如 Statista、艾瑞咨询等专业的市场分析平台。这些平台汇聚了海量的宏观数据资源，能够通过系统的数据挖掘与整合功能，为产品团队输出全面且精准的行业规模、市场份额分布、消费趋势等宏观层面的数据报告，助力团队构建起清晰且完整的目标市场认知框架，进而使产品定位决策更具科学性与前瞻性。

（2）用户需求研究

产品团队需要借助问卷调查、深度访谈等多种科学有效的调研方法，深度挖掘用户的真实需求。具体而言，团队要深入用户的使用场景，通过与用户的面对面交流互动以及对大量调研数据的深度剖析，精准锁定用户在当下产品使用过程中所面临的核心痛点。例如，若众多用户反馈现有产品操作界面复杂，导致使用不便，那么产品定位就需着重考虑简化操作流程，提升交互体验；若用户反映产品功能无法满足多样化场景需求，产品定位则要聚焦于功能拓展，以满足不同用户在不同场景下的使用诉求。

在精准把握用户痛点后，产品团队需要深入探究用户内心期盼的理想解决方案，进一步明确产品定位方向。若用户渴望拥有更智能的操作引导系统，产品定位可强调智能化交互设计；若用户期望产品功能模块高度定制化，产品定位则朝着个性化定制服务方向发力。这将为产品后续功能规划与优化升级确定精准目标，让产品定位紧密围绕用户核心需求，增强产品对用户的吸引力。

产品团队可以充分利用问卷星、热力图分析工具等专业用户调研平台。问卷星方便产品团队快速设计、分发与回收调查问卷，广泛收集用户反馈信息，从大量样本数据中提炼用户需求的共性与差异，使产品定位能兼顾多数用户需求与小众特殊需求。热力图分析工具将用户在产品界面的点击、浏览等行为数据进行可视化呈现，直观展示用户的关注热点与行为偏好。例如，若热力图显示用户频繁点击某一特定功能区域，产品团队可以考虑强化该功能或拓展衍生功能，让产品布局与设计更贴合用户实际操作习惯与兴趣倾向，从而使产品定位精准对接用户需求。

用户需求研究的要点如图 5-3 所示。

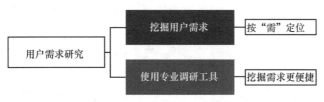

图 5-3　用户需求研究的要点

（3）场景洞察

产品团队通过深入用户使用产品的实际场景，系统研究用户在不同场景下的行为模式与心理特征，对产品定位和产品特色的塑造意义重大。具体而言，产品团队需要详细记录并深入剖析用户使用产品的时间规律、地理环境特点以及使用意图。例如，了解到用户在工作间隙利用碎片化时间使用产品处理简单事务，产品定位可突出功能的便捷性与高效性，设计简洁易用的快捷操作方式；若用户在家庭聚会场景中使用产品增加互动乐趣，产品定位可融入社交娱乐元素，开发多人互动功能或分享机制，使产品在特定场景下更具吸引力与实用性。

凭借敏锐的市场感知力与对用户心理的深度洞察，挖掘尚未被市场现有产品满足的隐性需求，是产品定位差异化的关键所在。这些隐性需求往往潜藏于用户日常行为的细微之处或特定场景的特殊需求之中，犹如深埋于地下的珍贵矿产资源。若产品团队能够成功地将这些隐性需求挖掘并转化为产品的独特竞争优势，例如，开发出适用于特定小众场景且极具创新性的功能模块，那么产品将能够在竞争激烈的市场中独树一帜，赢得用户的高度认可与市场份额的稳步增长。

例如，在特定户外运动场景中，产品团队发现用户对便携式、多功能且具备应急救援功能的产品有潜在需求，于是开发此类适用于该场景的特色功能，打造独一无二的产品卖点，吸引户外运动爱好者，逐步拓展市场份额，并稳固产品在该细分领域的独特定位。

场景洞察的要点如图 5-4 所示。

图 5-4　场景洞察的要点

2．竞品分析：找到差异化优势

竞品分析可以帮助产品团队了解市场上的成熟方案，并找到差异化的产品定位。产品团队在进行竞品分析过程中，运用 SWOT 分析法等方法能够有效地识别竞品的短板。在完成对竞品的全面分析后，产品团队需要进一步探索如何从市场竞争的缝隙中挖掘创新机会，即发现空白市场，从而打造具有鲜明差异化的产品定位。

（1）审视现有竞品的功能复杂度

若市场上大多数竞品功能繁多且复杂，普通用户在使用过程中面临较高的学习成本与操作难度，产品团队可以考虑开发"简化版"产品。但这种简化并非简单的功能删减，而是在深入理解用户核心需求的基础上，对关键功能进行整合优化，得到简洁明了的操作界面和流程。

例如，对于一些只需简单记录健康数据、查看基本健康建议的用户，如老年人或健康管理初学者，过于复杂的健康管理 App 可能会让他们望而却步。产品团队可以开发一款聚焦于基础健康数据记录（如体重、血压、运动时长等）、提供简单易懂健康提示（如饮食建议、运动提醒等）且操作极为便捷（如大字体、简洁菜单、一键操作等）的健康管理小程序或简化版 App。这样的产品定位能够精准满足这类追求简单易用、快速上手的用户的需求，填补因竞品功能复杂而遗留的市场空白，在健康管理细分市场中树立独特的产品形象。

（2）关注被竞品忽视的特定人群

在当今市场细分的环境下，每个细分人群都可能蕴含着巨大的市场潜力。产品团队需要通过深入的市场调研与用户需求分析，找出那些尚未被竞品充分重视满足的特定人群及其特殊需求。

同样以健康管理领域为例，如果大多数竞品都将主要精力放在年轻、注重健身塑形的人群身上，而忽视了老年人在慢性疾病管理、日常健康监测以及医疗保健知识获取方面的特殊需求，产品团队就可以有针对性地开发一款专门面向老年人的健康管理产品。

在产品定位上，注重提供符合老年人操作习惯的大图标、大字体、语音交互功能，以及针对常见老年慢性疾病（如高血压、糖尿病等）的专门监测与管理功能。

在服务内容上，定期推送健康知识讲座（以语音或视频形式）、与社区医疗机构合作（如预约挂号、健康咨询等），充分考虑老年人的生理、心理特点以及使用习惯。

通过这样的产品定位，产品团队能够成功填补老年人健康管理这一被忽视的市场空白，在特定人群市场中确立独特的竞争优势，逐步拓展市场份额并稳固产品在市场中的差异化定位。

3．核心价值提炼：形成竞争力

核心价值是产品对目标用户的主要吸引力，是产品定位的根本支柱。

（1）以用户价值优先为导向，锚定产品定位核心

在探寻产品核心价值的初始阶段，深入开展用户调研是关键之举。这要求产品团队运用多种科学的调研方法，全面了解用户在使用产品或被服务的过程中主要关心的要素，这些要素通常集中体现在效率、成本、体验以及技术创新等维度，如图 5-5 所示。

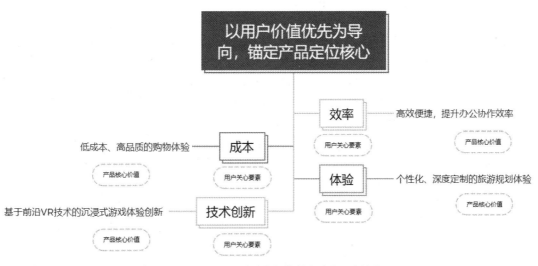

图 5-5　根据用户关心要素提炼核心价值，定位产品

① 效率

从效率维度考量，以一款办公协作软件为例，现代企业办公环境强调高效协同，员工需要快速地共享文件，沟通项目进度，分配任务并跟踪完成情况。若该办公协作软件能够实现

实时同步更新文件、多人在线编辑无卡顿、智能任务提醒与进度可视化展示，极大地减少信息传递的延迟，提升整体办公流程的效率，那么"高效便捷，提升办公协作效率"便可能成为其核心价值之一。

在产品定位时，产品团队就应突出其在优化办公流程、节省时间成本方面的卓越能力，将目标用户锁定为注重工作效率、追求高效协作的企业团队与职场人士，无论是渴望灵活高效的办公方式的初创企业，还是寻求数字化办公转型的大型企业，都能被这一核心价值所吸引。

② 成本

成本要素在众多产品领域也占据重要地位。以电商平台为例，消费者在购物过程中始终关注价格成本，包括商品价格、运费以及售后服务成本等。若某电商平台通过强大的供应链整合能力，直接与源头供应商合作，减少中间环节，从而提供具有显著价格优势的商品，同时推出包邮政策、无忧退换货服务，且售后服务响应迅速，有效降低消费者的综合购物成本，那么"低成本、高品质的购物体验"便可成为其核心价值。

产品定位则围绕为价格敏感型消费者提供高性价比的购物平台展开，吸引广大注重实惠的用户，在竞争激烈的电商市场中凭借成本优势脱颖而出。

③ 体验

用户体验是影响产品竞争力的核心要素之一，如一款旅游规划 App，它不仅提供旅游景点信息和酒店预订服务，还能根据用户的兴趣爱好、旅行时间、预算等个性化因素，智能生成详细且富有创意的旅行路线，推荐当地特色美食，挖掘小众景点以及进行天气预警，为用户打造全方位、沉浸式的旅游体验。这种"个性化、深度定制的旅游规划体验"就构成了该产品的核心价值。

基于此，产品定位聚焦于为游客提供独特旅游体验、个性化旅行服务，无论是探索小众路线的背包客，还是规划舒适便捷的度假行程的家庭，都能在该 App 中找到满足其需求的核心价值，从而确立该 App 在旅游规划应用市场中的独特地位。

④ 技术创新

技术创新在某些高科技产品或新兴领域中则是关键的核心价值驱动要素。以虚拟现实（VR）游戏产品为例，其借助先进的虚拟现实技术，为玩家创造出高度逼真的游戏场景，为玩家提供沉浸式的交互体验，例如，玩家能够感受战斗场景的硝烟弥漫，或者探索神秘世界中的奇幻景观，这种前所未有的"基于前沿 VR 技术的沉浸式游戏体验创新"构成了产品的核心价值。

产品定位针对追求高科技游戏体验、热衷探索新型游戏玩法的游戏玩家，尤其是年轻一代的游戏爱好者，他们对新技术充满好奇与热情，愿意为这种创新性的游戏体验买单，使产品在 VR 游戏市场中凭借技术创新优势吸引目标用户，并占据一席之地。

通过精准把握用户在这些维度关心的问题，并将其转化为产品的核心价值，产品团队能够为产品定位确定清晰且极具吸引力的核心方向，使产品在众多竞争对手中凸显其对用户的独特价值主张。

（2）实施差异化策略，塑造产品定位独特性

产品团队在确定产品核心价值时，必须确保其显著地区别于竞品，这是产品在市场中立足并获取竞争优势的关键所在。差异化策略可体现在多个方面，包括功能的创新性、体验的独特性以及服务的深度等，如图 5-6 所示。

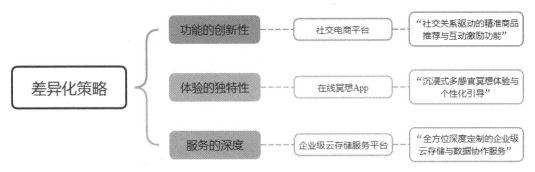

图 5-6　差异化策略的要点

① 功能的创新性

从功能的创新性角度出发，以社交电商平台为例，当市场上多数电商平台专注于传统的商品展示与交易流程时，该社交电商平台创新性地推出了基于用户社交关系的商品推荐引擎。它能够深度分析用户社交圈子内的消费偏好、口碑传播以及互动行为，从而精准地向用户推荐其可能感兴趣的商品，同时结合"一键拼团+分享返利"功能，鼓励用户邀请好友共同购买以享受团购优惠，并在分享成功后获取返利奖励。这种"社交关系驱动的精准商品推荐与互动激励功能"便构成了该平台区别于竞品的核心价值之一。

在产品定位方面，产品团队可将目标用户定位为热衷于社交分享、喜欢追求性价比且注重个性化购物推荐的年轻消费群体，突出产品在社交与电商融合领域的创新性与独特性，树立在社交电商市场中的鲜明品牌形象，吸引用户因其独特功能而选择该产品。

② 体验的独特性

体验的独特性同样是塑造产品差异化的重要考量要素。以 Now 冥想 App 为例，在众多健康类 App 竞争激烈的市场环境下，该 App 打造了极致的沉浸式冥想体验环境。该 App 提供高清自然音效（如森林鸟鸣、海浪拍岸、细雨淅沥等）的环绕播放功能、根据不同冥想目的（如放松减压、提升专注力、改善睡眠等）而动态变化的视觉背景（如宁静的星空、静谧的森林、舒缓的溪流等）、专业冥想导师的语音引导服务（其语音语调会根据冥想进程和用户的呼吸节奏进行智能调整），以及个性化的冥想计划定制功能（根据用户的情绪状态、时间安排和目标需求生成专属的冥想练习方案）。

这种"沉浸式多感官冥想体验与个性化引导"成为产品核心价值所在，针对追求内心宁静、渴望深度身心放松且注重个性化健康体验的用户进行产品定位，使用户不仅仅是为了简单的冥想练习而来，更是为了沉浸在这种独特的冥想文化体验中，从而使产品在竞争激烈的健康类 App 市场中脱颖而出。

③ 服务的深度

服务的深度也是构建产品核心价值的考量要素。以企业级云存储服务平台为例，与普通云存储服务平台不同，它不仅提供基础的文件存储与数据备份功能，还深入企业数据管理与协作的各个层面。

例如，该平台为企业提供数据安全加密的多层防护体系，包括文件传输加密、存储加密以及用户身份多重验证等；提供智能数据分类与标签功能，方便企业快速检索和管理海量数据；支持团队成员实时在线协作编辑同一份文档或项目文件，并能详细记录每个成员的操作

历史与修改意见，便于追溯与沟通；同时还提供数据恢复专家服务，在企业遭遇数据丢失或损坏等意外情况时，专业团队能够迅速响应并提供高效的数据恢复解决方案。

这种"全方位深度定制的企业级云存储与数据协作服务"构成了产品核心价值。产品定位聚焦于吸引对数据安全、协作效率和管理精细度有较高要求的中大型企业客户，为他们提供一站式、个性化、深度定制的云存储与数据协作解决方案，凭借服务的深度在企业级云服务市场中确立独特的竞争优势，明显区别于普通云存储服务。

在实施差异化策略过程中，USP（独特销售主张）是一种极为有效的产品定位理念。它促使产品团队深入思考并提炼出"用户为什么选择你"这一核心问题，通过对产品功能、体验、服务等方面的全面分析与深度挖掘，找出产品相较于竞品的独特卖点与优势，并将其转化为简洁有力、易于传播且能够直击用户内心需求的核心价值表述。

例如，某在线设计工具的 USP 可能是"采用简洁易用的拖曳式操作界面与海量精美模板库，为非专业设计人员提供快速设计高品质作品的便捷体验，让创意设计触手可及"。这一独特销售主张清晰地传达了产品的核心价值，即便捷操作与丰富资源带来的高效设计体验，使用户能够明确感知到该产品与其他在线设计工具的差异所在，从而在在线设计工具市场中吸引目标用户。

（3）持续性验证，确保产品定位准确性

产品的核心价值并非一经确定便一成不变，它需要在市场实践中接受持续性验证，以确保其准确性，进而巩固产品在市场中的定位。

持续性验证可通过小范围用户测试来实现。在产品开发的早期阶段或推出新功能之前，产品团队可以安排一小部分具有代表性的目标用户试用产品、新功能。

例如，一款社交软件计划推出新的视频聊天滤镜功能，先邀请部分活跃用户、不同年龄段和地域的用户进行试用。通过观察用户在使用过程中的行为数据，如使用频率、使用时长、滤镜切换次数等，以及收集用户的反馈（如对滤镜效果的满意度、是否觉得有趣新颖、是否存在操作不便等），来评估该功能是否真正符合用户需求，是否能够为用户带来价值，进而判断其是否有助于强化产品的核心价值。

如果用户测试结果表明该滤镜功能深受用户喜爱，能够增强用户在视频聊天中的互动乐趣和分享欲望，那么这一功能就可能成为产品核心价值——"提供丰富有趣的社交互动体验"的有力补充；反之，如果用户反馈不佳，如滤镜效果失真、影响视频画质或操作过于复杂，产品团队就需要对该功能进行优化或重新审视其对产品核心价值的作用。

在产品上线后，产品团队还需要持续关注市场动态、用户行为变化以及竞品的发展情况，对核心价值进行动态调整与优化。

例如，随着智能手机拍照技术的普及与提升，用户对手机摄影功能的需求不再局限于像素高低，而是更加注重拍摄的创意性与社交分享性。某手机品牌原本以"高像素拍照手机"为核心价值，但在市场变化过程中发现单纯的高像素已难以满足用户需求，于是及时调整核心价值，通过优化相机算法，推出多种创意拍摄模式，如全景分身、慢动作短视频拍摄等，并加强与社交媒体平台的深度整合，方便用户快速分享拍摄作品，将核心价值转变为"创意拍摄与社交分享一体化的手机摄影体验"。

通过持续性验证与调整，产品能够始终契合市场需求，巩固其在市场中的定位，确保产品的核心价值在不断变化的市场环境中保持竞争力，吸引并留住目标用户。

案例分析

今日头条——资讯的个性化推荐

今日头条是北京字节跳动科技有限公司（今北京抖音信息服务有限公司）在 2012 年开发的一款基于数据挖掘的推荐引擎产品，为用户推荐信息。今日头条这一互联网产品的诞生与发展经历如下过程。

（1）市场分析与用户调研

在移动互联网快速发展，信息爆炸的背景下，用户对于获取个性化、精准化的信息需求日益增长。今日头条通过大量的市场分析与用户调研，发现用户在海量信息中难以快速获取自己感兴趣的内容，于是确定了以个性化推荐为核心功能的产品开发方向。

（2）产品定位与核心功能

今日头条将自身定位为基于数据推荐的信息类产品，其核心功能是通过先进的算法和大数据分析，为用户进行个性化的新闻资讯推荐。用户打开今日头条，就能看到根据自己的浏览历史、兴趣爱好等因素精准推送的各类文章、视频等内容。

（3）产品设计与用户体验

今日头条的界面简洁明了，操作方便，内容呈现形式多样，包括图文、视频等。同时，今日头条不断优化推荐算法，提高推荐内容的准确性和质量，让用户能够轻松获取有价值的信息，提升了用户体验。

（4）技术创新与功能迭代

今日头条持续增加技术研发投入，不断优化推荐算法，使其能够更精准地理解用户的兴趣和偏好。此外，今日头条还增加了多种内容形式和互动功能，如短视频创作与分享、问答社区等，满足用户多样化的需求，提升用户参与度。

（5）营销策略与用户增长

通过线上线下的广告宣传、与各大媒体和内容创作者的合作等方式，今日头条快速提升了产品的知名度和影响力，吸引了大量用户。同时，凭借优质的内容和良好的用户体验，实现了用户的自然增长和留存。

要求：

（1）请讨论在 2012 年今日头条推出之前，市场上的新闻资讯产品都有哪些共性特征，今日头条的出现给新闻资讯市场带来了哪些改变。

（2）登录今日头条 App，深度使用之后，请你提出今日头条 App 的核心竞争力，并对其迭代提出建议。

二、产品策略确定

产品策略是定位的延伸，它将明确的定位转化为实际的市场行动和运营计划。产品策略包括功能策略、市场策略和运营策略。

1．功能策略：明确产品核心功能

功能策略对产品资源的分配起着决定性作用，主要用于界定产品的核心能力与附加能力。功能策略通常包括核心功能、附加功能和未来功能三个层面。

核心功能是为直接满足用户核心需求而开发的必备的功能。这些功能是产品在市场中立

足的根本，是吸引并留住用户的核心要素，直接关联到产品能否在竞争环境中被用户接受。附加功能和未来功能则具有拓展和延伸产品价值的作用。

附加功能旨在进一步优化用户体验，从多个方面丰富产品的服务内容，使产品生态更加完善，为用户创造更多价值。未来功能则是产品团队依据对市场发展趋势的深入研究与预测所规划的，在后续阶段逐步开发的功能模块，目的在于让产品持续适应市场变化，满足用户不断变化的需求，并在竞争中保持优势。

功能策略定义产品的核心能力和附加能力，确保资源分配高效。核心功能是指解决用户核心需求的必备功能。附加功能和未来功能用于优化用户体验，完善产品生态。例如，一款视频会议软件的核心功能是稳定的视频通话、屏幕共享和会议录制，附加功能为自定义背景、实时字幕翻译等功能，未来功能为根据市场变化逐步开发的功能模块。

2．市场策略：规划市场进入方式

市场策略明确产品的目标市场和推广方式，如图 5-7 所示。

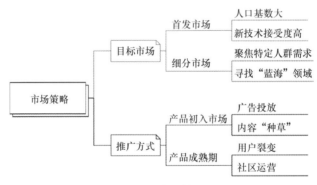

图 5-7　市场策略

首发市场建议选在人口基数大且新技术接受度高的地区。人口基数大意味着潜在的用户规模庞大，能够为产品提供广阔的市场空间与充足的用户流量，有利于产品在短时间内快速积累大量用户，形成规模效应。新技术接受度高则表明该地区的用户对于新技术具有较强的好奇心与尝试意愿，能够较快地适应并接受产品所带来的新功能与新体验，从而有利于产品的市场推广与用户教育工作。

在选择细分市场时，产品团队应聚焦于满足特定人群的独特需求，通过精准定位与差异化竞争策略，有效避免与市场领导者或众多竞争对手在主流市场上的正面直接竞争，寻找市场竞争的"蓝海"领域。

在产品推广方式的规划方面，不同的产品生命周期阶段需要采用不同的策略。在产品初入市场阶段，由于品牌知名度较低且用户基础薄弱，此时产品团队应重点通过精准广告投放与内容"种草"等方式提高产品的认知度与市场影响力。精准广告投放是指借助大数据分析与人工智能算法，将产品广告精准地推送给目标市场中的潜在用户，提高广告投放的精准度与转化率。

产品进入成熟期后，随着用户数量的逐渐积累与品牌知名度的不断提升，此时产品团队应侧重于利用用户裂变和社区运营等方式进一步扩大产品的市场规模与增强用户黏性。用户裂变是指利用现有用户的社交关系网络，激励用户邀请新用户使用产品，从而实现用户数量的快速增长。

3．运营策略：促进用户增长与留存

运营策略在产品开发策略体系中主要关注如何有效地吸引新用户使用产品，并通过一系列精细化运营手段保持用户的活跃度与忠诚度。

在吸引新用户方面，产品运营团队可以采用多种方式。其中，免费试用是一种常见且有效的方式，它能够降低用户的使用门槛与决策成本，让用户在无须承担任何风险的情况下亲身体验产品的功能与服务，从而增加用户对产品的了解与信任。

在提高用户留存率方面，持续优化产品体验是关键。产品运营团队需要密切关注用户在使用过程中的反馈信息，通过数据监测与分析工具实时了解用户的行为数据（如使用频率、使用时长、功能使用偏好、操作路径等）以及用户的满意度数据，及时发现产品存在的问题与不足之处，并迅速采取相应的改进措施。

构建用户社区也是提高用户留存率的重要举措。产品运营团队可以通过搭建活跃的用户社区，如论坛、社区群组、问答平台等，鼓励用户之间进行互动交流、分享知识与经验，这样做能够增强用户对产品的归属感与认同感，形成良好的产品使用氛围与增强用户黏性。

✿ 三、产品阶段性计划的制订

产品阶段性计划的制订是确保产品开发和运营顺利进行的关键步骤，也是产品团队协调资源、分配任务和管理风险的重要抓手。一个完善的产品阶段性计划不仅能为产品团队提供明确的开发方向，还能帮助利益相关者了解产品的开发进展和关键目标。产品阶段性计划中包括产品路线图的设计、时间周期的划分、工作项的明确和里程碑的设定等内容。

1．产品路线图的设计：规划整体蓝图

产品路线图（Product Roadmap）是一种战略性的工具，描绘了产品的发展方向、优先事项和时间安排。它不仅有助于团队内部达成共识，还有助于向外部利益相关者展示产品的愿景。

（1）核心要素

一个完整的产品路线图应包含以下核心要素。

① 长期目标

长期目标即产品团队清晰定义的产品在未来 1～3 年的愿景和战略。长期目标应体现产品的核心竞争力与市场定位，通常聚焦于行业影响力、用户覆盖率、技术突破。

在愿景层面，产品团队可以从行业地位和用户价值出发设计长期目标。例如，"成为全国领先的在线学习平台"或"为用户提供行业内精准的 AI 驱动个性化推荐服务"。

在市场层面，产品团队还需要考虑目标市场的扩展。例如"覆盖 50%以上的目标市场用户"或"实现海外市场的业务布局"。

在技术层面，如果产品涉及技术创新，产品团队需要制定相关突破目标，如"开发出比当前主流产品快 20%的数据处理系统"。

长期目标是战略规划的起点，指明了产品发展方向，能够为产品团队提供长期驱动力。

② 阶段性目标

长期目标往往过于宏观，因此产品团队需要将其分解为具体的阶段性目标，以便于执行和监督。阶段性目标应符合 SMART 原则，其由五个英文单词的首字母组成，分别为 Specific（具体）、Measurable（可衡量）、Attainable（可实现）、Relevant（相关性）、Time-bound（有时限）。

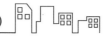

在功能开发目标方面，产品团队可以设定如"完成 MVP 功能开发""上线支付系统的核心功能"等具体目标，以确保早期阶段聚焦于产品核心价值的实现。

在用户体验优化目标方面，产品团队在开发后期或迭代中，可以将"优化关键用户流程"或"控制页面加载速度在 1 秒以内"作为具体目标，以提高用户满意度。

在市场增长目标方面，产品团队可以将目标量化为具体的市场指标，如"实现季度市场份额增长 5%""提高月活跃用户数量至 10 万"。

通过将长期目标分解为阶段性目标，产品团队能够更加系统地推进产品开发，确保在每个阶段的工作都有利于长期目标的实现。

③ 优先级与资源分配

由于资源有限，产品团队需要根据市场需求和内部能力优先处理关键任务，并合理分配资源，以确保计划的可执行性。

产品团队应通过市场调研、用户反馈和商业分析确定优先开发的功能。例如，对于一款视频社交产品，用户上传和播放视频的稳定性可能是优先级最高的任务，而高级滤镜的开发则可以放在后续阶段。对于每项任务都需要考虑资源需求，如开发团队的人力分配、技术框架的选择、所需的预算以及时间成本。在资源分配中，产品团队需要预留一定的灵活性，以应对突发情况或市场变化。例如，当用户对某个功能有强烈需求时，产品团队可以通过调整优先级以满足市场需求。

优先级和资源分配的合理性直接决定了团队的工作效率和计划的可落地性，因此，产品团队需要反复权衡和动态调整。

④ 时间轴与重要节点

明确的时间轴和重要节点是产品路线图的结构骨架，能够帮助团队协调任务进度，并对计划执行情况进行评估。产品团队需要明确每个阶段的起止时间和重要节点，并形成可追踪的进度安排。

产品团队需要分多个阶段实现长期目标，每个阶段需设定明确的起止时间。例如，第一阶段聚焦于完成需求分析，第二阶段集中开发核心功能，第三阶段进行用户测试和迭代优化。每个阶段需要包含重要节点，其用于衡量工作是否按计划推进。例如，"完成原型设计"和"完成种子用户测试"可以作为开发阶段的重要节点。此外，产品团队还需要为时间轴预留一定缓冲期，以应对可能的延期。例如，在新技术开发中，可能需要额外时间解决不确定性问题。

（2）产品路线图制订的方法

科学制订产品路线图能够帮助产品团队在复杂多变的环境中保持战略清晰性，同时提高执行效率。下面是三种常见且实用的产品路线图制订方法，每种方法都有其独特的适用场景和实施要点。

① 倒推法：从最终目标出发，设计实现路径

倒推法是一种从最终目标出发的路线图设计方式，适用于战略清晰且目标导向型的产品和项目，如技术突破型产品、已经明确市场定位的成熟产品或有固定交付期限的商业合作项目。

通过从最终目标逐步向前分解路径，产品团队可以制订系统性、连贯性的规划，避免资源浪费或方向偏离。

产品团队需要明确长期目标（如市场占有率、用户规模等），然后根据目标反推实现路径，将其拆解为若干可执行的阶段性任务。例如，某社交媒体产品的长期目标是 2025 年实现全球推广，利用倒推法可设置其阶段性任务为：2025 年全球推广，支持至少 10 种语言，

能够稳定服务百万级日活跃用户；2024 年完成多语言支持和服务器架构升级，满足全球化的技术需求；2023 年在国内市场验证核心功能并优化用户体验。

倒推法的实施要点包括明确最终目标、反推关键阶段、平衡资源分配和可调整性，如图 5-8 所示。

图 5-8　倒推法的实施要点

② 用户需求优先法：以用户价值为导向

用户需求优先法强调以用户为中心，根据用户的核心需求和痛点优先设计产品路线图。这种方法有助于在早期阶段迅速提升用户满意度，并为产品的市场化奠定良好基础。用户需求优先法特别适用于新产品或试图抢占市场的创新产品。例如，一款尚未形成固定用户群的健康管理应用，可以通过快速满足用户的核心需求（如体重记录或饮食建议）迅速获取市场认可。

产品团队可以通过调研和数据分析，提炼出用户最迫切的需求，将这些需求作为优先开发的方向。例如，如果用户急需语音转文字功能，则应将其列为首批开发任务，而次要功能开发（如高级编辑选项）可安排在后续阶段。

用户需求优先法的实施要点包括收集用户需求、需求优先级排序、快速验证，如图 5-9 所示。

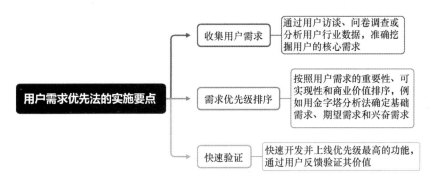

图 5-9　用户需求优先法的实施要点

③ 市场反应迭代法：以市场反馈为依据

市场反应迭代法是一种动态调整的规划方法，强调根据市场表现、用户反馈和竞争环境及时优化产品路线图。它具有高度的灵活性，能够快速应对市场需求的变化和外部挑战。市场反应迭代法适用于竞争激烈或需求多变的市场环境。例如，一款社交电商平台在上线初期需要根据用户购买行为和商家反馈迅速调整功能开发优先级，以更快适应市场需求。

产品团队需要以现有市场数据为依据，分析用户的产品使用情况和对产品的反馈意见，并根据发现的问题调整后续开发任务。例如，如果用户反馈某功能复杂难用，产品团队可立即将"优化用户操作流程"列为优先完成任务。

市场反应迭代法的实施要点包括持续监测市场数据、设立反馈机制、灵活调整产品路线图和预留资源，如图 5-10 所示。

图 5-10　市场反应迭代法的实施要点

2．时间周期的划分：合理控制节奏

科学的时间周期划分是确保项目稳步推进的重要保障，能够有效平衡项目推进的速度与质量，为产品团队提供明确的执行节奏。通过精准的时间安排，产品团队可以避免因过快推进而牺牲产品质量，同时也能防止因推进过慢而延误，保证产品按时高质量上线。

（1）时间周期划分原则

在进行时间周期划分时，产品团队需要遵循以下三大原则，以确保时间安排既具有可执行性，又能够适应动态变化的市场环境。

① 目标驱动

时间周期的划分应围绕每个阶段性目标展开。每个周期都需明确产出具体成果，如完成一份需求文档、设计一套高保真原型或上线一个功能模块。在目标驱动原则的指导下，产品团队可以确保在每个阶段都有明确方向，避免无效投入。例如，在需求调研阶段，产品团队需以形成完整需求文档为最终目标，从而明确具体任务。

② 资源适配

时间安排需要与团队规模、技术能力和资源储备相匹配，避免盲目制订过于紧张或松散的计划。如果产品团队规模较小或技术框架尚未成熟，则需预留更多时间进行技术验证和开发；若资源丰富且已有成熟技术支持，则可适当压缩时间周期。例如，小团队开发全新的教育类应用时，设计阶段可能需要更长时间以完成基础工作。

③ 动态调整

时间周期需要具备一定的灵活性，产品团队需要根据用户需求的变化和市场反馈动态调整时间节点，以适应不确定性因素。在开发过程中，用户可能调整关键性需求，产品团队需要迅速响应并修改计划。例如，若市场反馈某功能设计不符合用户期望，则团队应立即调整优化，而非继续推进既定流程。

（2）阶段划分模型

以新产品开发为例，典型的时间周期可以划分为以下阶段，如表 5-1 所示。

表 5-1　新产品开发的时间周期阶段

阶段	目标	核心任务
需求调研阶段（1～2 个月）	深入了解目标市场和用户需求，形成完整的需求文档	用户访谈、竞品分析、需求优先级排序
设计阶段（2～3 个月）	完成产品功能流程设计、信息架构搭建和高保真原型设计（指在产品设计和开发过程中，创建的近乎真实、具有高度可交互性的原型）	交互设计、视觉设计、技术可行性评估
开发阶段（4～6 个月）	开发出核心功能模块，完成内部测试	模块开发、接口调试、性能优化
测试与优化阶段（1～2 个月）	验证产品功能稳定性和用户体验，解决问题	漏洞修复、用户反馈收集、A/B 测试
上线与运营阶段（持续进行）	产品成功发布并持续更新	市场推广、用户留存分析、迭代开发规划

3．工作项的明确：化整为零执行

工作项的明确是将大目标分解为小任务的过程，每一项工作任务都应清晰、具体，具备可追踪性。这一过程能够帮助产品团队明确工作内容，减少沟通成本，并提高任务完成的效率和质量。同时，合理的任务分解还能使项目管理更加精细化，确保产品团队成员的职责分配清晰、进度可控。

（1）工作项分解步骤

将工作目标转化为具体可执行的任务，需要产品团队按照以下步骤进行逐层分解，确保任务小而精。

① 目标分解

目标分解是将阶段性目标细化为多个子任务的过程，每个子任务都需要具体明确且具备独立完成的可能性。例如，"优化用户体验"这一阶段性目标，可以进一步分解为"提高页面加载速度""优化导航结构""添加用户反馈机制"等子任务。

② 责任分配

每项子任务都应明确责任人，确保其执行和追踪能够落实到具体个人或团队。例如，将"提高页面加载速度"的任务分配给前端开发负责人，并让其对任务结果负责。责任分配的实施要点包括：确保责任分配符合团队成员的专业技能；明确责任边界，避免任务责任模糊导致的执行困难；提供必要的支持（如资源保障或协作机制）。

③ 时间估算

每项任务需要分配合理的完成时间，同时预留适当的缓冲时间以应对突发问题。例如，预计"优化导航结构"任务需耗时 5 天，但应多预留 2 天，确保任务不因突发情况而延误。时间估算的实施要点包括：根据任务复杂度和团队能力评估时间需求；避免过于紧凑或过于松散的时间安排；动态调整时间分配，确保整体项目进度不受个别任务拖延影响。

（2）工作项描述

为了使任务更加清晰，产品团队对每个工作项的描述都需要具备完整性和可追踪性，工作项具体包含以下内容。

① 任务名称

任务名称需要简洁明了，直接体现任务内容。例如，"完成用户注册模块的后端开发""设计产品主界面导航结构""进行第一轮用户功能测试"。

② 任务目标

产品团队需要明确任务的预期交付物，确保任务执行者理解其目标。例如，"实现用户注册的基础逻辑并通过功能测试""完成导航界面的布局设计并交付 UI 设计稿""确保测试中发现的主要功能 Bug 修复率达到 90% 以上"。清晰的任务目标能够避免因模糊指令导致的偏差，确保团队成员聚焦于预期成果。

③ 执行步骤

产品团队需要简要描述完成任务的关键环节，为执行者提供清晰的行动指南。例如，"完成用户注册模块的后端开发"任务的执行步骤为：编写用户注册相关的接口逻辑；与前端团队对接，完成接口联调；进行模块测试，修复发现的问题。执行步骤明确化能够帮助团队成员快速进入工作状态，避免反复沟通。

④ 验收标准

产品团队需要列出任务完成后需达到的具体指标，作为执行者任务交付的依据。例如，

"注册接口稳定性测试通过率达到99%""主界面导航点击路径清晰无误，所有交互功能正常""功能Bug数量控制在3个以下且不影响主要功能使用"。清晰的验收标准可以为任务的质量评估提供统一依据，避免主观判断引发的争议。

4．里程碑的设定：关键节点的管理

里程碑是产品阶段性计划的核心进度标志，用于检验产品团队完成重要任务的情况，确保进度和方向不偏离整体目标，为决策提供依据。合理设定里程碑有助于项目有序推进。

（1）里程碑的特点

每个里程碑都有其特点，这些特点决定了它在项目管理中的关键作用。

① 重要性

每个里程碑都标志着产品开发过程中的一个重要转折点。例如，"完成产品原型设计"不仅是设计阶段的重要成果，还是开发团队启动功能实现的前提。产品团队通过完成这些重要节点，能够保证项目始终不偏离整体目标，减少资源浪费造成的风险。

② 可衡量性

里程碑同样应具备明确的验收标准，确保产品团队能够通过具体的指标判断任务完成情况。例如，对于"完成原型测试并优化50%以上的问题"这一里程碑，产品团队可以通过具体的数据和测试结果加以验证。里程碑的可衡量性使团队对项目进展的评估更加客观和准确，同时可以为后续阶段的改进提供明确依据。

③ 时间依赖性

里程碑通常以时间节点为基础，需要产品团队在特定时间内完成。例如，"在第一个季度结束前完成MVP开发"既是成果标志，也是时间管理的核心任务之一。里程碑的时间依赖性可以使产品团队产生紧迫感，有助于产品团队在推进项目时保持合适的节奏和效率。

（2）里程碑设定方法

产品团队在设定里程碑时需要结合项目的整体目标和实际需求，以确保每个里程碑都能成为项目成功的助推器。几种常用的里程碑设定方法如下。

① 根据阶段结束点设定里程碑

产品团队可以根据阶段结束点来设定里程碑，采用这种方法设定的里程碑主要用来标志某一阶段的关键工作已完成。例如，在需求分析阶段的里程碑可以是"完成所有用户访谈，并整理需求优先级列表"；产品设计阶段的里程碑可以是"完成信息架构设计，并交付高保真原型"；开发阶段的里程碑可以是"实现MVP核心功能模块，并通过初步功能测试"。阶段结束点有助于产品团队对每一阶段的工作完成情况进行全面复盘，确保顺利过渡到下一阶段。

② 根据业务突破点设定里程碑

产品团队可以根据业务突破点来设定里程碑，采用这种方法设定的里程碑主要用于关注业务的重大进展，如目标用户增长、功能使用率提升等。例如，产品团队在产品上线后，设定"月活跃用户数突破10万"的里程碑；在运营阶段，设定"实现订阅转化率提升至15%"的里程碑。业务突破点能够帮助产品团队聚焦于产品的市场表现，快速发现运营中的潜在问题，为后续调整提供数据支持。

③ 根据市场验证点设定里程碑

产品团队还可以根据市场验证点来设定里程碑，采用这种方法设定的里程碑主要用来衡

量产品在目标市场中的初步表现。例如，在产品内测阶段，产品团队可以设定"完成种子用户测试并获得 90% 以上的积极反馈"的里程碑；在内测阶段，设定"完成第一批种子用户体验调查，且用户净推荐值（NPS）达到 70% 以上"的里程碑；在上市阶段，设定"在产品发布首月内，实现 5 000 名付费用户转化"的里程碑。市场验证点能够帮助团队在早期阶段了解产品的市场适应性，避免大规模推广后出现不可控的问题。

（3）设定里程碑的注意事项

产品团队在设定里程碑时需要注意以下事项。

① 与项目目标一致

每个里程碑的设定都应紧密围绕产品的整体目标。例如，一款健康管理类应用的里程碑应该体现"提升用户健康数据的采集准确性"或"提高健康建议的智能化水平"。

② 数量不宜过多

里程碑的数量不宜过多，以避免产品团队将精力分散在过多的节点上。产品团队在每个阶段设定 1~2 个核心里程碑即可。

③ 与团队能力相适应

里程碑的实现需要团队在时间、资源、技术能力等方面具备可行性。例如，对于一个初创团队来说，"实现全球市场推广"可能是过于激进的目标。

④ 验收标准明确

每个里程碑的验收标准都应清晰明确，避免出现团队成员对完成标准的理解不一致的情况。例如，"优化注册流程"这一验收标准并不明确（明确的验收标准如注册成功率提升 20%），可能导致执行效果难以评估。

✸ 四、从需求到功能的转化

从需求到功能的转化是产品设计中的核心环节，它直接决定了产品是否能够满足用户需求并实现商业目标。通过科学的方法和严谨的流程，产品团队能够将抽象的用户需求转化为具体、可执行的功能方案，为产品的成功奠定基础。

1．理解需求：根据需求分类设计产品功能

需求是产品功能设计的起点，是联系用户与产品的纽带。准确理解用户需求并将其分类，有助于产品团队明确设计方向，提高功能设计的针对性和有效性。需求的多样性和层次性决定了其在表达、挖掘和实现上的复杂性。根据用户的表达形式和意识程度，需求可以分为以下几类。

（1）显性需求

显性需求是用户明确表达的功能需求，通常是用户在使用产品过程中直接意识到的痛点或期望。显性需求具有以下特点。

① 直接性

用户能够准确表达自己的需求内容。例如，对于阅读类应用，用户可能明确提出"希望产品增加夜间模式以保护视力"。

② 可验证性

产品团队可以通过用户访谈或问卷调查验证这类需求是否存在。

找到显性需求通常是产品开发的基础工作，产品团队可以通过调研总结共性需求，并优先实现这些功能，以满足大多数用户的核心需求。

（2）隐性需求

隐性需求是用户未明确表达但实际存在的需求，产品团队可以通过行为观察或数据分析发现这类需求。这类需求的特点主要为间接性，用户可能感受到问题但无法准确表述。例如，用户可能频繁抱怨"这个软件用着有点慢"，背后隐藏的需求可能是"提高操作流程效率"或"缩短页面加载时间"。

对于隐性需求，产品团队需要通过用户研究、数据分析和竞品对比等手段进行挖掘，并转化为具体的功能优化点。例如，产品团队通过行为观察发现用户想要减少结算步骤，从而设计"一键支付"功能。

（3）潜在需求

潜在需求是用户自身尚未意识到但产品可以满足的需求。这类需求通常需要产品团队通过市场洞察、技术创新或用户行为预测来提前设计解决方案。

潜在需求的识别依赖于产品团队的创新能力和前瞻视野。通过市场趋势分析和用户行为预测，产品团队可以设计出超出用户预期的功能。例如，在健康管理类应用中加入"AI健康风险预测"功能，不仅满足了用户的潜在需求，还提升了用户对产品的依赖度。

通过对需求的分类，产品团队能够更有针对性地处理不同层次的用户需求。显性需求是设计的基础，确保产品功能满足用户的核心需求；隐性需求是优化的方向，帮助提升用户体验；潜在需求是竞争的突破口，助力产品在市场中确立差异化优势。准确理解和划分需求是产品团队在产品设计中不可或缺的一步，它不仅为功能转化提供了清晰的方向，还为良好的用户体验奠定了基础。

2．构建需求文档：明确需求的边界与目标

需求文档（这里主要指产品需求文档，PRD）是需求到功能转化过程中不可或缺的重要工具。产品团队构建需求文档的核心在于用结构化的方法明确需求的边界和目标，为从需求到功能的转化提供可靠依据。通过清晰的需求描述、量化的目标定义以及详细的约束条件划定，需求文档可以帮助团队在功能设计过程中保持高效、统一，并最大限度减少沟通和执行中的偏差。

（1）需求描述：结构化与具体化的核心

需求描述是需求文档的核心部分，主要用于详细说明用户的痛点或期望，以及产品需要实现的具体功能。清晰、具体的需求描述能够避免产品团队在设计和开发过程中出现理解偏差。

① 从用户需求出发

需求描述应源于用户场景。例如，用户提出"希望提高任务管理效率"，产品团队在文档中可以将其具体化为"用户需要通过一个界面快速添加、修改和查看任务"。

② 消除模糊性

需求描述应避免模糊表述，例如"界面友好"这一要求就不够具体。文档中应进一步明确为"操作步骤减少至三步以内，交互逻辑清晰，符合用户习惯"。

③ 结合场景与行为

在描述需求时，产品团队可以通过对用户使用场景和行为链条的分析，使需求更加明确。例如，"用户需要能够在会议期间快速记录任务"，可转化为"支持语音转文字功能，允许用户边说边记录并保存任务"。

（2）目标定义：明确需求实现的方向与成果

目标定义用于界定需求最终的实现效果和成果。这不仅能帮助产品团队统一认识，还能

为后续的功能验证和优化提供量化依据。目标定义主要涉及以下两类目标。

① 可量化的用户目标

产品团队可以通过数据化指标描述用户目标。例如，针对"提高任务添加效率"，文档中可定义目标为"提高任务添加速度50%，将操作时间从平均30秒缩短至15秒以内"。

② 用户体验目标

产品团队需要明确功能对用户满意度的提升，例如"通过优化界面设计，将用户满意度提升至85%"。

（3）约束条件

约束条件是需求转化为功能设计的基础之一，用于明确实现需求时的限制条件。约束条件通常包括技术、资源等多个维度。

① 技术约束

技术约束主要包括技术架构限制、技术标准与协议、技术兼容性。

• 技术架构限制：产品所基于的技术架构会对功能设计产生约束。例如，如果产品是基于传统的单体架构开发的，那么在向微服务架构转型的过程中，功能扩展和更新就会受到现有架构的限制。设计新功能时可能需要考虑如何在不破坏现有架构整体性的前提下进行集成。

• 技术标准与协议：产品需要遵循特定的技术标准和协议，这会影响功能设计的细节。例如，在开发一个互联网应用时，需要遵循HTTP/HTTPS（超文本传输协议/超文本传输安全协议），这就要求功能设计时要考虑网络请求的合法性、安全性及数据传输格式等问题。

• 技术兼容性：产品要与各种硬件、软件环境兼容，这是功能设计必须考虑的约束条件。例如，一个软件产品可能需要在不同的操作系统（如Windows、macOS、Linux）和浏览器（如Chrome、Firefox、Safari）上运行，这就要求功能设计要考虑到不同平台的差异，确保功能在各种环境下都能正常使用。

② 资源约束

资源约束主要包括人力资源限制、资金资源限制、时间资源限制。

• 人力资源限制：团队成员的数量、技能和经验水平会对功能设计产生影响。如果团队缺乏某些关键技术领域的专业人才，那么在功能设计时可能需要避开这些复杂的技术需求，或者通过外部合作来满足。

• 资金资源限制：项目的资金预算会限制功能设计的范围和复杂程度。例如，高成本的功能（如高级的数据分析模块或者大规模的云计算资源支持）可能由于资金不足而无法实现或者需要简化设计。

• 时间资源限制：项目的时间期限会约束功能设计的进度和优先级。如果项目时间紧迫，可能需要优先设计和实现核心功能，而将一些非核心的、复杂的功能推迟实现或者简化。

3．需求转化为功能的核心方法

将需求转化为功能需要综合考虑产品定位、用户体验、技术可行性等多个维度。核心的方法如下。

（1）用户故事法：以用户视角驱动设计

用户故事法是一种基于用户视角表达需求的方法，强调从用户的使用场景和实际诉求出发，推动功能设计。用户故事通常以模板化的形式描述："作为一名___用户，我希望能够___，以便___。"

例如："作为一名职场人士，我希望可以通过语音添加任务，以便在开车或其他不便操作的情况下快速记录待办事项。"将该需求转化为产品功能设计：添加语音输入功能，通过语音识别技术实现任务创建；优化语音识别算法，支持多语言输入和复杂指令解析；在任务列表中自动标注语音录入的时间戳，方便用户管理。

（2）功能分解法：简化设计结构

功能分解法是一种自顶向下的分析方法，即将复杂需求拆解为独立、具体的功能模块，便于团队分工和高效完成任务。

例如，需求为"简化电商平台的结账流程"。功能分解：提供"一键购买"功能，直接跳转到支付页面；支持自动填写收货地址，减少用户输入步骤；添加支付方式保存功能，允许用户绑定常用支付方式；优化订单确认页面，显示关键信息（价格、地址、物流方式）以减少操作时间。

（3）用户体验优先法：以体验为核心优化设计

用户体验优先法即将用户的交互感受作为功能设计的核心进行考量，强调功能设计需与操作流程优化紧密结合，以满足用户对于便捷性、舒适性和高效性的需求。

例如，需求为"提高用户浏览产品的效率"。功能转化：优化产品分类标签，确保用户可以快速找到目标商品；增加"猜你喜欢"模块，通过数据分析为用户推荐相关商品；添加商品快速预览功能，允许用户在不离开当前页面的情况下查看商品的基本信息；简化商品搜索结果的筛选条件，提供智能推荐排序选项。

（4）技术验证法：确保功能设计的可行性

技术验证法是从技术实现角度评估需求转化方案的可能性和成本。该方法能够帮助团队在设计阶段避免不必要的资源浪费，并找到最佳的技术解决方案。

例如，需求为"支持大规模实时多人互动"。功能分解：设计支持多线程并发处理的服务器架构，确保实时互动的响应速度；增加用户实时状态同步功能，通过 WebSocket 技术实现低延时通信；设计动态负载均衡方案，支持高峰期用户请求的平稳处理。

4．转化过程中的注意事项

在产品规划过程中，将需求有效地转化为功能是实现产品愿景和用户价值的关键步骤。这一过程涉及多方面的考量与细致的工作，产品团队要注意以下事项。

（1）避免需求泛化

产品团队需要避免将一个需求扩展成多个不相关的功能。例如，用户希望"实现快速支付"，但产品团队增加了多种复杂的支付方式，反而偏离了用户核心诉求。

（2）权衡功能与成本

功能的实现往往伴随着资源消耗，产品团队需要在功能设计时充分考虑开发成本和预期收益。例如，对于一款初创的知识付费应用，可以暂不开发增加成本且短期收益甚微的用户自定义知识图谱功能，应先专注于课程分类检索与播放功能优化。

（3）建立反馈闭环

需求到功能的转化并非一蹴而就，产品团队需要通过用户测试和市场反馈不断优化。例如，在早期测试中发现某功能使用率低，可以根据反馈调整或替换该功能。

❋ 五、优质产品设计的标准

优质的产品设计既要求设计团队从用户需求出发，关注产品的可用性、易用性和愉悦性，又要求设计团队平衡开发成本、技术可行性与市场反应，为企业实现可持续发展提供支持。

产品团队理解并遵循优质产品设计的标准，不仅有助于其打造卓越产品，还能为用户和企业创造更大的价值。优质产品设计的标准主要有以下几个。

1. 用户体验层面：打造以人为本的产品

用户体验是产品设计的灵魂所在，也是决定产品成败的关键因素。一个优质的互联网产品必须站在用户的角度，以简洁、流畅的交互设计满足用户需求。只有当产品易用、可靠且能为用户带来愉悦的使用感时，才能赢得用户的长期认可。用户体验层面的标准如图 5-11 所示。

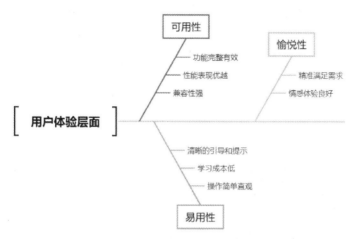

图 5-11 优质产品设计在用户体验层面的标准

（1）可用性

产品应具备满足用户需求的核心功能，并且这些功能稳定、可靠。以在线购物平台为例，从商品搜索、浏览、加入购物车到支付结算等一系列功能都要确保正常，不能出现频繁的系统故障或功能缺失等问题。

产品需要具备良好的性能，包括响应速度快、加载时间短等。在移动互联网时代，用户对产品的响应速度有很高要求。例如，对于新闻资讯类 App，其内容要能够快速加载，避免用户长时间等待，否则很容易导致用户流失。

产品需要适配多种设备、操作系统和浏览器。例如，网页版产品应能在主流浏览器（如 Chrome、Firefox、Safari 等）上运行顺畅，同时，在不同尺寸的设备（手机、平板电脑、台式计算机）上具有良好的显示效果。

（2）易用性

产品的操作流程应该符合用户的使用习惯和认知逻辑。例如，界面布局合理，重要功能按钮易于发现和操作。以社交软件为例，发布动态的按钮通常放在显眼位置，用户可以轻松找到并点击。

优质的产品应做到"即学即用"，让用户无须投入大量时间即可上手。例如，一些工具类 App，如计算器、日历等，其功能和操作方式一目了然，新用户几乎可以在打开应用的瞬间就知道如何使用。

当用户遇到复杂的操作或者新功能时，产品应能够给予适当的引导。例如，用户在首次使用软件的新功能时，系统会弹出操作引导提示框，逐步展示操作提示，帮助用户顺利完成操作。

（3）愉悦性

产品设计应聚焦于用户的真实需求，精准地解决用户的问题或满足用户的期望。例如，在线办公软件要能够满足用户进行文档协作、会议沟通等工作需求，并且在功能和体验上尽量贴合用户在实际办公场景中的使用习惯。

产品应能在用户使用时给用户带来积极的情感体验，如愉悦、舒适等。例如，一些具有精美界面设计和友好交互流程的产品，会让用户在使用时感到心情愉悦，从而增加对产品的好感度。

2．功能价值层面：构建实用且灵活的功能体系

功能是产品的核心价值所在。优质的产品设计不仅要在核心功能上表现出色，更要注重功能的完整性与拓展性，以适应用户不断变化的需求和市场发展趋势。通过突出核心竞争力和增强功能的适应性，产品能够持续吸引用户，不断增加商业价值。

（1）核心功能突出

产品的核心功能应该明确且具有竞争力，能够在市场中脱颖而出。例如，视频编辑软件的核心功能是高效、便捷地编辑视频，其在视频剪辑速度、特效丰富程度等方面应该有出色的表现，明显区别于竞品。

（2）功能完整性与可拓展性

除了核心功能外，产品还应具备一系列辅助功能，以提供更全面的服务。以音乐播放软件为例，除了基本的播放功能外，还应该有歌单创建、歌曲搜索、歌词显示、音效调节等功能。

产品设计应具有面向未来的扩展能力，能够随着用户需求的变化和技术的发展，方便地添加新功能或对现有功能进行升级。例如，一款健身 App 根据用户需求变化，逐步加入新兴的健身课程或训练计划，为用户提供持续更新的内容；随着 AI 技术的发展，许多设计类产品上线了 AI 辅助功能，为用户带来便捷的使用体验。

3．视觉设计层面：塑造美观与统一的界面风格

视觉设计可以让用户对产品产生第一印象，也是影响用户黏性的关键元素。优质的视觉设计需要兼顾美观与实用，既能以清晰的界面和合理的布局提升用户体验，又能通过风格的一致性提高品牌识别度，为用户提供良好的交互体验。

（1）界面美观

产品的界面设计要符合现代审美观念，色彩搭配协调、图标设计精美、排版合理。例如，一些面向学生的产品会采用活泼、鲜艳的色彩，而面向职场人士的产品则可能更多地使用沉稳、简洁的配色。

（2）风格一致性

产品的视觉风格在各个页面和功能模块之间要保持一致，包括颜色、字体、图标、按钮样式等。例如，电商平台的商品详情页、购物车页和结算页的设计风格应该统一，让用户在整个购物过程中能够感受到连贯的视觉体验。

4．业务价值层面：平衡用户需求与商业目标

业务价值是产品设计的战略目标所在，也是企业实现长期发展的重要保障。成功的产品设计既需要满足用户的实际需求，又需要与企业的商业模式和战略规划相契合。

（1）商业可行性

产品设计要考虑到商业运营的可行性，包括盈利模式、成本控制等。例如，对于通过广告

实现盈利的产品，要考虑广告的投放位置和形式，既要保证广告收入，又不能过度影响用户体验。

（2）战略符合性

产品设计应该符合企业的战略规划，能够帮助企业在市场竞争中占据有利地位。例如，如果企业的战略规划是拓展海外市场，产品设计就要考虑到不同国家和地区的文化差异、法律法规等因素，进行本地化设计。

任务二　用户体验设计

用户体验设计决定了用户与产品的互动质量以及用户对产品的整体感知。优秀的用户体验设计能够清晰梳理产品功能流程，优化信息架构，让复杂的功能简单、直观地展现在用户面前，同时通过合理的产品结构梳理，提升整体使用效率和体验质量。其本质在于将用户需求转化为高效的功能组织与流畅的交互体验，为用户提供既贴合需求又富有吸引力的产品。

一、产品功能流程的梳理

产品功能流程是用户在使用产品时所经历的一系列操作步骤及其背后的功能逻辑。产品团队梳理功能流程的目标是简化用户操作路径，减少其在产品使用中的认知负担，从而提升产品整体使用体验。优秀的流程设计应当让用户感觉自然流畅，无须经过复杂的思考或反复尝试。

1. 明确用户需求与业务目标

产品团队首先要深入理解用户需求，可以通过多样化的用户调研手段，如问卷调查、用户访谈以及焦点小组讨论等方式，精准把握用户使用产品的目的。例如，针对一款在线音乐平台，产品团队需要明确用户是热衷于发现小众音乐，还是专注于创建符合自身独特音乐品味的歌单，或是期望与其他音乐"发烧友"展开深度互动交流等。

此外，产品团队还需要确定业务目标，明确产品在商业维度上想要达成的预期成果。就上述音乐平台而言，其业务目标可能为：吸引更多独具特色的独立音乐人和知名唱片公司入驻平台，以此丰富平台所拥有的音乐资源种类与数量，最终提升用户付费订阅比例，增加平台收益。

2. 绘制功能流程图

产品团队在绘制产品功能流程图时首先要确定起点与终点。起点通常为用户开启产品并开始操作的初始行为，如用户打开音乐平台的应用程序界面，而终点则是用户成功完成关键任务操作或者结束使用产品并退出的行为，例如，用户顺利下载一首心仪的歌曲后关闭应用，或者直接退出应用程序。明确的起点与终点能够确定功能流程图的边界，使产品团队后续的流程梳理工作更具针对性。

在确定起点与终点之后，产品团队要将从起点到终点的整个过程细致拆解为一系列具有明确操作指向的主要步骤。对于音乐平台而言，主要步骤一般包括：搜索歌曲，在此过程中用户输入歌名或关键词；浏览歌曲列表，查看搜索结果呈现的众多歌曲；播放歌曲，即选择歌曲后开始聆听音乐；调整播放设置，如调节音量大小、切换播放模式等；添加歌曲到歌单，将喜爱的歌曲归类整理。

针对主要步骤，产品团队要进一步剖析具体操作细节以及可能出现的分支情况。例如，在搜索歌曲时，用户有可能输入精确、完整的歌名直接精准定位到目标歌曲，也可能仅记得部分歌词或歌手信息而进行模糊搜索；相应地，搜索结果可能呈现出精确匹配的理想状况、

近似匹配的相关歌曲列表，甚至是无匹配的提示信息。产品团队需要针对每一种可能的情况规划出相应的处理流程，并确保其合理且流畅。

在分解主要步骤的同时，产品团队还需要清晰界定每个步骤中操作的执行者是用户还是系统，并准确标注信息在不同步骤之间的传递方向和内容。例如，用户手动点击播放按钮属于用户操作，而随后系统将音乐文件数据传输到音频播放设备进行播放，并把播放状态信息（如当前播放时间、歌曲总时长等）反馈回用户界面予以显示，这一过程涉及信息在系统与用户界面之间的传递。准确标注操作主体与信息流向有助于产品团队全面理解功能流程中的交互逻辑，为优化流程以及后续的开发工作提供清晰依据。

3. 优化功能流程

在完成功能流程图的初步绘制后，产品团队需要对其进行全面审视与优化，首要任务便是查看流程中是否存在烦琐或冗余的步骤。若存在此类情况，则应尽可能予以简化，优化操作路径。

以音乐平台的注册流程为例，如果原流程要求用户填写大量不必要的个人信息，如详细到门牌号的家庭住址、具体的职业类别等，产品团队就可考虑将其简化为仅收集用户名、邮箱这类关键信息，而其他信息可在后续用户使用特定功能时，如进行个性化推荐设置或者购买实体音乐商品环节再逐步补充完善。

对于一些在逻辑上关联紧密的步骤，产品团队可以考虑将它们合并处理。例如，在添加歌曲到歌单的操作中，可以直接设计一键创建新歌单并同时添加歌曲的便捷功能，避免用户先创建歌单再返回歌曲列表添加歌曲这种低效的操作。

产品团队还需要全方位考量功能流程在实际运行过程中可能遭遇的各类异常状况和错误情形，并精心设计与之对应的处理机制。例如，在音乐播放期间，如果突然出现网络中断的情况，系统应即刻弹出提示框，告知用户网络连接出现问题，并同时提供自动重试连接网络或者切换到本地缓存播放（前提是有本地缓存）的可选操作；倘若歌曲文件本身损坏或者因其他原因无法正常播放，系统也应及时向用户发出通知，并智能推荐相似歌曲或者提供其他可行的解决方案，以减小其对用户使用体验的影响。

鉴于产品功能会随着市场需求变化、技术革新以及业务拓展而改变，产品团队在梳理功能流程阶段需要预先留出一定的灵活调整空间和可扩展的架构基础。例如，在音乐平台的歌曲推荐功能流程方面，当前产品团队可能主要依据用户的历史播放记录以及收藏歌单来进行推荐算法的构建与运行。

但随着社交网络技术的不断发展以及音乐潮流趋势的动态变化，未来极有可能需要引入基于用户社交关系（如好友的音乐偏好）、实时音乐潮流趋势（如当下热门音乐风格、流行歌手动态）等更多维度的推荐因素。因此，产品团队在开始设计推荐功能流程时，就应当构建起一个支持灵活添加和动态调整推荐因素的框架，这样就能在后续升级和拓展功能时，无须对整个推荐流程进行大规模的重新构建与改写，从而有效降低开发成本，缩短时间周期，确保产品功能的持续优化与升级顺利。

❋ 二、产品功能信息架构

产品功能信息架构是指产品中内容和功能的组织方式，它决定了用户如何获取所需要的信息和功能。清晰的信息架构可以帮助用户快速找到目标，提高使用效率；而混乱的信息架构会让用户感到迷茫。

在构建产品功能信息架构时，产品团队首先要对产品所涉及的海量信息展开深入分析，从中甄别出哪些属于核心信息，哪些属于辅助信息。

以一款旅游预订应用为例，产品团队确定的核心信息包括旅游目的地的各类详细信息，如知名景点介绍、不同档次酒店的相关信息、各种交通方式的便捷查询方式等，以及旅游产品的价格明细与预订流程信息等，这些信息直接关系到用户的预订决策与旅行安排；而辅助信息则可能涵盖旅游攻略（即其他旅行者分享的游玩经验与建议、用户评价）、当地独特的风俗习惯，这些信息虽非关系到预订的核心要素，但能丰富用户的旅行规划与体验。

在确定核心信息与辅助信息之后，产品团队应充分考虑用户对信息的认知逻辑与习惯偏好，然后进行信息分类。对于旅游预订应用而言，产品团队可以按照旅游产品的差异进行分类，如划分为国内游、出境游、周边游等宏观的类别；也可以依据目的地所属地区进行区分，如亚洲地区、欧洲地区、美洲地区等；还能按照旅游主题来归类，如海滨度假主题、文化古迹游主题、亲子游主题等。

此外，产品团队还可以通过卡片分类法获取用户信息分类偏好。具体而言，产品团队需要将功能和信息内容写在卡片上，邀请用户按照其逻辑进行分类和排序，从而确定最符合用户习惯的分类方式。例如，在旅游预订应用中，用户可能将旅游目的地分为"热门旅游城市""小众旅游地""海滨旅游地"等类别，将旅游产品分为"经济型套餐""豪华型套餐""定制型套餐"等类别。

通过这种多维度且贴合用户思维习惯的分类方式，用户在查找旅游信息时就能更高效直接地找到自己真正感兴趣的内容，提升信息获取的便捷性与准确性。

在完成信息分类后，产品团队需把分类后的信息按照合理的逻辑层次进行组织架构。常见的产品功能信息架构的形态主要有以下 4 种。

1．层级结构

这是较为常见的一种形态，类似于树状结构，有明确的层级划分。例如，在一个新闻资讯类应用中，顶层可能是资讯分类，如时政、体育、娱乐等；点击某个分类后，显示的下一层是具体的新闻资讯列表；再点击某条新闻则进入新闻资讯详情页面，展示标题、正文、图片、评论等内容。图 5-12 所示为一点资讯 App 的层级结构。

图 5-12　一点资讯 App 的层级结构

这种结构清晰地呈现出信息的主次关系和包含关系，用户能够按照从宽泛到具体的顺序逐步深入获取信息，适用于信息分类较为明确且有明显层级差异的产品，方便用户系统性地浏览和查找信息。

2. 矩阵结构

矩阵结构是将信息按照两个或多个维度进行交叉分类和组织。以电商平台为例，一个维度可以是商品类别，如服装、数码、家居等；另一个维度可以是用户群体，如男性、女性、儿童等。图 5-13 所示为京东商城的矩阵结构。在某个交叉点上，用户就可以精准确定自己感兴趣的特定商品类别信息。

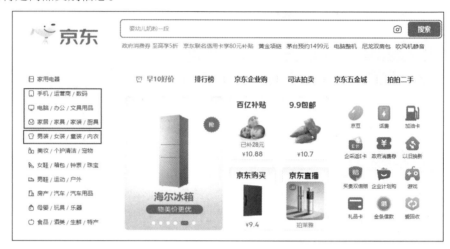

图 5-13　京东商城的矩阵结构

矩阵结构适用于展示信息之间存在多维度关联且需要从不同角度呈现信息的产品，能够满足用户多样化的筛选和查找需求，使用户可以快速定位到符合多个条件的信息，但设计相对复杂，信息维护成本可能较高。

3. 线性结构

在线性结构中，信息按照顺序排列，用户只能依次进入页面、浏览信息。例如，在一些在线课程学习平台中，用户需要按照产品预先设定的顺序依次学习各个章节内容。图 5-14 所示为 U 校园 App 的线性结构。

图 5-14　U 校园 App 的线性结构

这种结构适用于展示有明确流程或故事线的信息内容，能引导用户按部就班地完成特定任务或学习进程，对于内容有较强逻辑性和连贯性要求的产品较为适用，不过灵活性相对较差，不便于用户跳跃式获取信息。

4．网状结构

网状结构指各个信息节点相互连接，形成一个复杂的网络。例如，在社交网络平台中，用户、动态、话题、评论等元素之间相互关联，用户可以从一个用户的主页跳转到其发布的动态页面，再从动态链接到相关话题讨论，又能从话题中发现其他相关用户。图 5-15 所示为知乎 App 的网状结构。

图 5-15　知乎 App 的网状结构

这种结构的优势在于关联丰富信息，用户可以自由探索，发现更多相关信息，但其复杂性可能会导致信息架构较难梳理清晰，容易让用户在信息海洋中迷失方向，对信息的管理和导航设计要求较高。

✸ 三、产品结构的梳理

产品结构是指功能模块之间的组织关系，它决定了用户如何在产品中切换和导航。合理的产品结构能够增强模块间的协同效应，减少用户的操作障碍。

1．划分功能模块

在进行产品结构梳理时，产品团队首先要对产品的所有功能进行全面、细致的盘点，从中识别出相对独立且各自具有明确特定功能的模块。

以一款社交媒体应用为例，产品团队可以清晰划分出用户资料管理模块，该模块主要负责处理用户个人信息编辑、头像上传更新、隐私设置等与用户个人资料相关的功能操作；还包括动态发布与浏览模块，用户在此模块能够发布文字、图片、视频等多种形式的动态信息，同时也可以浏览好友发布的各类动态；社交互动模块也不可或缺，其涵盖了点赞、评论、转发、私信等丰富多样的功能，用于促进用户之间的社交互动与交流沟通；好友模块则专注于好友的添加、管理、分组等功能，方便用户构建与维护自己的社交关系网络。

通过清晰明确的功能模块划分，产品团队能够使产品的功能架构更加清晰有序，便于开发团队进行功能开发与维护，也有利于促进用户对产品功能的理解与提高使用的便捷性。

2．确定模块关系

在划分功能模块之后，产品团队需要深入研究各个功能模块之间在数据交互、功能调用等方面的依赖关系。例如，在社交媒体应用中，动态发布与浏览模块可能依赖于用户资料管理模块，因为在发布动态时需要获取用户的昵称、头像等信息；而社交互动模块又与动态发布与浏览模块紧密相关，用户只有在浏览动态后才能进行点赞、评论等互动操作，同时互动信息也需要显示在动态页面。产品团队通过梳理各个功能模块的依赖关系，可以确定模块开发的先后顺序以及在系统架构中的整合方式，确保各个模块协同工作时的稳定性与高效性。

产品团队还需要清晰界定不同功能模块之间的信息交互方式与内容。例如，在社交媒体应用中，当用户在社交互动模块进行私信操作时，私信内容需要从输入框传递到私信管理模块进行存储与处理，同时私信管理模块又要将新消息反馈给用户界面模块，以便用户界面模块及时通知用户收到新消息。产品团队明确这些信息交互细节，有助于优化系统的数据传输流程与处理逻辑，避免信息传递混乱或信息丢失，保障产品功能的正常运行与用户体验的流畅性。

3．绘制产品架构图

在绘制产品架构图时，产品团队需要根据产品的规模、复杂程度以及团队的沟通需求，选择适宜的产品架构图。

如果产品相对简单，功能模块之间的关系较为直观，那么可以选择模块架构图，它能够清晰地展示各个功能模块的名称、边界以及简单关系；若产品规模较大，涉及多层次的信息传递与复杂的业务逻辑，可能更适合采用分层架构图，将产品从底层数据存储到上层用户界面展示按照不同层次进行划分与呈现，便于理解整个产品的架构体系；对于一些强调信息流动与处理过程的产品，则可以考虑信息架构图，它专注于描绘信息在各个功能模块之间的输入、输出与转换过程。

在确定产品架构图后，产品团队需要运用专业的绘图工具，按照选定的架构图类型，将划分好的功能模块以及确定的模块关系准确无误地绘制出来。在绘制过程中，产品团队要清晰地标注每个功能模块的名称、功能简述以及模块之间的连线，并在连线上标注信息交互的方向与内容。例如，用矩形框表示功能模块，在框内写上模块名称与简要功能说明，用箭头表示模块之间的依赖关系或信息流向，并在箭头旁边注明传递的信息。

任务三 交互设计

交互设计是连接用户与产品的桥梁，聚焦于"人与产品如何互动"这一核心问题。优秀的交互设计能够让用户以自然、直接的方式完成任务，同时在使用过程中感到满意。

❋ 一、交互设计的要素

交互设计的精髓在于产品团队协调多方要素，使人在与产品高效交互的过程中感到愉悦。交互设计的五要素——用户、行为、媒介、场景和目标，构成了交互设计的基础框架，它们环环相扣，共同驱动产品的良性运作，指导产品团队以系统化的方式理解和解决复杂问题。

1．用户：交互的起点和终点

用户是交互设计的核心。产品团队需要全面分析目标用户的行为模式、使用习惯和心理预期。例如，年轻用户可能喜欢简洁、动态化的交互设计，而老年用户更倾向于稳定、清晰的操作流程。通过用户画像和场景分析，产品团队能够更精准地捕捉用户需求并进行有针对性的设计。

此外，交互设计不仅要满足用户的功能需求，还需要关注用户的情感体验。通过细腻的设计，如温暖的提示语言和柔和的动画反馈，用户可以感受到产品的人性化关怀。

2．行为：用户与产品的互动方式

行为是用户与产品之间交互的具体表现形式，贯穿整个使用过程。行为包括主动行为和被动行为两种类型。

主动行为指用户主动发起的操作，如点击、滑动、输入等。例如，电商应用中的"搜索商品"是用户主动发起的行为。被动行为指产品系统根据用户的历史行为信息，向用户提供反馈或推送内容。例如，产品系统根据用户的位置提供天气信息或根据使用记录推荐相关产品。

在行为逻辑方面，支持用户行为的设计要符合用户的认知习惯。例如，在文件管理应用中，"拖曳文件到目标文件夹"这一操作符合用户的行为习惯，容易被用户接受。

3．媒介：用户与产品交互的载体

媒介是实现交互的工具或渠道，是连接用户与产品的桥梁。媒介包括硬件媒介和软件媒介。

硬件媒介指用户与系统交互时使用的设备，包括手机、平板电脑、个人计算机、可穿戴设备等。产品团队需要根据设备特点优化交互方式。例如，移动端产品设计应注重触控优化和单手操作的便捷性，而桌面端产品设计可能需要强调快捷键支持。

软件媒介主要指软件界面。软件界面是用户交互的主要窗口，包括图形用户界面（GUI）、语音用户界面（VUI）和混合界面。随着人工智能技术的发展，语音交互和手势交互等自然交互方式逐渐成为新的趋势。例如，智能音箱通过语音交互实现音乐播放和家居控制。

4．场景：用户行为的环境约束

场景是用户与产品交互时的外部环境（包括物理环境和社会环境），以及使用场景中的限制条件。场景主要包括静态场景和动态场景两种类型。

静态场景是指用户在相对稳定的环境下使用产品，例如，在家中使用平板电脑浏览电影信息。在这种场景下，产品的设计应注重大屏体验和视觉舒适度。动态场景是指用户在移动状态或户外嘈杂环境中使用产品。户外使用场景可能受光线或信号影响，因此产品团队需要设计高对比度的界面和离线功能。例如，在地铁上用手机听音乐，在这种场景下产品的设计需要提高触控精度，并避免过小的交互元素。

场景约束包括时间、空间和外部干扰。例如，导航应用需要在用户开车时提供高效、简明的信息，避免复杂操作。

5．目标：交互设计的核心驱动力

目标是指用户使用产品的目的，是用户与产品交互的出发点和最终追求，是驱动整个交

互设计过程的核心因素。用户目标直接决定其行为路径的类型和复杂程度。设计团队需要识别用户目标的特性，从而制定匹配的交互设计策略。根据用户的需求和行为特征，用户使用产品的目标可以分为以下几种类型。

（1）探索型目标：无明确目标的探索

用户希望了解新信息或发现新内容，但没有明确的使用目标。例如，用户打开新闻应用时，可能只是为了随意浏览时事热点，这种目标对产品的内容推荐和界面引导功能与设计提出了高要求。对于这种用户目标，产品的设计要突出内容的可探索性，如个性化推荐、分类导航、滚动加载等设计，吸引用户深入使用产品。

（2）任务型目标：明确目标的逐步推进

用户希望完成明确的操作或解决具体问题。例如，用户登录电商平台购买特定商品时，目标非常明确，其行为路径通常包括搜索商品、选择商品、完成支付等步骤。对于这种用户目标，产品的设计要提高任务流程效率，减少用户操作步骤，确保每个环节清晰、易懂且流畅。例如，支持快捷支付功能、提供智能推荐选项。

（3）比较型目标：模糊目标的对比与选择

用户的目标较模糊，需要通过反复比较和验证来明确需求。例如，在电商购物场景中，用户可能在类似商品的详情页间反复对比，从而决定购买哪一款商品。对于这种用户目标，产品设计的重点在于减少用户的切换成本和认知负担。例如，为搜索列表设计高信息密度的卡片式展示，使用户在搜索结果页就能快速筛选目标内容；在商品详情页提供直观的切换导航功能（如对比功能或历史记录功能），让用户能够快速返回之前访问的页面，降低操作成本。

（4）交互型目标：体验交互的过程

用户希望通过产品与其他用户或系统进行交互。例如，用户在社交媒体平台上发布动态、与朋友聊天或加入线上讨论。对于这种用户目标，产品的设计要强化互动体验，例如，增加实时反馈功能，支持多种互动形式（如点赞、评论、分享），优化群组管理界面。

二、交互设计的原则

产品团队在进行交互设计时需要遵循一系列原则，以确保设计的合理性和高效性。

1．状态可视原则

状态可视原则要求产品能够清晰地向用户传递当前系统状态和操作反馈。例如，系统通过进度条显示上传进度，并在完成后弹出"上传成功"的提示框，确保用户明确任务完成。

2．环境贴切原则

环境贴切原则要求产品设计贴合用户的语言习惯、文化背景和使用环境，使操作更加直观。例如，在购物软件中，产品设计可以使用购物车图标来表示用户已选择的商品，因为购物车在现实世界中是购物的符号象征。

3．用户可控原则

用户可控原则强调用户对操作过程具有掌控权，可以轻松撤销或中止不需要的操作。例如，电商网站在结算流程中允许用户返回购物车修改商品数量或删除商品，而不会直接锁定操作，如图 5-16 所示。

图 5-16　京东 App 结算页面允许用户取消支付

4．一致性原则

一致性原则要求产品设计在界面风格、操作方式和功能命名上保持统一，减少用户的学习成本。例如，社交平台的评论功能，在动态页面和个人主页都应使用相同的操作模式，用户点击"点赞"按钮应显示相同的交互反馈。

5．防错原则

防错原则强调在产品设计中预防用户可能出现的错误，通过设计降低出错率，从而使用户能够更流畅、更准确地完成操作。例如，在微信朋友圈发布动态时，如果用户输入的内容为空或不符合要求，发送按钮将保持置灰状态，无法点击。当用户输入有效内容后，发送按钮才会变为可点击状态。

此外，如果用户在编辑动态过程中误触返回按钮，系统会弹出提示信息框，向用户确定是否真的要放弃编辑，从而避免用户因误操作而丢失已编辑的内容，如图 5-17 所示。

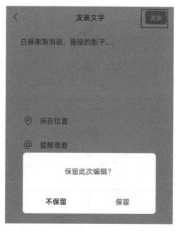

图 5-17　微信朋友圈编辑时的"防错原则"体现

6．易取原则

易取原则要求产品设计应尽可能减少用户的记忆负担，使对象、动作和选项的获取变得简单直观。这通常涉及使用可视化表达、提供历史记录、显示收藏功能，以及优化信息布局等手段，以便用户能够快速定位和操作。例如，音乐平台根据用户听歌偏好以及最近热搜词汇，在搜索栏中放置关键词，用户点击"搜索"按钮即可到达相应界面，如图 5-18所示。

图 5-18　QQ 音乐 App 智能搜索功能对易取原则的体现

7．灵活高效原则

灵活高效原则强调产品设计既要适应新用户的学习需求，又要支持熟练用户的高效操作。例如，用户在打开新应用时会弹出功能引导界面；在一些学习教育类 App 中，用户可以编辑频道的排列顺序，将经常浏览的频道放在菜单栏的醒目位置，如图 5-19 所示。

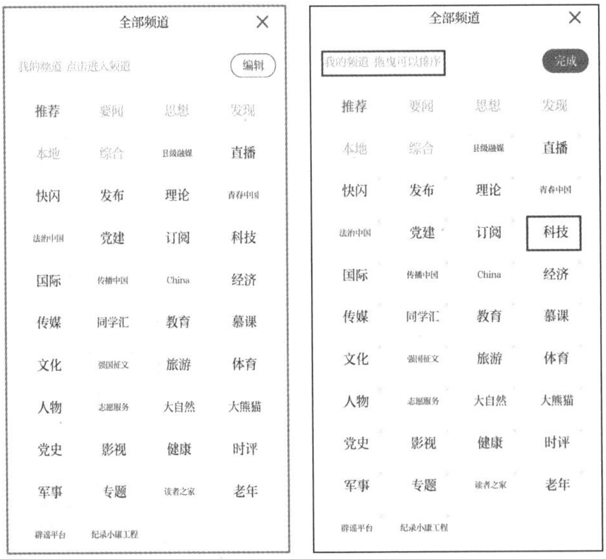

图 5-19　学习强国 App 频道可编辑排序功能

8．优美且简约原则

优美且简约原则主张界面设计应保持简洁、美观，避免信息和视觉元素的冗余影响浏览阅读体验，要突出核心内容。例如，夸克浏览器的搜索页面设计非常简洁，只包含搜索框、AI 助手和几个必要的导航链接，如图 5-20 所示。这种设计使用户能够专注于搜索内容，快速找到所需信息。

图 5-20　夸克浏览器首页

9．容错原则

容错原则提倡系统帮助用户识别、诊断错误，提出纠错建议，减少损失。例如，在表单填写过程中，当用户输入错误时，输入框会变为红色，并在一侧出现红色字的错误提示。同时，系统还会为用户提供正确的填写示例或建议，以帮助用户快速纠正错误。

10．人性化帮助原则

人性化帮助原则要求系统提供直观、及时的指导和帮助，满足用户在遇到问题时的即时需求。例如，产品团队在设计一款报销应用时，可以在系统中嵌入关于"如何添加报销单"的动画教程，同时提供智能客服，以回答用户的个性化问题，并在报销单界面显著放置"帮助"按钮，以便用户快速获取支持。

📖 **案例分析**

网易云课堂——专业的在线教育平台

随着互联网技术的发展和人们对知识技能提升的需求增加，在线教育市场呈现出快速增长的趋势。网易云课堂通过市场调研发现，用户对于高质量、系统性的在线课程有较大的需求，尤其是关于职场技能、专业知识等方面的课程。

因此，网易云课堂将自身定位为专业的在线教育平台，提供海量、优质的课程资源。核心功能包括课程搜索与浏览、课程学习、课后作业与测验、学习进度跟踪等。用户可以根据自己的需求选择不同的课程进行学习，系统会记录用户的学习进度，方便用户随时查看和继续学习。

网易云课堂的界面设计简洁大方，课程分类清晰，便于用户查找和选择课程。网易云课堂视频播放流畅，同时提供了丰富的学习辅助工具，如笔记、问答、讨论区等，促进用户之间的交流和互动，优化学习效果。

网易云课堂不断引入新的教学技术和手段，如直播教学、互动式课程、虚拟现实教学等，丰富了教学形式和内容。此外，网易云课堂还通过大数据分析用户的学习行为和偏好，为用户进行个性化的学习推荐和提供学习计划。

网易云课堂与各大高校、机构和知名讲师合作，打造优质的课程品牌，吸引了大量用户。同时，通过社交媒体、线下活动等方式进行推广，提高了平台的知名度和影响力。此外，还推出了一些免费课程和试听课程，吸引用户体验和注册。

要求：请登录并使用网易云课堂 App，然后分析该产品体现了哪些交互设计原则。

❋ 三、交互设计与原型

交互设计往往以原型为载体，模拟用户与产品之间的互动关系，从而验证设计的可行性。原型是交互设计的可视化表达工具，用于模拟系统界面和交互方式。

1．交互设计的概念

交互设计是设计人与产品、系统或环境之间进行交互的过程，其核心目标是提升用户完成任务的效率和体验。在互联网产品领域，它聚焦于用户如何与产品界面进行互动，涉及操作行为（如点击、滑动、输入等）、信息反馈（如视觉提示、音效反馈等）以及操作流程（如完成一个任务的步骤）等多个方面。

2．原型的概念

原型是产品的早期模型，能够快速呈现产品的主要功能、结构和交互方式。在互联网产品设计中，原型是一种用于沟通、测试和验证设计想法的工具。它可以帮助产品团队、利益相关者以及用户在产品尚未开发完成之前，就对产品的外观和功能有一个直观的了解。它既可以是低保真的线框图，又可以是高保真的交互模型，具体视项目需求而定，产品团队通过原型测试交互逻辑并优化用户体验。

（1）低保真原型

低保真原型通常是简单、粗糙的模型，它主要用于在产品概念阶段快速探索想法。常见的低保真原型包括手绘草图、纸质模型或可点击的线框图（见图 5-21）。例如，产品团队可以通过手绘草图来展示一个新的社交媒体应用的基本页面布局，包括主要功能区域（如发布动态的区域、好友列表区域）的位置和大致的交互流程（如点击动态进入详情页）。

低保真原型的优势在于制作速度快、成本低，便于快速修改和迭代。它可以帮助产品团队在早期阶段对产品的基本架构和功能进行讨论和头脑风暴，发现一些明显的问题或不合理的设计，避免在后期开发中进行大规模的修改。

（2）高保真原型

高保真原型更接近最终产品的实际外观和功能，如图 5-22 所示。它具有清晰的细节，包括真实的界面设计（如精确的颜色、字体、图标）、完整的交互行为（如复杂的动画效果、多层级的页面跳转）和模拟的数据（如真实的列表数据、图表）。高保真原型通常需要产品团队使用专业的设计工具（如墨刀、Figma、Sketch、Adobe XD 等）制作。

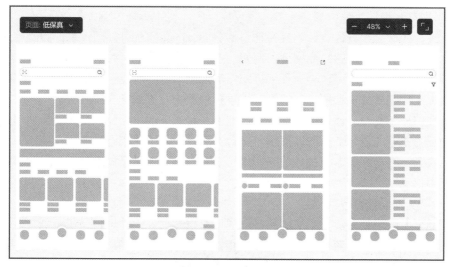

图 5-21　低保真原型

图 5-22　高保真原型

例如，一个金融理财应用的高保真原型可以展示真实的账户余额、资金交易流程（包括输入金额、选择交易类型、确认交易等完整步骤）以及数据图表（如收益曲线）的动态变化。高保真原型主要用于用户测试和获取更准确的反馈，因为它能让用户更真实地体验产品的功能和交互方式，从而发现一些使用低保真原型时难以察觉的细节问题，如操作的流畅性、信息的准确性等。

3．交互设计与原型的关系

在产品设计中，交互设计与原型是不可分割的两个核心环节。交互设计详细规划产品使用逻辑和用户体验，而原型则是将抽象设计具体化的表现形式。原型不仅能将交互设计理念形象化，还可以作为验证设计合理性与可行性的工具，为产品开发提供实践依据。两者的关系是设计与实现的紧密结合，也是概念与实践的互动过程。

（1）原型是交互设计的载体

原型不仅是产品设计的初步呈现方式，也是交互设计的重要体现。它将交互设计中关于用户行为、操作路径和界面反馈的设想转化为具体的视觉和操作体验。

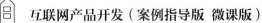
① 呈现交互设计想法

交互设计的理念和具体设计方案往往是抽象的，产品团队可以通过制作原型将这些抽象的想法转化为具体的、可感知的模型。例如，产品团队设计了一种新的滑动手势来切换不同的内容模块，在原型中就可以将这种手势操作实现出来，同时展示与之对应的内容切换动画和反馈效果，让团队成员和用户能够直观地看到这种交互方式的实际效果。

原型能够展示交互设计中的多个细节，如不同状态下的界面元素变化、操作的先后顺序以及各种反馈机制。以一个在线课程学习平台为例，产品团队在原型中可以展示课程播放时的暂停、快进、倒退等操作的按钮状态变化，以及在用户完成课程学习后的奖励提示和进度更新等反馈信息。

② 验证交互设计可行性

在产品开发的早期阶段，产品团队可以通过原型对交互设计进行初步验证，可以邀请团队成员、用户或利益相关者对原型进行试用和评估，收集他们的反馈意见。例如，产品团队在一个新的办公协作工具的原型测试中，发现用户在共享文件中遇到了困惑，该用户不清楚如何设置文件权限，这就表明产品团队在交互设计中需要对文件共享的操作步骤和提示信息进行优化。

原型还可以用于可用性测试，产品团队可以通过观察用户在使用原型过程中的操作行为和反应，发现潜在的交互问题，如操作过于复杂、反馈不及时或不明显等。例如，在测试一个健康管理应用的原型时，产品团队发现用户很难找到血压记录功能的入口，这就提示需要在交互设计中调整功能布局或增加引导提示。

（2）交互设计指导原型制作

交互设计为原型制作提供了精确的逻辑指导和结构框架，使原型不是简单的草图，而是可以模拟真实产品使用体验的功能模型。

① 确定原型的交互细节

交互设计的规划和要求为原型制作提供了具体的细节指导。产品团队可以根据交互设计文档中规定的用户操作方式、反馈机制和操作流程，在原型制作过程中精确地实现这些细节。例如，如果交互设计文档要求在用户点击某个功能按钮后，弹出一个带有淡入淡出动画效果的提示框，并且在提示框中显示操作成功的信息，那么产品团队在制作原型时就需要通过相应的工具来设置按钮的点击事件和动画效果，从而实现这一交互细节。

交互设计还决定了原型中不同页面或功能模块之间的跳转关系和交互逻辑。以一个电商应用原型为例，从商品列表页到商品详情页的跳转方式（如点击商品图片或标题）、购买流程（如加入购物车、结算付款等操作的顺序）都是由交互设计确定的，产品团队在制作原型时要按照这些要求来构建页面之间的联系。

② 提升原型的交互质量

良好的交互设计能够使原型的交互质量更高，更接近真实产品的使用体验，这有助于产品团队在测试过程中获得更准确的反馈。例如，产品团队在制作一个社交应用的原型时，精心设计的添加好友、发布动态和评论点赞等交互方式，以及合理的信息推送和提醒机制，能够让用户在测试原型时更好地感受产品的社交氛围和易用性，从而更准确地评估这些交互设计是否符合他们的期望和需求。

4．交互原型的制作流程

交互原型的制作流程是一个从需求梳理到验证优化的迭代过程，它将抽象的交互逻辑可视化，为团队提供了高效的协作工具和用户测试载体。在具体实施中，产品团队应根据项目规模和需求灵活调整流程，并始终以用户体验为核心，不断优化原型的交互效果和实用性。交互原型制作的一般流程如下。

（1）明确制作目标和需求

产品团队在开始制作交互原型之前，需要明确目标和具体需求，确保交互原型的制作有清晰的方向。

① 目标明确。产品团队需要确认制作原型的目标，例如，原型是用于内部讨论、用户测试，还是开发参考。这将决定原型的复杂程度。

② 需求收集。产品团队应收集所有功能需求，明确用户的操作场景和预期目标，为原型设计提供依据。

③ 范围界定。产品团队需要划定原型的制作范围，如明确是低保真原型（关注逻辑和结构）还是高保真原型（展现交互细节）。

（2）梳理信息架构

信息架构是交互原型的骨架，用于规划产品的页面结构和信息层级。

① 绘制页面结构图。产品团队应通过绘图工具，清晰标注页面层级和模块关系。例如，将"主页"连接到"分类页"和"详情页"，并标注它们之间的跳转逻辑。

② 规划导航方式。产品团队要确定用户在页面之间的操作路径，例如，通过顶部导航栏、侧边菜单或底部选项卡实现页面切换。

③ 分析用户路径。产品团队应模拟用户从任务开始到完成的操作路径，例如，从"登录页面"进入"个人中心"，并规划相关页面的跳转方式和操作步骤。

（3）绘制线框图

产品团队在制作原型前，要先用线框图搭建页面的基本框架，明确功能分布。

① 确定布局结构。产品团队需要根据用户需求，绘制页面的基本布局，明确如头部区、内容区和底部区的位置。

② 标注核心元素。产品团队可以使用简单的矩形或占位符标记功能模块的具体位置，如按钮、输入框和图片区域。

③ 工具选择。产品团队可以使用专业工具（如 Balsamiq、Sketch 或 Figma）绘制数字化线框，快速搭建产品的整体框架。

④ 关注功能逻辑。线框图主要反映功能分布和交互逻辑，而不是交互细节，产品团队要避免过早加入具体的颜色和图标设计。

（4）设计交互逻辑

设计交互逻辑是制作交互原型的核心部分，产品团队要详细定义用户的操作行为和系统的响应机制。

① 明确交互细节。产品团队需要标注用户每个操作的对应反馈。例如，当用户点击"提交"按钮后，页面是否弹出成功提示框。

② 设计状态变化。产品团队需要为界面元素定义不同的状态及其切换条件。例如，按钮的正常状态、悬停状态和点击状态需要有明确的逻辑描述。

③ 规划动态效果。产品团队需要说明页面跳转和过渡动画，例如，从"商品列表页"切换到"商品详情页"时的动画效果。

④ 绘制交互流程图。交互流程图可以帮助团队直观了解产品的交互逻辑，例如，用户完成某一任务的操作路径和系统响应方式。

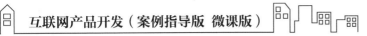

（5）制作交互原型

交互原型的制作是整个流程的核心环节，产品团队需要将前期设计转化为具体的原型。

① 工具选择。产品团队可以根据项目需求选择适合的工具，如 Axure、Adobe XD、Figma 或 Proto.io，这些工具可以实现动态交互效果。

② 实现页面跳转。产品团队需要利用工具设置不同页面之间的跳转方式，例如，点击"注册"按钮，跳转到"注册成功"页面。

③ 加入交互动画。产品团队需要为原型添加交互动画，例如，点击按钮后的缩放效果或页面加载时的进度条显示。

④ 模拟用户操作。产品团队可以通过制作动态原型，模拟用户的实际操作路径和交互行为，从而展示完整的用户体验流程。

（6）用户测试与优化

在交互原型制作完成后，产品团队需要通过用户测试验证其合理性，并根据反馈进行优化。

① 设计测试任务。产品团队需要为用户设计具体的测试任务，例如，"通过搜索功能找到特定商品"。

② 观察用户行为。产品团队可以通过用户行为记录工具或现场观察，分析用户在使用原型时是否遇到困难。

③ 收集用户反馈。产品团队需要整理用户的意见，例如，"某功能入口不明显"或"操作步骤过于复杂"。

④ 优化原型设计。根据用户测试结果，产品团队需要对原型的交互逻辑、布局或提示信息进行调整。例如，为关键功能添加更明显的引导提示。

⑤ 提供交互设计文档。产品团队需要为原型配备详细的交互设计文档，说明每个功能模块的交互逻辑和实现方式。

❋ 四、交互设计文档的撰写

交互设计文档（Design Requirement Document，DRD）是描述交互逻辑的重要工具，能够帮助产品团队清晰地理解产品的交互逻辑、操作流程以及设计意图，常用于指导产品团队制定设计方案，为开发、测试和后续迭代提供参考。产品团队在撰写 DRD 时需要注意文档结构清晰、内容全面、语言简洁易懂。DRD 的主要内容如表 5-2 所示。

表 5-2　DRD 的主要内容

关键部分	具体说明	备注
文档封面	包括标识、版本、时间、团队名称或产品名称、对接交互人员等基本信息	清晰展示文档归属与基本联系信息，有助于识别与管理文档，方便团队成员及相关人员快速获悉文档的来源与关联方，利于沟通协作与文档流转中的信息确认
更新日志	记录产品迭代的版本、时间、责任人、内容等信息	便于追溯和落实责任，通过详细记录每次迭代的关键信息，能清晰呈现产品的发展历程，有助于在出现问题时快速确定相关版本与责任人
项目背景	清楚交代方案背景、具体的设计内容以及产品的目标，让团队成员了解交互设计的基本情况	可以放置一些关于设计推导过程、灵感来源的文档，如用研报告、用户画像、竞品分析报告、用户体验地图等，以增强 DRD 的说服力

续表

关键部分	具体说明	备注
信息架构	用于梳理产品功能点和功能模块，以及数据元素的罗列	防止产品功能点遗漏，构建起产品的功能骨架与信息脉络，明确各功能与信息的层级关系，使产品团队能够系统地规划产品
流程图	业务流程图用于说明整个业务逻辑流向；功能流程图用于确定产品功能设计逻辑；页面交互流程图包括交互稿的结构组织、每页交互稿的内容（如页面标题、界面标题、界面内容、设计说明、流程线、链接等）以及交互说明的撰写	业务流程图从宏观视角展现操作流程与业务规则，帮助团队成员理解业务全貌与各环节衔接方式；功能流程图聚焦于产品功能内部逻辑，指导功能的具体实现；页面交互流程图则详细描述了用户与界面的交互细节，明确交互元素与操作路径。三者相互配合，进一步保障产品流程的顺畅性、功能性与用户体验的一致性
全局通用说明	包括全局可复用的内页（如分享页、缺省页、搜索页等）、常用组件/控件的复用（如按钮、列表框、导航栏、标签栏等）、单位规范（如里程用"千米"，时间用"×××年××月××日"或"××××-××-××"的形式，金额单位用"元"等）以及字符控制等	明确全局通用元素的规范与复用要求，可以提高产品设计与开发效率，进一步保证产品风格与交互的一致性
废纸篓	用于存放被废弃或待优化的交互设计元素和说明	以便后续参考和对比，保留设计过程中的废弃或待优化内容，有助于回顾设计思路的演变，避免重复犯错，同时为新的设计灵感与优化方向提供参考素材

注：表中内容只是一个通用的结构，具体的 DRD 应根据实际情况和需求进行调整。

❋ 五、用户体验与交互设计的关系

用户体验（User Experience，UE/UX）与交互设计（Interaction Design，IXD）是互联网产品设计中的两个核心概念，它们紧密关联，相辅相成。用户体验是更为广泛的概念，指的是用户在使用产品或服务的整个过程中的主观感受。它不仅包括用户与产品交互时的操作体验，还涵盖用户的情感、满意度、信任感和整体感受；交互设计则聚焦于用户如何操作产品以及产品如何响应用户操作的具体过程。

1．用户体验是交互设计的目标和衡量标准

交互设计的目标是为用户提供可用、易用和愉悦的使用感受，进而提升用户满意度，创造良好的用户体验。

（1）以用户为中心的设计理念

用户体验设计的理念要求产品团队在设计产品时以用户为中心。交互设计也必须遵循这一理念。产品团队要通过深入了解用户的需求、期望、行为习惯和痛点，设计出符合用户期望的交互方式。例如，产品团队通过用户调研发现老年用户对复杂的手势操作不适应，在设计老年健康管理应用的交互时，就应该更多地采用简单的点击操作和清晰的文字提示。

（2）用户体验决定交互细节设计

通过用户体验研究发现的用户痛点和需求（如可用性、易用性、愉悦性等）决定了交互设计的细节。以办公软件为例，产品团队通过设计快速的文件查找功能、便捷的快捷键操作等交互细节，提升产品的易用性，以满足用户高效办公的需求。

（3）用户体验衡量交互设计效果

用户体验是衡量交互设计成功与否的重要标准。交互设计的好坏直接决定用户体验的质量。例如，交互流程不流畅会导致用户体验的断裂，而清晰的引导和及时的反馈则能显著提升用户的满意度。流畅的操作、及时的反馈和简单的导航都是交互设计优化用户体验的具体体现。

2．交互设计是用户体验的重要组成部分

交互设计是用户体验中不可或缺的一环，它深刻影响着用户与产品互动时的整体感受。这种影响主要体现在操作体验与反馈体验两大方面。

（1）操作体验方面

交互设计通过清晰的操作路径和逻辑引导用户完成任务。例如，导航设计帮助用户快速找到目标内容，而按钮的功能设计则确保操作直观。交互设计还通过优化功能流程、信息呈现和反馈机制，提升产品的可用性。例如，产品系统通过引导用户逐步完成复杂的操作任务，可以降低学习成本。

交互设计直接决定了用户在操作产品过程中的体验。合理的操作方式和流程能够让用户轻松地完成任务，从而提升用户体验。例如，在移动支付应用中，简洁明了的支付流程（如一键支付、指纹识别支付等）可以减少用户的操作步骤和时间，使用户在支付时感到方便快捷，这是良好的用户体验的重要体现。相反，如果交互设计不合理，操作复杂或不直观，就会给用户带来困扰。例如，一些应用的注册流程需要用户填写大量不必要的信息，并且验证步骤烦琐，这会让用户感到厌烦。

（2）反馈体验方面

交互设计负责定义用户与系统之间的反馈机制。良好的交互设计可以通过视觉、声音或动画即时回应用户操作，让用户了解自己的操作是否被接收和处理，从而提升用户体验。例如，当用户在文件上传应用中点击上传按钮后，系统通过进度条展示上传进度，并在完成上传后给予成功提示，这样的反馈让用户心里有底，增强用户对产品的信任和好感。

而缺乏反馈或者反馈不恰当则可能会使用户产生困惑或焦虑。例如，用户在提交表单后，如果没有任何提示，用户可能会怀疑自己的操作是否成功，甚至可能会重复操作，从而产生不好的体验。

3．两者相互影响，共同优化产品

在互联网产品设计中，用户体验与交互设计的关系可以总结为"体验为目标，交互为手段"。用户体验定义了产品的整体方向，确保用户在整个使用过程中感到满意；交互设计则通过优化用户操作路径、界面布局和反馈机制，为实现这一目标提供具体的方法和工具。用户体验与交互设计并不是孤立的概念，二者彼此依存。二者的良好协作可以让互联网产品在功能性与情感性之间取得平衡。

（1）交互设计的优化提升用户体验

产品团队对交互设计中的操作流程进行优化可以显著提升用户体验。例如，电商应用不断简化购物流程，从最初的多页面复杂操作，到现在的一键下单、免密支付等方式，减少了用户在购物过程中的操作步骤和等待时间，提高了购物效率，进而提升了用户体验。

创新的交互方式能够为用户带来新鲜感和趣味性体验。例如，一些运动健身应用通过引入体感交互或游戏化的交互方式，让用户运动如同在玩游戏，增加了运动的趣味性，促使用户更积极地使用产品。

（2）用户体验反馈促进交互设计改进

用户使用产品的反馈是交互设计改进的重要依据。产品团队通过用户评价、投诉或者用户测试等方式收集反馈，能够发现交互设计中存在的问题。例如，用户反馈在某社交应用中很难找到好友列表，这就表明在交互设计的信息架构或者导航设计方面可能存在不足，需要改进。

产品团队通过收集与用户体验相关的数据（如停留时间、错误率等），可以为交互设计的迭代提供有力支持。例如，如果数据分析显示用户在某个功能页面的停留时间过短或者错误率较高，产品团队就可以有针对性地对该页面的交互设计进行优化，如调整功能布局、简化操作步骤等。

❊ 六、产品使用过程中的体验设计

产品使用过程中的体验设计注重用户在产品使用全程中的感受，主要涵盖以下几个方面。

1. 认知过程中的体验

认知过程是用户在使用产品之前与产品进行初步接触和对其理解的阶段，通常涉及用户对产品的感知、理解和决策。产品团队需要在这一阶段为用户营造积极的认知体验，以激发用户的兴趣和信任。

（1）视觉感知与第一印象

用户在接触产品时，眼睛是最直接的感知器官，产品的外观设计（如界面布局、色彩搭配、字体选择）会对用户的第一印象产生重要影响。因此，产品的界面设计应简洁清晰，避免过度复杂。例如，一款新闻应用首页展示清晰的新闻分类、有吸引力的图片和标题，能够迅速吸引用户注意。

此外，产品的设计还可以通过独特的视觉风格和设计语言，打造鲜明的品牌形象。例如，某视频平台以鲜艳的主题色和流畅的动画交互作为记忆点，增强用户认知。

（2）信息传递的清晰度

用户在认知过程中会对产品功能和价值形成初步判断。因此，产品团队需要确保传递的产品信息简洁明确。产品团队可以通过广告、说明文案或简短的引导，快速传达产品能为用户解决什么问题，以明确产品的价值。例如，一款办公工具的宣传文案为"快速整理你的任务，提升工作效率"。

此外，产品还应具有易于理解的内容架构，首页的信息架构应层次分明。例如，在线教育平台可以清晰展示课程分类、热门课程和用户学习记录，帮助用户迅速找到感兴趣的内容。

（3）功能期待与用户预期

用户在认知过程中会对产品的功能产生期待。产品团队需要通过交互设计和功能引导，尽量确保这些期待与实际体验一致。产品团队可以在产品设计中通过图文、短视频或交互式引导展示核心功能的使用场景。例如，某健身应用的启动页可以展示视频，呈现运动跟踪和数据记录功能。

产品团队在宣传过程中应避免夸大功能，确保用户的预期与实际功能相符。如果产品存在使用限制（如高级功能需要付费才能使用），需要提前明确告知用户。

2. 操作过程中的体验

操作过程中的体验是用户在实际操作产品时的感受。

（1）流畅的任务完成路径

在产品使用过程中，用户最关注的是能否高效、顺畅地完成任务。产品团队需要优化操作流程，减少用户认知和操作负担。产品团队可以通过精简交互环节来减少用户完成任务所需的步骤。例如，产品团队可以设置"一键登录"功能，进而免去手动输入账号和密码的麻烦，提升用户使用效率。

此外，产品团队还应规划出清晰的操作路径，确保用户完成任务。例如，在购物流程中，电商平台通过"加入购物车""结算""付款"等按钮逐步引导用户完成购买。

（2）即时反馈与问题解决

即时反馈能够帮助用户确认操作结果并维持对产品的信任感，同时，良好的容错设计可以快速帮助用户解决问题。当用户完成某项操作时，系统应及时提供文字或声音提示。例如，文件上传完成后，显示"上传成功"的消息，并附带下载链接或下一步提示。此外，针对用户的错误操作，系统应能提供明确的解决方案。例如，在表单提交时，如果某一项未填写完整，系统会高亮提示并说明需要补充的内容。

（3）与用户需求的共鸣

产品团队可以在产品中加入"个性化推荐"的功能，根据用户的偏好和习惯提供个性化的服务，提升用户在使用过程中的体验。例如，音乐播放应用根据用户的收听历史和收藏列表为用户推荐符合其偏好的音乐，或者根据用户的使用时间和使用场景提供不同的播放列表，如"运动时适合的音乐"或"睡前舒缓音乐"。缺乏个性化的产品可能无法满足用户的特定需求。例如，一个资讯应用如果总是推送用户不感兴趣的内容，用户可能会觉得自己的需求没有得到重视，从而降低对产品的满意度。

3．任务完成后的体验

当用户在产品的使用过程中完成了某项操作步骤或任务后，他们的注意力并未真正从产品上离开。相反，这一刻往往成为他们重新评估产品价值的关键节点。一段成功的任务完成体验不仅能够为用户带来强烈的成就感，还能进一步增强用户的信任与持续使用产品的意愿。

（1）情感化设计

用户在完成任务后，通常希望及时得到正面反馈，以确认其行为的成功并体验到由此带来的成就感。例如，在学习应用中，用户完成一个课程模块的学习，获得结业证书或者看到自己的学习进度提升，会感到自己有所收获。这种积极的体验会激励用户继续使用产品，完成更多的任务。如果用户在完成任务过程中遇到困难，如功能不完整、信息缺失或者操作流程不合理，导致无法顺利完成任务，就会产生挫败感，进而影响用户对产品的信任和使用意愿。

产品团队可以在产品使用过程中注入情感化设计，增强用户的愉悦感和对产品的喜爱。产品团队可以通过趣味化的视觉元素和交互动画设计增加产品的亲和力，将用户的努力转化为明确的成果。例如，当用户完成某项操作步骤时，产品显示庆祝动画及音效或鼓励语句（如"恭喜你获得金牌！"）让用户感到兴奋和满足。

（2）后续引导与支持

在用户完成一个任务后，产品系统提供合理的后续引导也很重要。如果产品在用户完成任务后没有提供任何引导或者提供的引导与用户需求无关，用户可能会觉得产品的服务不够完善。例如，一个旅游应用在用户完成行程规划后，没有提供关于行程中景点的更多信息或者对游览当地的实用建议，用户可能会觉得产品的功能比较单一，缺乏深度服务。

合理的后续设计可以延续用户的使用行为，甚至引导用户探索更多的产品功能。例如，电商应用在用户完成购买后，引导用户查看订单状态、提供商品评价的入口或者推荐相关的商品，这样可以让用户继续与产品互动，保持用户的活跃度。

社交互动是任务完成后体验设计的重要部分，尤其是在涉及成就展示或知识分享的产品中。例如，在学习平台中，用户完成课程后，系统可以提示其将结业证书或学习成果分享到社交媒体，增强自我认同和社交认可。又如，在健身类应用中，用户实现某项健身目标后，系统提供生成动态图表或成就卡片的功能，激励用户分享并与好友互动。

此外，产品系统还应根据用户完成任务后的情境，激发用户进一步采取行为。例如，在音乐流媒体应用中，当用户创建一个歌单后，系统会推荐用户"立即播放"或"分享给好友"。

项目实训：掌阅优化设计实训

1. 实训背景

掌阅作为一款在电子书阅读市场颇具影响力的应用，以其海量的书籍资源和较为稳定的阅读体验赢得了众多用户的青睐。它整合了来自各大出版社和网络文学平台的丰富书籍，无论是文学名著、网络小说，还是各类学习资料、期刊都一应俱全，为不同阅读需求的用户提供了广泛的选择空间。

在阅读功能方面，掌阅提供了基本的阅读设置，如字体调整、背景颜色切换、书签标记等，方便用户根据个人喜好定制阅读环境。同时，其书城的分类较为清晰，能够帮助用户按照不同的类别快速查找书籍，例如，书籍按照文学类型分为言情、玄幻、武侠等，书籍按照功能用途分为考试教材、职场技能、亲子读物等。

然而，在如今快速发展且竞争激烈的数字阅读领域，掌阅也面临着一系列挑战。

（1）个性化阅读体验升级

尽管有基础的阅读设置，但在个性化阅读体验的深度挖掘上仍显不足。例如，对于有特定阅读偏好的用户，如喜欢古体排版风格或者对特定类型图表有阅读需求的专业读者，目前的功能难以完全满足其需求。用户希望能够根据自己的阅读习惯和审美需求，更自由地定制阅读界面，包括自定义排版样式、添加个性化的阅读标记符号等，以实现真正意义上的个性化阅读。

（2）阅读社区互动深化

掌阅现有的社区功能虽然能够让用户发表书评和分享书籍，但互动的形式和深度较为有限。在社交阅读日益流行的趋势下，掌阅缺乏实时共读讨论、基于阅读兴趣的社交群组（如针对某一经典文学作品的精读研讨群，或某一新兴网络文学流派的爱好者交流圈）深度交流等功能。这使得用户在阅读过程中难以充分与其他读者进行思想碰撞和深度互动，无法满足用户对于社交化阅读体验的更高期待。

（3）智能推荐精准度提升

虽然掌阅具备一定的书籍推荐功能，但其精准度和智能化程度还有进步空间。随着用户阅读数据的不断积累，电子书阅读平台应利用先进的人工智能和大数据分析技术，不

仅依据阅读历史，还要综合考虑用户的阅读速度、阅读时间段、停留时间等多维度数据，为用户推荐更精准、更符合其当下阅读兴趣和知识需求的书籍，而这成为掌阅亟待解决的问题。

例如，用户在阅读一本历史小说时，能够智能推荐与之相关的历史研究资料、同年代的其他文学作品或基于该历史背景创作的影视作品等跨媒体资源，以拓宽用户的阅读视野和增加知识获取途径。

2．实训目标

对掌阅所在的行业进行市场分析，为掌阅进行产品定位和功能设计，并制定产品优化设计方案。

3．实训要求

（1）市场分析

学生以小组形式开展实训，每组 3～5 人。各小组充分收集掌阅的相关资料，包括用户评价数据、市场分析报告等，同时密切关注行业动态与竞品信息，运用合适的数据分析手段深入剖析，为产品优化提供有力支撑。

（2）产品定位

在产品定位环节，明确目标用户（如按照阅读兴趣、阅读频率细分）、独特的价值卖点（如打造极致个性化阅读体验空间、构建深度阅读社交新生态）及竞争策略（如提升智能推荐算法竞争力、拓展阅读相关增值服务），并撰写产品定位报告。产品定位报告应结构清晰、内容翔实且论证充分。

（3）产品功能设计

在功能设计阶段，针对软件现有的功能缺陷和用户潜在需求，精准识别并划分用户需求，构建规范的需求文档，运用有效的方法将需求转化为具体的功能设计方案（如设计高度个性化阅读界面定制工具、深度阅读社交互动平台、智能多维度推荐引擎等）。

（4）优化产品设计

依据优质产品设计准则优化掌阅软件设计，可以从用户体验层面、功能价值层面、视觉设计层面、业务价值层面来设计。

 巩固提高

一、单选题

1．对于一款健身追踪应用，若采用市场调研来确定产品定位，下列选项中最能体现对行业发展趋向深入考量的是（　　）。

    A．统计当前市场上健身追踪应用的用户总数及增长速率

    B．研究智能穿戴设备技术在健身领域的潜在应用

    C．分析健身追踪应用在不同年龄、性别用户群体中的市场份额

    D．调查健身追踪应用的广告投放渠道及效果

2．当产品团队采用用户需求优先法设计产品路线图时，（　　）不是其实施要点。

    A．收集用户需求   B．需求优先级排序

    C．反推关键阶段   D．快速验证

3. 以下不是优质产品设计在视觉设计层面的要求的是（　　　）。

    A. 界面美观，即色彩搭配协调、图标设计精美、排版合理

    B. 风格一致性，即各页面和功能模块的颜色、字体、图标、按钮样式等保持一致

    C. 视觉设计要符合现代审美观念且突出产品核心功能

    D. 界面设计应兼顾美观与实用，提升用户体验并提高品牌识别度

4. 交互设计的五要素中，场景要素主要影响（　　　）。

    A. 用户的情感体验类型　　　　　　B. 产品功能的开发难度

    C. 交互行为的触发条件　　　　　　D. 媒介的选择多样性

5. 交互原型制作流程中，在设计交互逻辑阶段，（　　　）不是重点。

    A. 确定用户点击搜索按钮后，搜索结果页面的展示方式和排序规则

    B. 选择合适的工具绘制线框图，搭建页面基本框架

    C. 定义用户在输入错误信息时，系统的提示信息和纠错建议

    D. 规划从首页到详情页的跳转动画效果和过渡方式

二、判断题

1. 根据产品策略中的市场策略，产品团队在选择首发市场时，应重点考虑当地人口基数和文化特色。（　　　）

2. 对于一款在线教育产品，"打造个性化学习路径，根据学生学习进度智能调整课程内容"符合效率维度的核心价值表述。（　　　）

3. 交互设计文档的更新日志的主要作用是记录交互设计的灵感来源。（　　　）

4. 交互设计是基础，用户体验是上层建筑，两者有先后顺序且互不影响。（　　　）

5. 在产品使用过程中的体验设计中，一款阅读应用为了营造沉浸式阅读环境，应禁止内嵌社交分享功能，以免打扰用户。（　　　）

三、简答题

1. 请列举优质产品设计在用户体验层面的标准。

2. 简述交互设计的原则。

3. 请简要说明交互设计与原型的关系。

项目六 产品设计工具的使用

- ➤ 了解 Axure RP 11 的功能，掌握其基本操作。
- ➤ 掌握 Axure RP 11 的产品原型设计流程。
- ➤ 掌握原型设计规范。
- ➤ 掌握设计 Web 登录页面和 App 首页的操作流程。
- ➤ 了解抖音商城 App 和 Pet Inn Here 宠物网店的产品设计。

- ➤ 能够熟练操作 Axure RP 11 的基本功能。
- ➤ 能够使用 Axure RP 11 设计 Web 登录页面和 App 首页。
- ➤ 能够综合分析各种 App 或者网店的产品设计。

保持对工作的高度责任感和严谨态度，在遵循规范的基础上不断优化设计，追求更高的设计质量和更好的用户体验，对工作精益求精，不断追求完美。

在互联网产品设计中，原型的制作需要产品团队使用相关工具来实现。Axure RP 11 是一款十分强大的设计工具，它可以帮助产品团队快捷、简便地创建产品构架图、原型图、操作流程图，以及进行页面的交互设计，而且它能够自动生成用于演示的页面文件和规格文件，提高原型设计的效率。

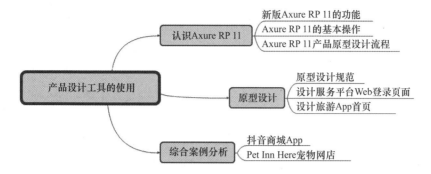

知识导图

案例导入

墨刀上线 Axure 文件托管功能，赋能在线协作体验升级

2024 年 8 月，万兴科技旗下在线原型设计工具墨刀升级协作能力，面向设计师、产品经理和开发团队，推出 Axure 文件托管功能，支持 Axure 文件上传共享、实时更新、在线评论、转换编辑，赋能原型设计向数字化协作加速转型。

微课视频

据介绍，Axure 文件托管功能简化了文件分享和协同流程，轻松实现产设研工作流协作 All-In-One，可助力团队于云端高效协同，基于同一个 Axure 文件进行讨论和修改，或将 Axure 文件用于向客户展示设计稿，收集反馈及进行产品迭代。

在具体功能方面，全新推出的 Axure 文件托管功能支持云端共享、实时更新、评论和反馈、权限管理、转化编辑。其中，云端共享支持用户直接上传 zip 文件或者通过浏览器插件上传至墨刀，该链接可以直接被团队成员或合作方访问，无须担心文件大小或传输问题，实现快速协同。

在实时更新方面，支持用户修改 Axure 文件并重新上传至墨刀，通过已生成链接访问该文件的人可看到最新版本，确保信息的同步和实时性。

在评论和反馈方面，墨刀支持在原型上直接添加评论，团队成员可以针对特定页面或元素提出意见和建议，促进更高效的沟通和讨论。

在权限管理方面，对上传的文档可以灵活设置不同的访问权限或进行加密分享，确保信息的安全性和团队协作的有序性。

在转化编辑方面，支持将 Axure 文件转换成墨刀原型文件，用户可在墨刀上进行快速修改和迭代，缩短了从反馈到实施的周期。

任务一 认识 Axure RP 11

Axure RP 是美国 Axure Software Solution 公司的旗舰产品，是一款专业的快速原型设计软件。它专为 UI（用户界面）和 UX（用户体验）设计领域打造，能够帮助创作者和产品经理快速将创意转化为实际可操作的产品原型。

❋ 一、新版 Axure RP 11 的功能

Axure RP 作为业界领先的快速原型设计工具，凭借强大功能与易用特性再次迎来重大升级。在此次升级中，Axure RP 11 在快速操作、画廊视图、布局功能、样式属性、动画与过渡以及交互设计等方面均有显著的改进。

1．快速操作

在 Axure RP 11 中，按【/】键即可激活操作搜索框，快速地搜索和插入所需的元件、元件库、工具和母版，如图 6-1 所示，也可以快速应用样式或跳转到其他页面和母版，让操作更加便捷、高效，减少了设计过程中的烦琐步骤，能够提升设计效率。

图 6-1　激活操作搜索框

2．画廊视图

Axure RP 11 在已打开页面的最前面增加了 Gallery（画廊视图）功能，以缩略图形式显示已添加的页面和母版，双击可直达对应页面或母版。它提供了文件中所有页面和组件的概况，使用户能够快速查看和管理所有内容，如图 6-2 所示。

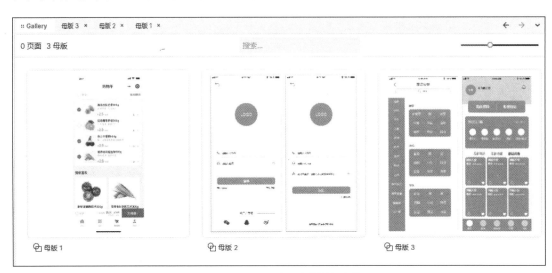

图 6-2　Gallery（画廊视图）功能

3．布局功能

Axure RP 11 的布局功能升级主要体现在以下两个方面。

（1）按网格分布和等距布局

Axure RP 11 提供了一种新的布局方式——Distribute on Grid（按网格布局），可以使选中的元件按照网格进行整齐排列。当选中一组需分布排列的元件后，在工具栏中单击"Distribute on Grid"按钮⊞，便能迅速对元件的间距进行重新排序，如图 6-3 所示。

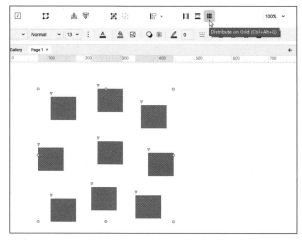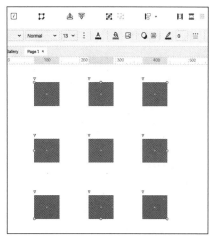

图6-3　按网格布局

（2）元件间距调整和位置交换

当选中一组已经等距分布的元件时，可以通过拖动鼠标的方式快速调整元件的间距（见图6-4），或者拖动其中一个元件到另一个元件上来交换它们的位置。

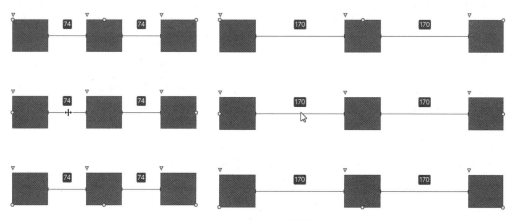

图6-4　调整元件的间距

4．样式属性

Axure RP 11在"样式"面板中增加了"元件模糊"和"背景模糊"的样式属性，可以为元件添加模糊效果，或者使元件的背景产生模糊效果。这种模糊效果能够突出重要元素，营造独特的视觉氛围，增强设计的层次感和聚焦效果。

5．动画与过渡

Axure RP 11的动画与过渡效果主要体现在以下两个方面。

（1）缓动选项和缩放动画

Axure RP 11为交互设计赋予了更多元化的缓动选项，用户可根据需求选择不同的缓动效果，使原型过渡更加平滑自然。同时，软件在显示/隐藏操作中引入了全新的缩放动画，通过比例变化实现元素的动态呈现。在实际应用中，当触发某个交互事件时，元素能够以特定比例缩放的方式显示或隐藏，例如，从较小比例逐渐放大显示，或者从正常大小逐渐缩小隐藏，为用户带来更具视觉冲击力的交互体验。此外，用户还能为样式变化添加动画效果，进一步提升原型的生动性和流畅性。

（2）过渡和变换

Axure RP 11 允许用户在创建样式效果或应用样式操作时使用过渡效果来更改动画样式。此外，用户还可以使用新的变换属性来缩放、平移或旋转小元件，并设置样式效果中缩放和旋转变换的原点，让原型更接近真实的应用场景。

6．交互设计

Axure RP 11 的交互设计主要体现在以下几个方面。

（1）应用样式操作

Axure RP 11 允许用户通过交互事件来动态更改原型中小部件的颜色、字体和其他样式属性。用户可以在与原型交互时，根据交互情况实时改变小部件的样式，提升原型的交互性和视觉效果。

（2）禁用交互

在尝试不同的交互时，用户可以在任何事件、案例或操作上单击鼠标右键，以在原型中暂时禁用它。这一功能使得用户在调试和测试交互时更加方便，可以快速地禁用不需要的交互，以避免它们干扰测试过程。

（3）目标组件

Axure RP 11 允许用户直接在交互中定位组件，从而更快地使用组件进行原型设计。用户可以直接在交互设置中选择目标组件，而无须在画布上手动查找和选择，提高了设计效率。

（4）为组件添加交互事件

用户可以为组件添加交互事件，如单击，而无须设置引发的事件。这使得用户可以更轻松地为组件添加交互逻辑，提高原型的交互性和响应速度。

（5）变量改变事件

当原型中的变量值更新时，Axure RP 11 允许用户使用变量改变事件触发操作。用户可以根据变量的变化来动态更新原型中的内容和样式，提高原型的灵活性和动态性。

❋ 二、Axure RP 11 的基本操作

Axure RP 11 内置了丰富的交互组件库，如按钮、链接、表单元素等，用户可以通过简单的拖曳和参数设置，快速搭建出产品的框架和交互流程。它还支持创建高保真原型，融入更多的设计细节，如颜色、图标、图片等，使得原型更加贴近真实的产品。

1．工作界面

Axure RP 11 的工作界面布局清晰，主要分为菜单栏、工具栏、功能区以及工作区 4 个区域，如图 6-5 所示。

（1）菜单栏

菜单栏位于界面的顶部，包含了文件、编辑、视图、项目、布局、发布、团队、账号、帮助等选项。这些选项提供了丰富的功能，如新建、打开、复制、粘贴、剪切等编辑操作，以及重置视图、全局变量、创建母版等。

（2）工具栏

工具栏位于菜单栏下方，提供了一系列常用的快捷工具，如切换选择、图像、文本、钢笔工具、置于顶层、组合、对齐等。这些工具使得创作者在进行原型设计时能够更加方便和快捷。

菜单栏

工具栏

功能区

功能区

工作区

图 6-5　Axure RP 11 的工作界面

（3）功能区

Axure RP 11 共为用户提供了 7 个功能面板，分别是页面、大纲、元件库、母版、样式、注释和交互。默认情况下，这 7 个面板分为两组，分别排列于视图的左右两侧。

（4）工作区

工作区是创作者进行原型设计的主要区域。在这里，创作者可以拖动元件、调整布局、设置样式和添加交互效果。工作区中有横向标尺和纵向标尺，最大支持 20 000 像素×20 000 像素的原型，支持加入网格和参考线辅助设计。

2．新建文件

在开始设计、制作原型之前，创作者首先要创建一个 Axure 文件，确定原型的内容和应用领域，以保证最终完成内容的准确性。打开 Axure RP 11 软件后，通过"文件"|"新建"命令或者使用【Ctrl+N】组合键即可新建一个空白文件。

3．导入 RP 文件

单击"文件"|"导入 RP 文件"命令，可以将 RP 文件中的页面、母版、视图设置、生成设置、页面说明字段、元件字段与设置、页面样式、元件样式和变量等内容直接导入新建文件中，供用户再次使用。导入资源完成后，创作者可以在新建文件中设计、制作产品原型。

4．页面操作

在"页面"面板中，单击"新增页面"按钮⊞可以创建新的页面。可以为新页面命名，如"登录页面""产品分类"等，以便于区分和管理。新添加的页面会按照添加顺序排列在"页面"面板中，也可以通过拖动页面来调整它们的顺序。

如果用户希望在特定的位置添加页面或文件夹，可以先在"页面"面板中选择一个页面，单击鼠标右键，选择"新增"命令，在打开的子菜单中选择某一命令，即可完成添加，如图 6-6 所示。

5．元件操作

"元件库"面板提供了各种类型的元件，如矩形、椭圆、按钮、标签、图像热区等，如图 6-7 所示。通过将元件从"元件库"面板拖入页面中，即可添加元件。对于一些复杂的元件，如动态面板、中继器等，也可以通过类似的方式添加，它们在制作交互效果和数据展示方面非常有用。

图 6-6 选择"新增"命令

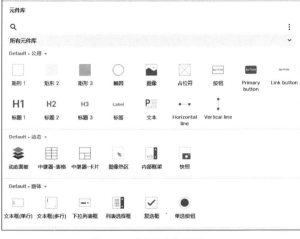

图 6-7 "元件库"面板

使用工具栏中的相交选择工具▼，单击以选择单个元件，如图 6-8 所示。若需选择多个元件，可以按住【Shift】键的同时单击每个目标元件。此外，还可以通过框选的方式选择范围内的元件。当元件被选中时，元件周围会出现控制点，通过拖动这些控制点可以调整元件的大小。

如果需要将多个元件作为一个整体进行操作，选中要组合的元件后，单击工具栏中的"组合"按钮或按【Ctrl+G】组合键，如图 6-9 所示。组合后的元件作为一个整体，可对其进行移动、缩放、复制等操作。若要对组合中的元件单独进行操作，可以单击工具栏中的"取消组合"按钮或按【Ctrl+Shift+G】组合键。

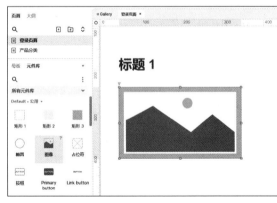

图 6-8 选择单个元件

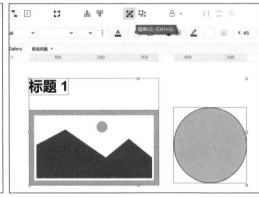

图 6-9 单击"组合"按钮

6．布局操作

使用工具栏中的对齐按钮可以对元件进行对齐操作。例如，选择多个元件后，可以将它们左对齐、右对齐、居中对齐、顶部对齐、底部对齐等，如图 6-10 所示。这些对齐方式可以帮助创建整齐、美观的页面。

当有多个元件需要均匀分布时，可以使用分布功能。通过单击工具栏中的"横向分布"按钮，如图 6-11 所示，可以实现元件在水平方向或垂直方向上的等间距分布。例如，将几个"椭圆"元件在垂直方向上等间距分布，使它们的间距保持一致，增强页面的视觉效果。

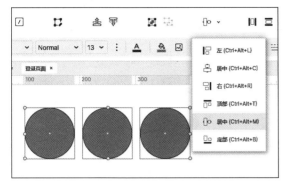

图 6-10　居中对齐

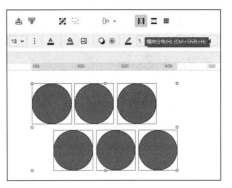

图 6-11　单击"横向分布"按钮

7．样式操作

在"样式"面板中，可以设置元件的各种样式属性，如图 6-12 所示。对于形状元件（如矩形、椭圆等），可以设置填充颜色、边框颜色、边框粗细、阴影效果、不透明度等。对于文本元件，可以设置字体、字号、字间距、对齐方式、文本颜色等。

图 6-12　设置元件的样式属性

创作者可以创建自定义样式，将一组样式属性保存起来，以便在其他元件上重复使用。在"样式"面板中单击"更新或创建新样式"按钮 ⊅，在弹出的"元件样式管理"对话框中可以创建自定义样式，然后将其应用到其他元件上，如图 6-13 所示。当需要修改样式时，只需要修改自定义样式，所有应用了该样式的元件都会自动更新，这很大程度上提高了样式管理效率。

图 6-13　"元件样式管理"对话框

157

❋ 三、Axure RP 11 产品原型设计流程

在熟练掌握 Axure RP 11 软件的基础操作之后，便可以进行产品原型设计。产品原型设计流程如下。

1．明确产品目标与需求

在使用 Axure RP 11 进行产品原型设计的初始阶段，明确产品目标与需求至关重要。产品目标即期望产品获得的最终成果，例如，一款电商 App 产品的目标可能是提升用户购物便捷性、提高销售额等。需求则是为实现该目标所需具备的功能模块，如商品展示、购物车、支付系统等。这一步骤是产品原型设计流程的基石，为后续设计工作指明方向，确保产品原型设计贴合产品的核心诉求，避免偏离轨道而导致资源浪费与设计失误。

2．创建文件与设置页面

完成产品目标与需求的梳理后，创作者需在 Axure RP 11 中创建一个新的文件。创建文件时，要依据产品特性设定合适的页面尺寸，如针对移动应用设计，需考虑常见移动设备的屏幕分辨率；若是网页设计，则要兼顾不同浏览器窗口大小的兼容性。同时，确定页面布局方向（横向或纵向）以及页面背景颜色、样式等基础属性，为后续框架搭建与内容填充奠定基础。

3．搭建框架与布局

依据产品信息架构搭建页面框架与布局。通过矩形、线条等基础元件在页面中划分出不同区域，如图 6-14 所示。合理规划各区域的位置与大小，使信息呈现具备逻辑性与视觉上的舒适性，使用户能够快速理解产品功能结构与信息层级。

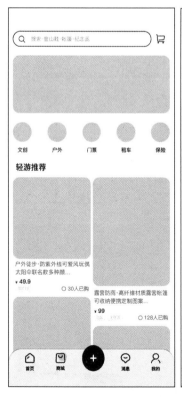

图 6-14　搭建框架与布局

4．填充内容

在构建好的框架基础上，为各区域填充内容，如图 6-15 所示，包括：准确录入文本信息，如产品介绍文案、按钮文字标签等；插入图片元素，如商品图片、用户头像等；设置各类元件的样式，如字体样式（字体类型、大小、颜色等）、图片裁剪与对齐方式等。只有页面内容丰富且具有可读性与视觉吸引力，才能让用户在浏览原型时直观感受到产品的实际呈现效果。

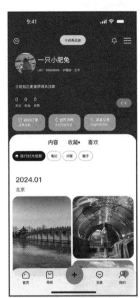

图 6-15　填充内容

5．创建交互与动态行为

为赋予原型生命力，需要创建交互与动态行为。这包括：设置按钮点击效果，如点击登录按钮后弹出登录框或跳转到登录页面；定义页面切换动画，如从首页切换到详情页时的淡入淡出效果；设定元件显示与隐藏规则，如鼠标悬停在某个图标上时显示相关提示信息等。这些交互设计模拟用户与产品的真实交互场景，增强原型的可用性与真实性，以便在产品开发前期有效测试用户体验与交互逻辑。

为了便于在添加交互的过程中管理元件，选中元件后应在"交互"面板中为元件重命名，如图 6-16 所示。单击"交互"面板右上角的"交互编辑器"按钮⧉，弹出"交互编辑器"对话框，如图 6-17 所示。Axure RP 11 中的所有交互操作都可以在该对话框中完成。

图 6-16　为元件重命名

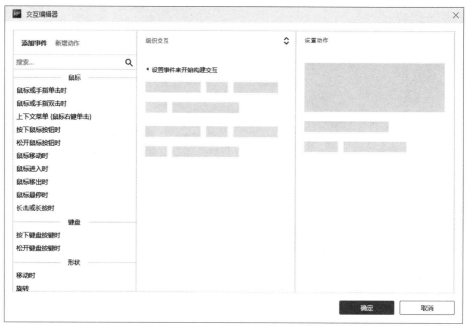

图 6-17 "交互编辑器"对话框

"交互"面板底部有两个常用的交互按钮，如图 6-18 所示。单击其中某个按钮，即可快速完成元件交互的制作，如图 6-19 所示。在"交互"面板中单击"新建交互"按钮，可以在弹出的下拉列表中为页面或者元件选择交互触发的事件，如图 6-20 所示。

图 6-18 常用的交互按钮

图 6-19 制作元件交互

图 6-20 选择触发事件

6. 构建导航链接关系

构建导航链接关系旨在确保产品各页面之间的流畅跳转与信息流转。明确首页与各子页面的链接路径，例如，单击电商产品首页的"分类"按钮可顺利跳转到商品分类页面；设置页面内部锚点链接，方便用户快速定位到页面特定位置。合理的导航链接设计能使用户在使用产品时轻松找到所需信息，避免迷失在页面跳转中，从而提升产品的易用性与用户留存率。

7．测试与优化调整

在完成原型初步设计后，创作者要进行全面测试工作。单击工具栏中的"预览"按钮，在浏览器中查看原型的整体效果，包括页面布局、交互效果等。在预览过程中，对原型的交互功能进行全面测试，模拟用户的各种操作，如点击按钮、输入文本、滚动页面等。记录测试过程中发现的问题，如交互动作没有触发、页面跳转错误等，然后返回 Axure 文件中进行修改。

8．保存与发布原型

经过反复测试与优化调整后，创作者要将原型文件妥善保存，以便后续修改与查阅。同时，根据实际需求发布原型，可供团队成员、客户或其他相关人员查看与评估。发布形式多样，可生成 HTML 文件在本地浏览器中查看，或上传至 Axure Share 等云平台分享给他人，方便各方人员对产品原型进行浏览、反馈，为产品进一步完善与开发提供依据。

任务二 原型设计

在数字化产品开发的早期阶段，原型设计扮演着至关重要的角色。它不仅是产品概念的具体展现，更是后续开发、测试和推广的基础。因此，制定一套详尽、科学的原型设计规范，对于确保产品设计的连贯性、用户体验的流畅性以及开发效率的提升具有不可估量的价值。

一、原型设计规范

原型设计规范可以为用户体验的优化提供一个标准框架。在产品进入设计阶段后，网页低保真原型应当迭代为高保真原型。在进行迭代之前，制定完善的网页原型设计规范很有必要，这不仅有助于创作者搭建框架，还能够确保产品原型保持一致性。

1．Web 页面规范

Web 页面规范主要包括以下几个方面。

（1）页面尺寸

常见的页面宽度有多种选择。例如：1 200 像素适合内容相对集中展示、适配多数常见屏幕分辨率的情况；1 366 像素可较好地适应笔记本计算机等常见设备屏幕，避免出现水平滚动条；1 920 像素则能充分利用大屏幕空间，适用于信息展示丰富、布局较复杂的页面，像企业官网首页或大型电商活动页面等。

页面高度一般没有固定标准，若内容较多，通常设计为多屏滚动形式，但从用户浏览习惯来看，尽量控制在 3 屏以内，以保证用户体验，避免过长页面导致信息过载和用户疲劳。

（2）字体规范

中文最小字号建议为 12 号，以保证文字的清晰度和易读性。此外，为保持页面的整洁与一致性，字号尽量控制在 3 种以内，可选用 14、16、18、20 等偶数字号，这些字号在视觉上较为和谐，便于用户浏览。行间距通常为字号的 1.5～2 倍，既能保证文字行之间有足够的留白，使页面看起来舒适、开阔，又不会因行距过大而导致页面松散。

（3）图标尺寸

由于网页主要通过鼠标进行交互操作，图标尺寸相对有一定灵活性，但最小建议使用 16 像素×16 像素的图标。这样的尺寸既能保证在大多数屏幕分辨率下清晰可辨，又不会

占用过多的页面空间。当然，在一些特定场景或对视觉效果有特殊要求的情况下，可根据实际设计需求适当增大图标尺寸，如 20 像素×20 像素、24 像素×24 像素等，但需确保图标整体风格与页面协调一致，且在不同状态（如正常、悬停、点击）下均能有良好的视觉效果。

2．App 原型规范

App 原型规范主要包括以下几个方面。

（1）页面尺寸

目前，行业内常以 1 倍页面尺寸为基础开展设计工作。通常会参考 iPhone 11 Pro（其宽为 375 像素，高为 812 像素）这类有代表性的主流设备屏幕尺寸，但仍要依据项目实际需求及目标受众的主流设备灵活调整。页面顶部状态栏高度一般为 20 像素，导航栏高度为 44 像素，底部标签栏高度为 49 像素，这样的尺寸设定便于页面拓展及后续的布局变化，同时也符合用户操作习惯和审美要求。若团队有特殊要求，设计 2 倍、3 倍等倍数的页面尺寸，则以 1 倍大小为基准进行相应倍数放大即可。

（2）字体规范

通常最小字号为 10 号，这种字号一般适用于日期、时间等辅助性文字。对于其他主要文字内容，建议选择 12、14、16、18 等偶数字号，为了保持页面设计的整洁和层次感，同一个页面中尽量不超过 3 种字号，以避免视觉上的混乱。

行间距通常建议为字号的 1.5～2 倍。如果使用 12 号字，行间距可以设置为 18～24 磅；如果使用 14 号字，行间距则可以设置为 21～28 磅。

（3）图标尺寸

考虑到用户主要通过手指触摸与 App 交互，所以 App 图标尺寸不能过小，尽量不要低于 22 像素×22 像素。一旦图标小于这个尺寸，用户在点击时就会面临较大困难，难以精准地触发相应功能，从而影响交互体验。

为了保持页面整洁和一致性，图文间距通常是 5 的倍数，如 10 像素、15 像素、20 像素、30 像素等。合理的图文间距能够有效避免页面内容过于紧凑，增强页面的层次感，引导用户流畅地浏览页面信息，提升用户阅读体验。

❋ 二、设计服务平台 Web 登录页面

登录页面是用户进入服务平台的门户，其设计的优劣直接影响着用户对平台的第一印象与使用体验。在使用 Axure RP 11 设计数智管理一体化服务平台 Web 登录页面时，应减少不必要的视觉元素，避免信息堆砌，使页面清晰易懂。为每个交互事件设置合理的交互动作，并依据预设条件和逻辑执行相应操作，如根据密码正确性决定登录后的页面跳转。

（1）启动 Axure RP 11，单击"文件"|"新建"命令，新建一个空白文件，在工具栏中的"页面尺寸"下拉列表中选择"桌面-大（1920）"选项，然后将"页面"面板中的"page1"页面名称重命名为"账号登录"，如图 6-21 所示。

（2）在工具栏中单击"图像"按钮🖼，导入"素材文件\项目六\背景.jpg"，并适当调整其位置，然后将"矩形 1"元件从"元件库"面板中拖入工作区，在"样式"面板中设置各项参数，其中"圆角半径"为 20，填充色为浅蓝色（#F1F8FF），"不透明度"为 90%，如图 6-22 所示。

图 6-21　新建文件

图 6-22　添加矩形元件

（3）将"文本框（单行）"元件拖入页面中，在"交互"面板中修改元件名称为"账号"，提示文字为"请输入账号"，然后在"样式"面板中设置各项参数，其中"圆角半径"为 5，边框颜色为灰色（#D7D7D7），阴影颜色为灰色（#F2F2F2），"模糊"为 20，"左边距"为 80，如图 6-23 所示。

图 6-23　设置文本框（单行）元件样式

（4）选中"账号"元件，按【Ctrl+C】组合键复制该元件，按【Ctrl+V】组合键进行粘贴，并适当调整其位置，在"交互"面板中修改元件名称为"密码"，提示文字为"请输入密码"，在"输入类型"下拉列表中选择"密码"选项，如图6-24所示。

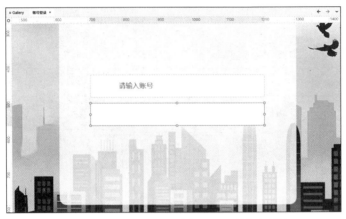

图6-24　制作密码框

（5）将"按钮"元件拖入页面中，在"样式"面板中设置各项参数，其中圆角半径为5，填充渐变色为蓝色（#4F82EC）到蓝色（#3768CE），如图6-25所示。

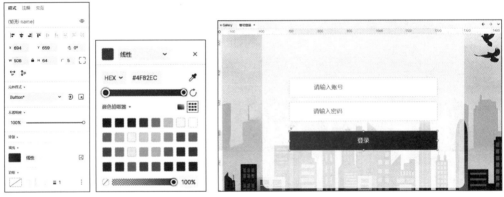

图6-25　设置按钮元件样式

（6）导入"素材文件\项目六\用户.svg、密码.svg、Logo.png"，单击鼠标右键，选择"变换图像"|"将SVG格式转换为形状"命令，在"样式"面板中设置填充色为蓝色（#ADC8FF），然后调整图标的位置和大小，如图6-26所示。

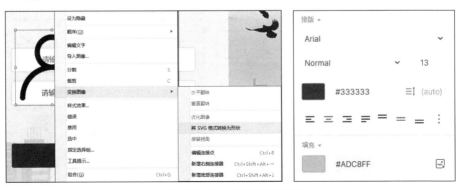

图6-26　导入图标素材并调整

（7）在页面中添加多个"标签"元件，双击并修改文本内容，在"样式"面板中设置各项参数，修改"账号或密码输入错误！"为"错误提示"，单击鼠标右键，选择"设为隐藏"命令，如图6-27所示。

图6-27 设置标签元件样式

（8）在"页面"面板中选中"账号登录"页面，按【Ctrl+C】组合键复制，按【Ctrl+V】组合键粘贴，将页面名称重命名为"登录成功"，删除不需要的元件，导入"素材文件\项目六\成功.svg"，在"样式"面板中设置填充色为蓝色（#3A6BD2），然后修改文本内容，如图6-28所示。

图6-28 制作登录成功页面

（9）打开"账号登录"页面，选中"登录"按钮元件，在"交互"面板中单击"新建交互"按钮，在弹出的下拉列表中选择"鼠标或手指单击时"事件，单击"添加条件"按钮，在弹出的"条件设置"对话框中单击"新增条件"按钮创建两个条件，设置各项参数，然后单击"确定"按钮，如图6-29所示。

（10）返回"交互"面板，在"链接事件"下拉列表中选择"打开链接"事件，然后在"链接到"下拉列表中选择"登录成功"页面，单击"确定"按钮，如图6-30所示。

（11）在"交互"面板中单击"新增用例"按钮，在弹出的"条件设置"对话框中单击"新增条件"按钮创建两个条件，设置各项参数，单击"Match any"按钮，然后单击"确定"按钮，如图6-31所示。

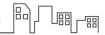

图 6-29　创建条件并设置参数（用例 1）

图 6-30　设置动作的各项参数

图 6-31　创建条件并设置参数（用例 2）

（12）返回"交互"面板，在"元件动作"下拉列表中选择"显示/隐藏"动作，然后在"目标元件"下拉列表中选择"错误提示"元件，单击"确定"按钮，如图 6-32 所示。

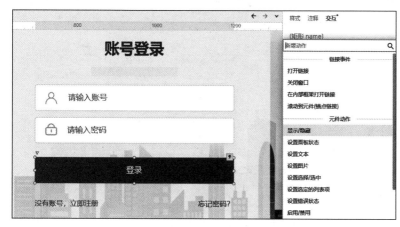

图 6-32 设置动作的各项参数

（13）此时，交互设计已完成。单击工具栏中的"预览"按钮，在打开的浏览器中查看交互效果，如图 6-33 所示。

图 6-33 预览交互效果

❉ 三、设计旅游 App 首页

旅游 App 首页的主要作用是吸引用户、展示热门旅游目的地、提供便捷的导航入口以及传达旅游品牌的特色。本案例将使用元件和图片素材制作一个旅游 App 首页，通过样式设置和简单交互，将所有页面结合在一起，形成高保真原型。

微课视频

（1）启动 Axure RP 11，单击"文件"|"新建"命令，新建一个空白文件，在工具栏中的"页面尺寸"下拉列表中选择"iphone 13 mini/11 Pro/X/XS（375×812）"选项，将"页面"面板中的"page1"页面名称重命名为"首页"。将"矩形 1"元件拖入页面中，在"样式"面板中设置各项参数，如图 6-34 所示。

（2）导入"素材文件\项目六\旅游 App 界面\信号.svg、网络.svg、电量.svg"，单击鼠标右键，选择"变换图像"|"将 SVG 格式转换为形状"命令。将"标题 3"元件拖入页面中，修改文本内容，在"样式"面板中设置文本格式，然后选中所有状态栏元件，单击鼠标右键，选择"创建母版"命令，在弹出的"创建母版"对话框中输入新母版名称，然后单击"继续"按钮，如图 6-35 所示。

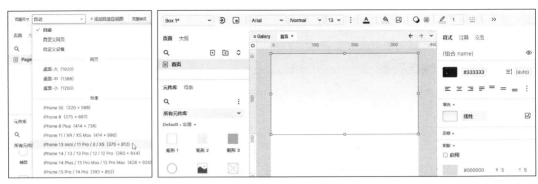

图 6-34　新建文件

图 6-35　导入素材并创建母版

（3）将"矩形 1"元件拖入页面中，在"样式"面板中设置 W 为 345，H 为 35，"圆角半径"为 70，边框渐变色为绿色（#7ADDAC）到橙色（#F64B10）。采用同样的方法制作搜索按钮，在"样式"面板中设置各项参数，其中填充渐变色为橙色（#FF8023）到橙色（#FF4F11），如图 6-36 所示。

图 6-36　设置矩形元件样式

（4）导入"素材文件\项目六\旅游 App 界面\首页\Banner.jpg"，并适当调整其位置，在"样式"面板中设置 W 为 345，H 为 140，"圆角半径"为 10。将"矩形 1"元件拖入页面中，在"样式"面板中设置 W 为 55，H 为 55，"圆角半径"为 18，填充渐变色为橙色（#EAAD72）到橙色（#FE7507），然后复制 3 个图标元件，如图 6-37 所示。

（5）根据需要修改图标的渐变色，导入"素材文件\项目六\旅游 App 界面\01.svg～08.svg"，在"样式"面板中设置图标素材的颜色为白色和灰色。将"标签"元件拖入页面中，输入图标文字，在"样式"面板中设置文本格式，如图 6-38 所示。

图 6-37　设置矩形元件样式

| 酒店 | 门票 | 自由行 | 跟团游 |
| 民宿 | 机票 | 打车 | 周边游 |

图 6-38　导入素材并设置标签元件样式

（6）将"矩形 2"元件拖入页面中，在"样式"面板中设置 W 为 105，H 为 45，"圆角半径"为 10，填充色为灰色。将"标签"元件拖入页面中，输入所需文字，在"样式"面板中设置文本格式。复制"矩形 2"和"标签"元件，导入"素材文件\项目六\旅游 App 界面\09.svg～11.svg"，在"样式"面板中设置图标的"不透明度"为 60%，制作"拼好券""省钱游""定制游"板块，如图 6-39 所示。

图 6-39　设置矩形和标签元件样式

（7）导入"素材文件\项目六\旅游 App 界面\桂林.jpg、云南.jpg、青海.jpg"，在"样式"面板中设置 W 均为 165，H 为 195 和 90，"圆角半径"均为 10，如图 6-40 所示。

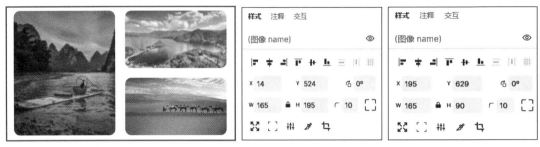

图 6-40　导入图像素材并设置样式

（8）将"矩形 2"元件拖入页面中，在"样式"面板中设置各项参数，其中"圆角半径"为 10，填充渐变色为透明色到黑色。复制两个"矩形 2"元件，为其他两张图片添加暗角效果，如图 6-41 所示。

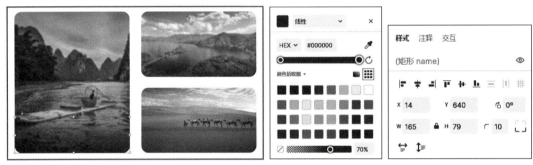

图 6-41　添加矩形元件制作暗角效果

（9）将"矩形 1"和"标签"元件拖入页面中，输入所需文字，并在"样式"面板中设置各项参数。导入"素材文件\项目六\旅游 App 界面\12.svg、13.svg"，制作"推荐精选"板块，如图 6-42 所示。

图 6-42　设置矩形和标签元件样式

（10）将"矩形 1"元件拖入页面中，在"样式"面板中设置 W 为 375，H 为 83。导入"素材文件\项目六\旅游 App 界面\14.svg～17.svg"，在"样式"面板中设置 H 为 25，填充颜色为橙色和灰色。将"标签"元件拖入页面中，输入标签文字，在"样式"面板中设置文本格式，如图 6-43 所示。

图 6-43　制作底部标签栏

（11）单击"文件"|"导入 RP 文件"命令，在弹出的"打开"对话框中选择"素材文件\项目六\旅游 App 界面\其他页面.rp"，单击"打开"按钮，在弹出的"Import wizard"对话框中选中"目的地""商城""我的"复选框，然后单击"下一个"按钮，如图 6-44 所示。

图 6-44　导入 RP 文件

（12）选中标签栏中的所有元件，按【Ctrl+G】组合键进行组合，并将其复制到"目的地"页面中，然后更改图标和文字的颜色。采用同样的方法，为其他页面添加标签栏，如图 6-45 所示。

图 6-45　为其他页面添加标签栏

（13）将"图像热区"元件拖至"首页"页面中，并调整其大小和位置，在"交互"面板中单击"新建交互"按钮，在弹出的"鼠标"下拉列表中选择"页面 鼠标或手指单击时"事件，在"链接事件"下拉列表中选择"打开链接"事件，然后在"链接到"下拉列表中选择"目的地"页面，单击"确定"按钮，如图 6-46 所示。

图 6-46 添加图像热区并设置交互效果

（14）采用同样的方法，继续添加"图像热区"元件并设置交互事件和动作，将状态栏和所有的"图像热区"元件复制到其他页面中，然后单击工具栏中的"预览"按钮，在打开的浏览器中查看交互效果，如图 6-47 所示。

图 6-47 完成交互事件与动作并预览效果

任务三 综合案例分析

下面选取了两个案例分别进行 App 端和 Web 端的产品设计分析。

❋ 一、抖音商城 App

抖音商城 App 起源于抖音平台内部的电商功能，最初是为了满足平台内众多创作者的变现需求以及满足用户购买商品的需求而设立的。随着抖音平台的快速发展和用户数量的不断增加，电商功能逐渐壮大，吸引了越来越多的商家入驻，提供各种商品和服务。为了更好地服务用户，满足其购物的需求，抖音电商决定推出独立的综合性电商平台——抖音商城 App。

下面以抖音商城 App（version32.4.0）为例来分析产品设计。

1．产品信息结构

抖音商城 App 的产品信息结构主要分为五大板块，分别为："首页""视频""赚钱""消息""我"。"首页"是用户浏览和搜索商品的主要界面，"视频"是用户浏览视频的界面，"赚钱"是用户完成相应任务以获取收益的界面，"消息"是用户与其他用户和客服沟通的界面，"我"是用户的管理中心。

抖音商城 App 的产品信息结构如图 6-48 所示。

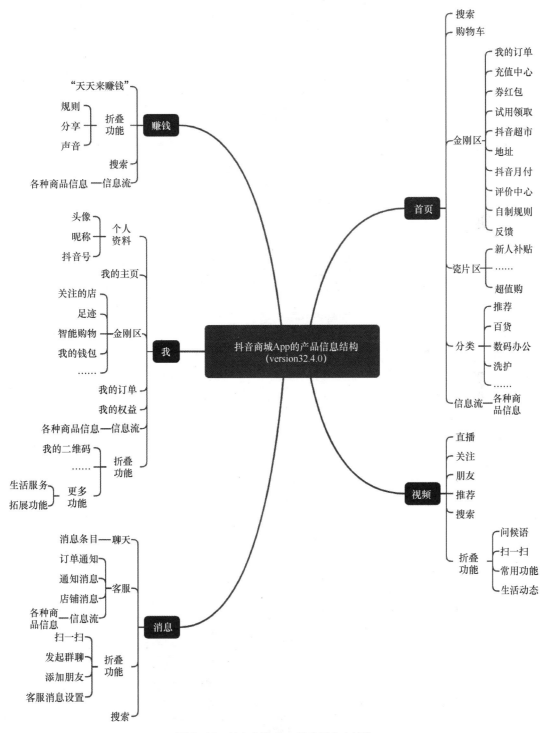

图 6-48　抖音商城 App 的产品信息结构

2．主要视觉设计

下面将从界面布局、色彩搭配、图标与图形设计、图片与视频展示和动效设计等几个方面来分析抖音商城 App 的视觉设计。

（1）界面布局

抖音商城 App 的界面布局采用了简洁直观的设计风格，整体架构清晰，便于用户快速找到所需要的商品和功能。首页主要以"瀑布流+交错式"的形式展示各类商品，这种布局方式能够在有限的空间内呈现大量商品信息，同时让用户在浏览过程中感到流畅和自然。此外，抖音商城 App 还在商品的文字区域加入了标签，以强化利益点，如图 6-49 所示。

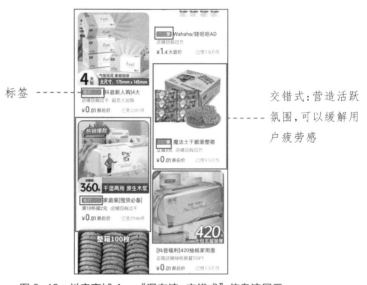

图 6-49　抖音商城 App"瀑布流+交错式"信息流展示

（2）色彩搭配

抖音商城 App 继承了抖音的主色调，以白色、黑色和红色为主。白色作为背景色，对于各种颜色的兼容性高，简洁大方，减少视觉干扰；黑色主要用于文字和图标，增强了界面的可读性；红色则作为强调色，用于突出价格优势。例如"购买""加入购物车"等按钮通常采用红色，红色作为底色或者用于文字，能激发用户的点击欲望，如图 6-50（左）所示。

在整体色彩搭配上，抖音商城 App 注重色彩之间的协调与对比，以营造出舒适、美观的视觉效果。除了主色调外，还会适当搭配一些辅助色彩，如灰色、金色、蓝色等，用于区分不同的商品类型、功能模块或提示商品状态，使界面更加丰富多样，但又不会过于繁杂而影响用户的视觉体验，如图 6-50（右）所示。

图 6-50　抖音商城 App 色彩搭配

（3）图标与图形设计

抖音商城 App 的图标设计简洁明了，具有较高的辨识度，让用户能够快速理解其代表的功能含义。例如，App 图标主体呈现出一个购物袋的形状，同时突出品牌形象，背景采用黑色，营造出沉浸式购物氛围；购物车图标为常见的购物车形状，形象直观，用户一眼就能明白其作用；搜索图标是一个放大镜的形状，符合用户的常规认知。抖音商城 App 图标设计如图 6-51 所示。

图 6-51 抖音商城 App 图标设计

为了增加页面的趣味性和突出品牌个性，抖音商城 App 中还会融入一些个性化的图形元素。例如，在一些促销活动页面或特定的商品分类中，会使用与主题相关的图形进行装饰，如在时尚类商品页面可能会出现一些时尚元素的图形，如服装、配饰等，这些图形元素不仅能够提升页面的美观度，还能更好地传达商品的属性。

（4）图片与视频展示

商品图片是抖音商城 App 视觉设计的重要组成部分，抖音商城 App 注重图片的质量和展示效果。商家会上传高清、多角度的商品图片。同时，图片的裁剪和排版也经过精心设计，以确保在不同尺寸的屏幕中都能呈现出最佳的视觉效果。

作为短视频平台的延伸，抖音商城 App 充分利用了视频的优势，在商品信息流中融入了大量的视频内容，用户在点击视频后即可进入相应的视频介绍页面，如图 6-52 所示。

图 6-52 抖音商城 App 图片与视频展示

（5）动效设计

在用户与页面进行交互时，如点击按钮、切换页面、添加商品到购物车等，会伴有流畅

自然的动效。这些动效不仅能够让用户感受到交互的即时性，还能增加页面的趣味性。例如，点击"加入购物车"按钮时，商品会"飞"入购物车，给用户带来一种愉悦的购物体验。

此外，为了引导用户更好地浏览和使用抖音商城App，抖音商城App还设置了一些引导性的动效提示。例如，在一些促销活动或新品推荐中，抖音商城App会用动效来吸引用户的注意力，引导用户点击查看。抖音商城App的动效设计如图6-53所示。

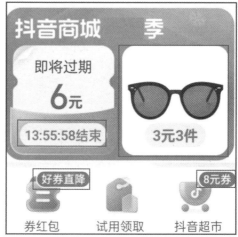

图6-53　抖音商城App动效设计

3．主要业务流程功能

抖音商城App的主要业务流程功能如图6-54～图6-60所示。

首页顶部：设有明显的搜索框，用户输入关键词后，系统能根据关键词实时联想并展示相关商品、品牌及热门搜索词，搜索结果页面精准展示与关键词匹配的商品，并按照相关性、销量等因素排序

金刚区：用户可点击的各种业务服务板块

瓷片区：展示促销活动信息，识别度高，引导用户点击

活动区：根据运营计划和当前热点，更新并展示相应活动信息

信息流：分多种类别，以"瀑布流+交错式"展示产品信息，根据产品情况配以相应标签

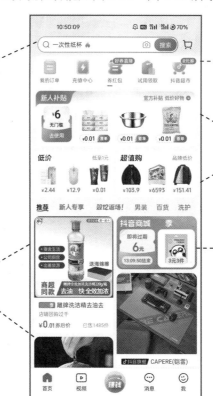

图6-54　抖音商城App主要业务流程功能——首页

功能流程与抖音 App 基本一致，方便用户在购物之余"刷视频"

折叠功能：用户点击即可展开，满足用户在视频模块中的功能需求

图 6-55　抖音商城 App 主要业务流程功能——视频

"赚钱"模块主要用于增强用户黏性，用户完成任务后可以获取相应收益

折叠功能：用户点击即可展开，用于补充说明并满足用户使用 App 时的需求

在该版本中，"赚钱"模块占据了"购物车"模块的位置，后者移至首页右上角

信息流：与"赚钱"相关任务对应，便于用户快速完成任务，同时增加商品曝光率

 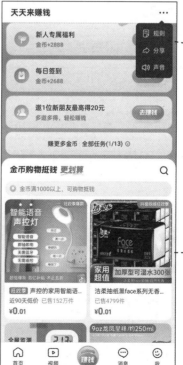

图 6-56　抖音商城 App 主要业务流程功能——赚钱

折叠功能：在"消息"模块中用户可以使用的常用社交功能

聊天：用户可以接收到各种消息，包括互动消息、好友消息等

订单通知和通知消息：用户点击后即可进入相应界面查看详细信息（详见图6-58）

店铺客服消息：用户点击后即可进入详情界面

信息流：这里采用固定式瀑布流，使整个界面看起来比较整齐，与首页相区分

图 6-57　抖音商城 App 主要业务流程功能——消息

信息流：卡片式信息流具有聚焦效果。同样，用户点击相应区域可以进入相应界面

各种类型通知消息：用户点击后即可查看同类别的卡片流通知消息

图 6-58　抖音商城 App 主要业务流程功能——消息（订单通知和通知消息）

账号基本信息：推荐使用抖音账号登录，与抖音账号信息一致，便于用户迁移

折叠功能：用户点击即可展开（详见图 6-60）

金刚区：用户可点击查看的多种服务和信息板块

用户享有的各种权益，点击后即可查看详情

用户点击即可跳转到"天天来赚钱"界面

信息流：这里同样采用了固定式的瀑布流，再次增加商品曝光度

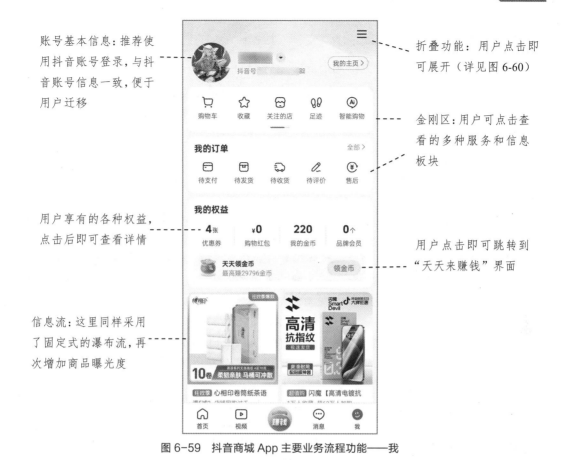

图 6-59　抖音商城 App 主要业务流程功能——我

功能列表：列出多种功能，用户点击即可查看详情

更多功能：包含生活服务和拓展功能，用户点击即可查看详情

用户点击后即可显现出右图所示页面，点击"返回"可以回到左图所示页面

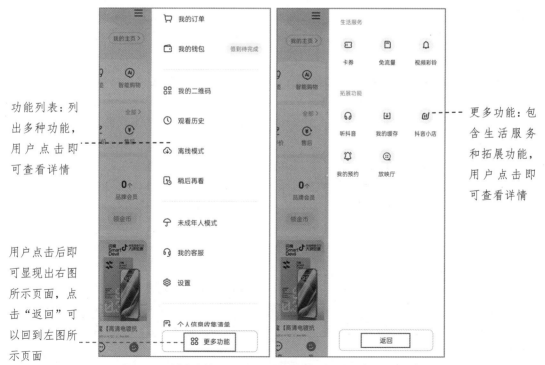

图 6-60　抖音商城 App 主要业务流程功能——我（折叠功能）

📖案例分析

微博 App 的产品信息结构分析

微博是一个基于用户关系分享、传播以及获取信息的社交媒体平台，用户可以通过计算机、手机等多种终端接入，以文字、图片、视频等多媒体形式，实现信息的即时分享、传播互动。微博以"随时随地发现新鲜事"为标语，致力于打造一个功能完善、界面简洁的社交平台。

微博的产品信息结构如下。

（1）首页

微博首页的核心功能是信息聚合与展示，其内容包括"关注""推荐"以及折叠功能。

"关注"展示用户关注的博主、机构等发布的最新微博，该板块还细分为"默认分组"（全部关注、最新微博、特别关注、好友圈、原创、视频、超话社区、V+微博、群微博、新鲜事）和"我的分组"（这里主要是用户主动设置的分组板块，可以方便用户管理关注的博主及其信息）。

"推荐"根据用户的兴趣和行为，智能推荐热门微博、话题、视频等内容，加速信息流动和传播，同时这里还包括同城内容，提供本地化的新闻、活动资讯，增强用户的归属感和提高用户的参与度。

折叠功能包括两个细分功能。一是信息发布，用户点击右上角的按钮即可选择信息发布形式，例如：点击"写微博"可以直接输入文字；点击"相册"即可进入相片选择页面，输出图片内容；点击"长文"可以进入头条文章的编辑页面，输出类似于公众号文章的内容；点击"直播"可以进入直播页面，开启直播。二是用户任务中心，点击红包图片即可进入用户任务中心，其中包括任务收益、日常任务、合作任务、积分乐园等细分板块。

（2）发现页

发现页的核心功能是内容探索与发现，其内容包括搜索、发现、趋势、问题、榜单。

搜索：提供关键词搜索功能，帮助用户快速找到感兴趣的内容或用户。搜索结果页展示用户列表、主页、实时、关注、视频、图片、文章、问答等多种形式的内容。

发现：包括微博热搜、Banner 轮播广告栏、垂直领域细分模块、热门微博。

趋势：微博新上线的功能，显示微博平台内 24 小时的讨论主题及其数据变化趋势，包括趋势词语、热搜词条、热搜数量、讨论数据等。

问题：微博新上线的栏目，整合微博平台内的热门问题，从问题出发，发现精彩微博。

榜单：显示博主或者品牌在微博平台的热度，侧重于垂直行业的榜单数据。

（3）消息页

消息页的核心功能是社交互动与沟通，其内容包括动态、消息、发现群及折叠功能。

动态：通知用户其关注的博主或品牌发布的最新动态，使用户不至于错过最新微博。

消息：展示用户收到的点赞、评论、转发、私信等互动通知，以及品牌的服务通知或微博平台的系统通知。

发现群：根据垂直领域对群进行分类，用户可以点击自己喜欢的垂直领域寻找想要加入的群，或者在搜索栏直接搜索群，同时微博还利用推荐功能向用户推荐其可能感兴趣的群。

折叠功能：点击右上角的按钮，可以发起聊天，或者进行消息设置。

（4）我

"我"的核心功能是用户管理与设置，其内容包括个人信息、内容管理、设置、任务中心、每日签到、主页访客、为你推荐等。

个人信息：展示用户的头像、昵称、简介、粉丝数、关注数等基本信息。

内容管理：包括我的相册、赞/收藏、浏览记录、草稿箱、我的钱包、我的订单、创作中心、粉丝头条等。

设置：包括账号管理、账号与安全、会员专属设置、推送通知设置、添加小组件、屏蔽设置、隐私设置、通用设置等。

（5）自定义导航栏

这个位置在微博底部第二个导航栏，默认为"视频"，但用户可以进行自定义设置，还可以将其设置为"超话""精选"。

微博的信息结构采用扁平化设计，减少了层级和菜单的复杂性，提升了用户的使用效率和体验。基于用户的行为和兴趣，微博提供个性化的内容推荐和发现功能，提高了用户的黏性和参与度。微博注重用户之间的社交互动，提供多种形式的互动功能和工具，如点赞、评论、转发、私信。微博支持文字、图片、视频等多种形式的内容发布和分享，丰富了用户的互动体验和表达方式。

综上所述，微博 App 的产品设计在信息结构方面具有清晰、简洁、个性化的特点，能够为用户提供高效、便捷、有趣的社交体验。

要求：请同学们思考并讨论以下问题。

（1）微博的产品设计有何优势？这主要体现在哪些方面？

（2）根据你自己的使用体验和网络上的反馈，你觉得微博 App 的产品设计还需要在哪些方面做出改进？

二、Pet Inn Here 宠物网店

"Pet Inn Here"是淘宝网的一家宠物用品网店，主要销售宠物食品、宠物保健品、宠物玩具等。下面将从产品信息结构、主要视觉设计和主要业务流程功能等方面来分析其 Web 端的产品页面设计。

1．产品信息结构

Pet Inn Here 宠物网店的信息结构如图 6-61 所示。

2．主要视觉设计

下面将从界面布局、色彩搭配和图形设计等 3 个方面来分析 Pet Inn Here 宠物网店的视觉设计。

（1）界面布局

Pet Inn Here 宠物网店的界面布局简洁明了，主要以"固定式瀑布流"的形式展示各类商品，图片区的大小、高度保持不变，整个界面看起来比较整齐，同时也便于编码，如图 6-62 所示。

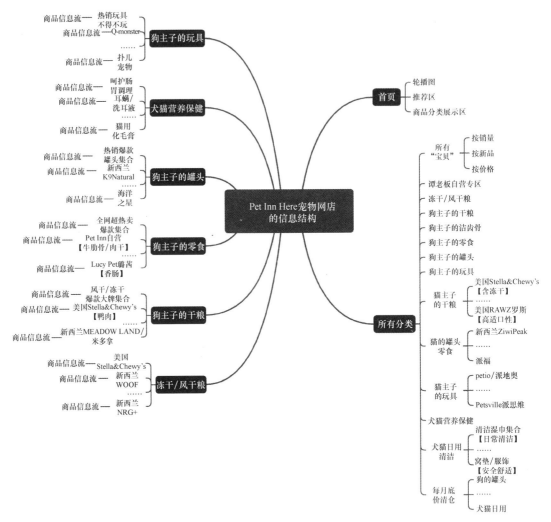

图 6-61 Pet Inn Here 宠物网店的信息结构

图 6-62 以"固定式瀑布流"形式展示的信息流

（2）色彩搭配

Pet Inn Here 宠物网店在导航栏选用暖色系的黄色作为背景色，同时轮播图选用的图片也为相近的颜色，以营造温馨的氛围，如图 6-63 所示。

图 6-63　导航栏区域采用黄色作为背景色

在商品展示区域，Pet Inn Here 宠物网店以黑色作为字体颜色；背景采用白色或浅灰色；附带链接的文字保留默认蓝色字体样式；现价采用醒目的红色，灰色标识原价，如图 6-64 所示。这样的色彩设计简洁，令人一目了然。

图 6-64　商品展示区域字体颜色设计

（3）图形设计

Pet Inn Here 宠物网店将一些生动的卡通形象嵌入商品图片中，以增强视觉效果和表现力，如图 6-65 所示。

图 6-65　商品图片中的图形设计

3．主要业务流程功能

Pet Inn Here 宠物网店的主要业务流程功能如图 6-66～图 6-70 所示。

（1）"首页"模块

图 6-66 所示为 Pet Inn Here 宠物网店的导航栏和轮播图。在导航栏中，用户将鼠标指针悬停在相应位置即可看到展开后的信息，点击即可跳转到详情页面。"所有分类"板块涵盖了所有的商品类别，用户可以将鼠标指针依次悬停查看细分后的商品类别。Pet Inn Here 宠物网店还将一些热门商品类别列出，并与"所有分类"板块并排，以便于用户寻找。

图 6-66　导航栏和轮播图

导航栏的下方是 Banner 区域，Pet Inn Here 宠物网店采用了轮播图来展示信息，用户点击图片会进入商品信息流页面，并不会直接跳转到文字所述的相关流程页面。

在"首页"模块中，图 6-67 所示为 Pet Inn Here 宠物网店的特价专区，用户可在此查看当前特价产品。

图 6-67　Pet Inn Here 宠物网店的特价专区

在特价专区下面，Pet Inn Here 宠物网店列出了一个附带图片的商品信息流表单，如图 6-68 所示，以加深用户对店铺所营业务的认知。用户可在此进一步浏览各类商品信息，不必返回顶部。

图 6-68 "首页"模块中的商品信息流表单

（2）各类商品模块

下面介绍"犬猫营养保健"模块，其他商品类别模块与其类似。

用户在点击模块后会跳转到详情页面。在左上角会有"本店搜索"板块，用户输入关键词和价格区间会检索到相应商品。这是一个固定的板块，无论用户点击哪类商品模块，该板块都会出现，并且是从所有商品中检索。

"本店搜索"板块的右侧板块提供了"犬猫营养保健"模块中进一步细分后的商品链接，用户点击即可实现页面跳转。这个板块同样支持关键词和价格区间搜索，这里的搜索是从"犬猫营养保健"这一类别中检索商品。

商品信息流表的上方有一个功能板块，用户可以在此进行显示方式（列表方式和图表方式）和页数的切换，以及进行商品排序（根据人气、销量、新品、价格和收藏），图 6-69 呈现的是列表显示方式，图 6-70 显示的是图表显示方式。

图 6-69 "犬猫营养保健"模块中商品的列表显示方式

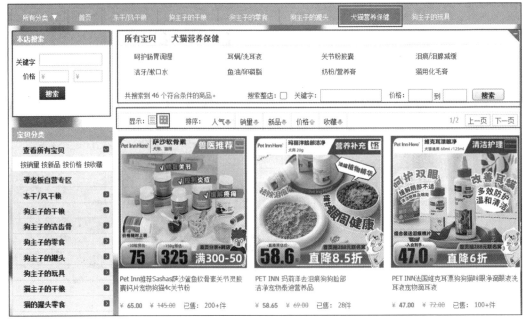

图 6-70 "犬猫营养保健"模块中商品的图表显示方式

 项目实训：小红书 App 产品设计分析与原型设计

1. 实训背景

小红书作为一个集生活方式分享与消费决策于一体的平台，其产品设计极具特色，以下是对其产品信息结构的详细分析。

小红书的核心板块包括首页、购物、消息、我，以及中间的发布入口。

首页：首页可以细分为关注、发现、同城以及折叠功能。关注页面推送的是用户关注的博主发布的最新动态。发现页面主要包括推荐、视频、直播以及各种垂直领域的内容。同城则是推送用户所在区域的信息，小红书还上线了探索功能，以地图索引的形式标记各个商家，指引用户找到喜欢的打卡或"种草"地。用户还可以点击细分的场景，如宠物、跑步、观影等，寻找符合自己偏好的"种草"地和打卡地。折叠功能主要包括发现好友、创作中心、我的草稿、浏览记录、订单、购物车、钱包、社区公约、扫一扫、帮助与客服、设置等。

购物：购物是小红书平台的官方购物渠道，用户可以在这里购买自己需要的商品，该板块内置历史记录、猜你想搜和购物热搜等隐藏栏目。

消息：消息展示的是赞和收藏、新增关注、评论和@，以及私信聊天内容（包括活动消息、群消息和私信），主要用于查看各种互动信息，是小红书平台中核心的社交互动板块。

我：这是用户的个人主页，主要展示用户的头像、账号昵称、账号简介、用户发布的笔记、收藏的笔记和赞过的笔记等。

发布入口：点击发布按钮，用户可以选择相册中的图片或视频，然后进行下一步的编辑操作，以制作符合平台风格的笔记。用户还可以在这个板块使用模板生成内容，或者直接发布文字内容，直接拍摄视频或照片，或者进行直播。

2．实训目标

了解小红书 App 的产品信息结构以及视觉设计，然后使用 Axure RP 11 尝试设计小红书的原型，深度掌握 Axure RP 11 的各项操作。

3．实训要求

（1）打开小红书 App，分析其产品信息结构

下载并登录小红书 App，仔细浏览小红书 App 的各个板块，并根据实训背景对小红书的各个板块进行分析。

（2）分析小红书 App 的视觉设计

从界面布局、色彩搭配和图形设计等方面对小红书 App 的视觉设计展开分析。

（3）尝试进行小红书 App 的原型设计

使用 Axure RP 11 尝试设计小红书的原型，在页面尺寸、字体规范和图标尺寸等方面要尽量与小红书 App 一致。

巩固提高

一、单选题

1. 在 Axure RP 11 中，按（　　）可激活操作搜索框。

 A.【Ctrl】键   B.【/】键   C.【Shift】键   D.【Alt】键

2. 在 Axure RP 11 的"样式"面板中，新增的样式属性不包括（　　）。

 A. 元件模糊   B. 背景模糊   C. 文字阴影   D. 以上都不是

3. （　　）不是 Axure RP 11 中元件的对齐方式。

 A. 左对齐   B. 环绕对齐   C. 居中对齐   D. 底部对齐

4. App 原型设计中，图标尺寸最小建议为（　　）。

 A. 16 像素×16 像素   B. 20 像素×20 像素

 C. 22 像素×22 像素   D. 30 像素×30 像素

5. 在设计旅游 App 首页时，将状态栏元件创建成母版的目的是（　　）。

 A. 方便修改状态栏样式   B. 减少页面元素数量

 C. 增加页面美观度   D. 便于页面统一修改

二、判断题

1. Axure RP 11 中"Distribute on Grid"按钮的功能是使元件等距分布。（　　）

2. 在 Axure RP 11 中，元件间距需要通过特定数值设置，不能手动拖动调整。（　　）

3. Web 页面高度一般固定为 3 屏。（　　）

4. App 原型设计中，行间距通常建议为字号的 1.5～2 倍。（　　）

5. 在 Axure RP 11 中创建自定义样式后，修改该样式，应用了此样式的元件会全部自动更新。（　　）

三、简答题

1. 简述 Axure RP 11 中 Gallery（画廊视图）功能的作用。

2. Axure RP 11 中创建交互与动态行为主要包括哪些内容？

3. 在设计旅游 App 首页时，导入其他页面 RP 文件的作用是什么？如何操作？

项目七

产品运营与迭代

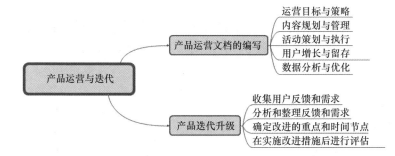

知识导图

产品运营与迭代
- 产品运营文档的编写
  - 运营目标与策略
  - 内容规划与管理
  - 活动策划与执行
  - 用户增长与留存
  - 数据分析与优化
- 产品迭代升级
  - 收集用户反馈和需求
  - 分析和整理反馈和需求
  - 确定改进的重点和时间节点
  - 在实施改进措施后进行评估

案例导入

抖音——迭代创新，短视频时代的变革之旅

在当今的互联网世界中，短视频平台以其独特的魅力和广泛的用户基础，成了连接人与人、文化与文化的桥梁。抖音从一个默默无闻的音乐短视频应用，逐步成长为全球范围内广受欢迎的社交媒体平台，其迭代历程生动诠释了这一转变。

（1）初创阶段

在初创阶段，抖音将自己定位为"年轻人的音乐短视频社区"，聚焦于年轻人，特别是"Z世代"，通过"音乐+短视频"的形式吸引用户。它提供短视频录制、编辑、上传和观看的基本功能，同时引入滤镜、特效等趣味元素，增强用户创作和分享的欲望。同时，利用先进的机器学习算法，抖音能够根据用户的兴趣和行为数据，智能推荐相关内容，提升用户黏性。凭借清晰的定位和丰富的功能，抖音迅速在年轻人中获得了关注，为后续的发展奠定了坚实的基础。

（2）成长阶段

在这个阶段，抖音进一步丰富内容类型，引入了舞蹈、美食、旅行、教育等多种元素，以满足用户日益多样化的需求。在社交功能方面，抖音增加了评论、点赞、分享、关注等互动方式，鼓励用户之间形成更紧密的联系，营造出活跃的社区氛围。此外，抖音还定期推出热门挑战和话题讨论活动，激发用户的创作灵感，提高用户的参与度。与此同时，抖音的国际版本TikTok进军国际市场，利用本地化策略，迅速在全球范围内扩大了影响力。随着功能的不断充实和社区建设的深化，抖音的用户规模持续扩大，逐步成为全球范围内极具影响力的短视频平台。

（3）成熟阶段

抖音引入AI、大数据等前沿技术，优化内容推荐算法，提升用户体验；同时探索AR/VR等新技术，为用户带来更加沉浸式的体验。在业务拓展方面，抖音推出了直播带货功能，将短视频与电商巧妙结合，开创了一种全新的购物模式。这一创新不仅丰富了用户的购物体验，还为商家提供了广阔的销售渠道。此外，抖音还加大了对原创内容的扶持力度，鼓励创作者生产高质量内容，并与多个机构、品牌合作，致力于构建一个健康、多元的内容生态。

抖音的迭代历程是一个不断探索、创新和完善的过程。从初创阶段的精准定位和基础功能搭建，到成长阶段的功能丰富和社区建设，再到成熟阶段的技术创新和生态构建，抖音始终保持着对市场和用户需求的敏锐洞察和快速响应。

任务一　产品运营文档的编写

产品运营文档是指导产品运营团队进行协作的核心工具。一份完整的产品运营文档不仅应体现产品的发展规划，还应记录从目标设定到方案落地的全过程。它是一套计划，更是一套动态的行动指南。通过科学的编写和高效的管理，产品运营文档能够帮助运营团队统一认知、明确分工，并为后续评估与优化提供依据。

一、运营目标与策略

运营目标与策略是指明产品运营的方向，决定资源分配的效率。在互联网产品的运营中，运营目标和策略不仅要在宏观层面可控，还要能够分解为微观层面的具体行动，确保策略落地和效果达成。

1．运营目标的定义与分类

运营目标是产品发展的船舵，帮助团队明确短期及长期的努力方向。一般来说，运营目标分为以下3类。

（1）用户增长目标

用户增长目标即获取新用户，通常适用于产品冷启动或成长期。

在产品刚刚推向市场的初始阶段，也就是冷启动阶段，用户增长目标能够助力产品迅速积累初始的用户基础。例如，一些新兴的社交软件通过各种创新的推广手段，努力吸引第一批用户注册使用，从而为产品的后续发展奠定根基。

在成长期，持续的用户增长可以进一步扩大产品的市场份额，提升产品的知名度与影响力。例如，一些在线旅游平台在成长期通过与各大航空公司、酒店合作推出优惠活动，吸引大量新用户前来预订旅游产品，实现用户数量的显著增长。

（2）用户活跃目标

用户活跃目标主要针对已有用户，提升他们使用产品的活跃度和增加他们的使用时长。当产品拥有一定规模的用户基础后，如何让这些用户更加频繁地使用产品就成为关键所在。例如，一款健身类App通过推出个性化的训练计划制订、每日打卡挑战、社区互动等功能，鼓励用户打开App并参与各种健身活动，从而有效增加用户在产品中的活跃时长，提高用户对产品的黏性与依赖度。

（3）商业化目标

商业化目标侧重于增加收入或增强用户的付费意愿。对于营利性的互联网产品来说，商业化目标是实现可持续发展的重要支撑。以视频类平台为例，其通过推出会员专属特权，如无广告、畅享独家内容等，吸引用户付费成为会员，同时还可以在视频播放前或播放过程中合理植入广告，实现广告收入的增长，从而达成商业化目标，保障平台的稳定运营与持续发展。

2．制定可行的运营策略

运营团队在制定运营策略时，应紧紧围绕产品定位，明确产品的核心价值，回答"产品提供什么"和"用户为什么选择我们"的问题。运营策略主要包括以下几个策略，如图7-1所示。

190

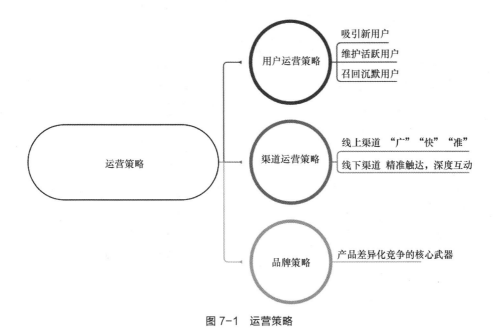

图 7-1　运营策略

（1）用户运营策略

用户是互联网产品的核心资产，而用户运营策略的制定和实施决定了产品的生命力和增长空间。运营团队需要针对不同用户（新用户、活跃用户、沉默用户）制订分层运营计划，使产品不仅能留住用户，还能提高他们的活跃度和忠诚度，进一步助力产品的发展。

① 吸引新用户

运营团队可以巧妙地运用首单优惠、裂变分享机制以及社交话题引导等多种创新方式吸引新用户。例如，当新用户首次注册并登录某电商平台时，即可领取具有吸引力的优惠券，这些优惠券可以在用户首次下单购物时直接抵扣现金，从而降低用户的购买成本，激发用户的购买欲望。运营团队还可以为新用户提供免费试用某些优质产品的权益，用户在亲身体验产品的优势后，更有可能转化为长期稳定的付费用户。

同时，运营团队可以通过裂变分享机制，鼓励现有用户邀请新用户注册，给予邀请者和被邀请者一定的奖励（如积分、现金红包或者专属折扣等），从而借助用户的社交网络实现用户数量的快速增长。此外，运营团队还可以巧妙地利用社交话题引导，例如，在社交媒体平台上发起与产品相关的热门话题讨论活动，吸引潜在用户参与，进而引导他们注册成为新用户。

② 维护活跃用户

运营团队可以设计一套完善的会员体系以及积分奖励计划，激励活跃用户持续使用产品。例如，某知名电商平台为活跃用户打造了专属的会员等级制度，根据用户在平台上的消费金额、消费频次、评价贡献等多维度数据进行会员等级的评定。不同等级的会员享有不同的特权，如优先配送、专属客服、生日福利、积分加倍等。

同时，平台推出积分奖励计划，活跃用户凭借在平台上的消费、评价、分享等行为可以获得相应的积分，这些积分可以用于后续兑换各种实物礼品、优惠券、免费服务或者参与抽奖活动等。通过积分奖励计划，该平台提高了活跃用户的忠诚度与使用产品的积极性，使他们持续在平台上进行各种活动。

③ 召回沉默用户

针对那些已经注册但长期未使用产品的沉默用户，运营团队可以借助个性化推荐算法，发送具有吸引力的优惠信息、活动通知，尝试重新激起他们对产品的兴趣与使用欲望。例如，一款音乐类 App 的运营团队发现某部分用户已经有较长时间未使用产品，于是根据这些用户之前的音乐偏好和使用习惯，为他们推送个性化的音乐，同时提供低价续会员等优惠，激励这些沉默用户重新打开 App，恢复对产品的使用，进而提高用户的整体留存率。

（2）渠道运营策略

随着互联网生态的日益复杂化，渠道的选择与运营方式直接影响产品触达用户的效率与效果。科学的渠道运营策略需要以用户分布为基础，结合产品特点，选择灵活多样的传播方式。有效的渠道运营能够最大限度提高资源利用率，在扩大用户规模的同时降低获客成本，为产品的发展开辟更广阔的市场空间。产品的传播渠道主要有以下两类。

① 线上渠道

线上渠道具有传播范围广、传播速度快、目标用户精准定位等优势，其包括搜索引擎优化（SEO）、在社交媒体平台或短视频平台投放广告等多种形式。

例如，一款新兴的潮玩手办线上定制平台选择在抖音平台投放创意短视频广告，通过制作精美的短视频，展示平台上各种独具创意的潮玩手办，如高度还原动漫角色的手办、融合潮流元素的创意造型手办，以及展示用户个性化定制手办的全过程（包括与设计师的沟通互动、材质选择、细节雕琢等环节），全方位呈现平台的专业性与独特魅力。平台借助抖音强大的算法推荐机制，将这些广告精准推送给热爱潮玩、对个性化定制有兴趣的用户。

同时，该平台通过优化关键词，如"潮玩手办定制平台""个性化潮玩设计网站"等，提高网站在搜索引擎结果页面中的排名，进而提高曝光度，吸引更多潜在用户转化为平台的实际用户。

② 线下渠道

线下渠道虽然在传播速度和范围上相对受限，但在某些特定场景下能够精准触达目标用户并与其深度互动。例如，利用实体展会这一平台，企业可以将自己的产品或服务进行集中展示与演示，与现场的潜在客户进行面对面的交流与沟通，解答客户的疑问，建立起良好的客户关系。对于一款新兴的互联网科技产品来说，参加行业内的专业展会可以吸引大量的企业客户、行业专家以及媒体的关注，现场展示产品的独特功能与创新技术，可以提升产品的知名度与美誉度，为产品的市场推广奠定坚实的基础。

此外，地推活动也是一种有效的线下渠道。例如，一款教育类 App 的运营团队在大学校园中组织产品体验活动，通过在校园内设置宣传摊位、举办讲座、发放宣传资料以及现场演示 App 的功能等方式，让学生能够亲身感受 App 的便捷性与实用性，吸引他们下载并使用 App。

（3）品牌策略

品牌策略是产品差异化竞争的核心武器。一个成功的品牌策略不仅要传递产品的独特价值，还要塑造品牌记忆点，使其深植于用户心中。运营团队通过持续且系统的品牌建设工作，逐步提升用户对产品的认知度与信任程度，是品牌策略的核心目标。

首先，运营团队需要提炼出独一无二的品牌定位，品牌定位应当简洁明了且具有较高的辨识度，能够准确地传达产品的核心价值与特色。例如，某在线学习平台将自身定位为"更智能的在线学习平台"，强调其在学习资源智能化推荐、个性化学习路径规划以及智能辅导等方面的独特优势，让用户在了解这一品牌定位时，能够迅速弄清楚该平台与其他竞争对手的差异，从而在众多在线学习平台中脱颖而出。

其次，在品牌视觉和语言的呈现方面，务必保持高度的一致性。无论是在产品的官方网站、手机 App 界面设计，还是在社交媒体的宣传推广过程中，运营团队都应当采用统一的品牌视觉元素（如品牌标志、色彩搭配、字体风格等），以及统一的品牌语言风格，包括宣传文案的语气、用词习惯等一致。通过这种一致的品牌呈现方式，运营团队能够在用户心中逐渐树立起清晰、稳定的品牌形象，加深用户对品牌的记忆与认知，进而提高用户对品牌的信任度与忠诚度，为产品的长期稳定发展奠定坚实的基础。

✳ 二、内容规划与管理

作为互联网产品运营的关键模块，内容规划不仅要展现产品的价值，还需要以用户为中心，构建出能够激发用户兴趣、满足用户需求并引导用户行动的内容体系。同时，内容管理要兼顾效率与创新，在有限的资源下实现内容价值的最大化。

1．内容定位与主题设计

内容定位与主题设计是内容规划的起点，决定内容的方向与深度。明确的内容定位能够将产品的核心价值精准传递给目标用户，而主题设计则是围绕内容定位展开的具体表达方式。明确的内容定位能够紧扣用户需求与产品特性，帮助内容在众多信息中脱颖而出；而科学的主题设计则能将复杂的信息转化为用户感兴趣且易于接收的信息，为后续的内容创作奠定坚实基础。

（1）内容定位的基础

内容定位是指明确内容产品（如文章、视频、演讲、社交媒体帖子等）的创作思路、主题思想以及目标受众，以确保内容能够精准地满足受众的需求，并有效传达信息或观点。在互联网产品运营中，内容定位需要基于产品核心定位和目标用户需求。

① 产品核心定位

产品运营团队需要明确产品要解决的核心问题。例如，教育类产品的核心定位可能是"提供高效、易用的学习工具"。基于这样的教育类产品核心定位，教育类产品内容定位方向如表 7-1 所示。

表 7-1　教育类产品内容定位方向

内容定位方向	具体内容描述
"知识传递与学习方法引导" 内容建设	围绕学科知识体系构建系统的知识讲解内容，如不同年级、学科知识点的课程讲义、知识点总结文档、思维导图等，以文字、图片形式呈现，解决学习资源分散问题
"高效学习策略与技巧分享" 内容板块	创作关于学习计划制订、记忆力提高、时间管理等方面的文章、视频或音频，邀请教育专家、优秀学生分享经验，解决学习低效的问题
"学习工具功能深度解析与应用" 内容系列	详细介绍智能化学习资源推荐系统的工作原理与使用技巧、学习界面设计操作指南（包括功能按钮用途、快捷操作方式）、学习功能模块使用场景与实例（如在线互动答疑、虚拟实验室功能），解决学习工具难用的问题
"学习社区互动与经验交流" 内容建设	鼓励用户分享学习心得、问题及解决方法，运营团队选取优质内容展示，组织话题讨论活动，如"如何利用碎片化时间在本平台高效学习"，增强用户黏性与归属感

② 目标用户需求

产品运营团队需要通过用户画像明确用户对内容的期望。例如，当目标用户被确定为学生群体时，由于他们正处于知识积累的关键阶段，往往会更倾向于关注与学习技巧相关的内容，包括如何高效记忆知识点、如何快速提升解题能力等；同时，考试资源对于他们来说也是极具吸引力的内容类别，如各类考试的真题解析、模拟试卷、考试重点与难点梳理等。产品运营团队可以考虑从这些方面入手创作相应的内容。

（2）内容主题设计的原则

产品的内容主题设计应遵循以下原则。

① 相关性

内容需要紧贴用户的兴趣点或痛点，保持与用户的生活、工作场景高度相关，只有这样才能确保内容真正触动用户，引起他们的共鸣。这要求产品运营团队深入洞察用户的生活、工作场景。

例如一款职场技能提升类的产品，其内容创作就应当紧密围绕职场人士在日常工作中面临的实际问题与挑战（如"如何撰写高质量的工作报告""如何在团队会议中有效表达自己的观点"等）展开。这样创作出来的内容会让用户切实感受到其是与他们的职业发展息息相关的、不可或缺的，从而增强用户对产品的认同感与依赖。

② 多样性

在当今数字化信息时代，用户的消费习惯呈现出多元化的趋势，因此内容形式的多样性就显得尤为重要。产品运营团队需要熟练掌握并运用多种内容创作形式（如文字、图片、视频、直播等），以满足不同用户在信息获取过程中的个性化偏好与多样化需求。

例如，对于一些视觉型的用户来说，精美的图片和生动形象的视频更吸引他们的注意力并激发他们的学习兴趣；而对于那些渴望与创作者或其他用户进行实时互动交流的用户而言，直播则能够为他们提供一个理想的平台，让他们在观看内容的同时积极参与讨论，从而获得更加丰富的学习体验。通过提供多样化的内容形式，产品运营团队能够有效扩大产品的受众范围，提升内容的传播效果与用户参与度，进而构建起一个充满活力的内容生态。

③ 可持续性

内容创作并非一蹴而就的短期行为，而是一场漫长的马拉松赛跑，产品运营团队需要规划长期的内容主题体系，确保内容生态具有持续输出能力。

例如，针对一款旅游类产品，可以制订一个涵盖全年不同季节、不同旅游目的地的内容主题体系。在春季，可以推出"春日赏花之旅"主题，提供各地的赏花胜地、花期信息、当地特色文化与美食等内容；在夏季，则推出"海滨度假攻略"主题，为用户提供海滨旅游目的地的海滩特点、水上活动项目、住宿推荐等内容；在秋季，推出"金秋赏叶线路"主题，分享各地红叶观赏的最佳地点、观赏时间以及周边的徒步线路等；在冬季，推出"冰雪奇缘之旅"主题，提供冰雪旅游项目、滑雪场信息、温泉度假胜地等内容。

通过这种长期且有规划的内容主题体系设计，产品运营团队不仅能够确保产品在不同时间段都有新鲜、有吸引力的内容输出，满足用户持续变化的需求与兴趣偏好，还能够逐步树立产品的专业形象与品牌影响力，吸引更多的用户长期关注与使用产品。

📖案例分析

Health——为用户做科学健康管理的 App

Health 是一款健康管理 App，它能收集用户运动、饮食、身体指标、睡眠等数据，经过分析后提供个性化的健康评估方案，其内容定位围绕"科学健康管理"展开。在"每周科普"中，该 App 提供了"如何科学补钙"的内容，讲解钙的作用、食物来源、吸收要点；在"用户故事"中有用户讲述"减重 30 斤的真实经历"，从减肥起因到采取的减肥策略，再到最终达成目标的过程；在"专家问答"中，专家针对"如何通过饮食调理肠胃不适"等问题答疑解惑。Health 为用户提供专业、全面的健康管理服务，助用户提升健康水平。

要求：

（1）除了"如何科学补钙"，请再提出两个适合"每周科普"的主题，并简要说明每个主题下可以包含的内容要点。

（2）对于"减重 30 斤的真实经历"这种用户故事，若要制作成图文并茂的推送内容，你会选择哪些图片类型来增强故事的吸引力和感染力？至少列举 3 种图片类型，并说明原因。

（3）除了现有的主题，请提出一个新的适合该 App 的内容主题，并简要说明其主要内容方向。

2. 内容生产与协作

内容生产是内容价值的实现过程，而协作机制则决定团队的效率和成果的质量。互联网产品的内容生产通常需要多角色、多部门共同完成，从创意构思到成果呈现，每一个环节都至关重要。高效的内容生产流程能在保证创意性和质量的同时减少资源浪费，而流畅的协作机制则能让团队在快速迭代中保持步调一致。互联网产品运营中的内容生产流程与协作机制如表 7-2 所示。

表 7-2 互联网产品运营中的内容生产流程与协作机制

流程/机制	阶段/关键内容	具体说明
内容生产流程	选题阶段	基于数据选题：利用热搜、用户搜索关键词、用户反馈等数据选择热门话题
		每周召开选题会议，由内容团队、市场团队共同参与，确保选题紧贴用户需求和市场热点
	内容创作阶段	确定内容框架：如文章类内容需包括引言、主体、结论，文案类内容需要结合热点，有吸引力、情绪价值和功能价值，视频类内容需设计脚本
		明确分工：将具体任务分配给撰稿人、设计师、剪辑师等
	审核阶段	内容需要跨部门联合审核，确认质量、风格与合规性。例如，营销文案需要经法务部门审核，确保无违规后再进行宣传
内容协作机制	工具支持	使用协作工具（如金山文档、石墨文档等）进行任务分配和进度追踪，避免因沟通不畅导致延误
	标准化模板	为常见内容类型（如教程文章、活动推文）设计标准化模板，提升效率
	反馈机制	定期组织团队复盘，收集内容生产中的问题与改进建议，优化流程

3. 内容分发

优质内容的价值实现不仅取决于生产，还取决于传播。内容分发决定用户能否看到、理解并认可内容的价值。随着互联网传播渠道的多样化，内容分发已从单一化走向精准化和场景化。运营团队不仅要选择适合的内容分发渠道，还要综合考虑用户习惯、平台特性与传播形式，以提升内容的曝光度和触达效率。优秀的内容分发不仅有助于吸引用户，还有助于将产品理念深植于用户心中，为用户增长和品牌影响力提升奠定基础。

（1）分发渠道选择

在互联网的环境下，运营团队可以选择以下两种内容分发渠道。

① 自有渠道

对于内部资源，运营团队应当予以充分且合理的利用，将其打造成为内容分发的重要前沿阵地。

例如，App 首页推荐位是产品的"黄金橱窗"，能有效吸引用户注意力，在此展示的内容往往能够在第一时间映入用户眼帘；弹窗推送则能够突破常规信息展示的局限，以醒目的形式直接出现在用户的设备屏幕上，无论用户当前处于何种操作界面，都能迅速获取推送内容的关键信息，不过运营团队在使用弹窗推送时需要精准把握推送的频率与时机，避免引发用户的反感；内部社群则是一个充满活力的内容传播地，运营团队可以通过在内部社群中发布内容，借助用户之间的社交关系网络实现内容的快速扩散与口碑传播。

② 第三方传播平台

运营团队需要根据目标用户的属性特征选择与之高度契合的第三方传播平台。第三方传播平台类型及特点如表 7-3 所示。

表 7-3 第三方传播平台类型及特点

平台类型	特点	示例	优势与作用
短视频平台（如抖音、快手）	年轻用户聚集地，简洁直观、生动有趣且充满创意；算法推荐机制独特，依据用户多维度数据精准推送个性化短视频	一款健身类互联网产品在抖音发布"居家无器械高效燃脂训练教程"短视频，健身达人示范动作，搭配动感音乐与特效字幕	能迅速吸引年轻用户的注意力，激发其点赞、评论与分享的欲望，实现内容的广泛传播，吸引更多年轻用户关注健身产品，提升产品的知名度与下载量
专业领域的垂直社区（如蜂鸟网、人人都是产品经理等）	专注于特定领域或主题；汇聚大量相同专业背景或兴趣爱好的用户，有浓厚专业氛围与知识分享文化	一款智能图像编辑产品邀请专业摄影师或摄影爱好者在蜂鸟网分享使用该产品后的作品效果	蜂鸟网的专业氛围有助于提升用户对产品的信任度和认可度。在这样一个专业社区中，用户更容易接受和认可与摄影相关的专业产品
综合性社交平台（如微博、微信公众号）	用户基数庞大、社交关系网络复杂多样、信息传播速度极快。微博可借助热门话题、名人效应、意见领袖转发引发大规模讨论，微信公众号侧重于内容深度沉淀与用户关系的长期维护	一款社交电商互联网产品在微博上发布新品首发活动内容，结合热门社交话题与网红推荐，邀请时尚美妆意见领袖转发；在微信公众号定期推送"社交电商创业成功案例剖析"图文内容	微博能快速吸引大量不同用户的关注，使新品信息广泛传播，增加产品曝光与销售机会；微信公众号可与用户建立稳定的信任关系，用户可留言互动，运营团队能依据反馈优化策略，提高用户黏性与忠诚度，促使用户持续使用产品与分享传播

（2）分发形式优化

分发形式需要适配平台的特性和用户习惯，分发形式的优化能显著提升内容的传播效果。

① 平台内容适配

短视频平台注重娱乐性和快速传递信息，如通过生动的视觉效果和故事化表达吸引用户。鉴于此，运营团队可以用短视频展示产品使用场景或分享一分钟生活小技巧。

图文平台（如微信公众号等）适合推送长篇内容，用于深度解读行业趋势或展示产品价值。例如，运营团队在这些平台上发布行业案例分析或白皮书，以塑造品牌专业形象。

运营团队可以在抖音直播、知乎 Live 等实时互动平台中，通过即时互动解答用户疑问，增强和提高用户的参与感和对内容的信任度。

② 提高可见性

运营团队在发布内容时需要考虑平台推荐算法，例如，添加相关标签、热门关键词和用户可能搜索的主题，平台推荐算法会根据用户兴趣爱好推送专题性文章或视频。此外，运营团队还可以通过互动机制（如评论置顶、投票功能）引导用户积极参与，提升内容的算法权重，获得更多推荐流量。同时，运用数据可视化和案例故事等多元化手段丰富内容表现形式，使其易于传播。

（3）分发时间管理

分发时间直接影响内容的曝光率和传播效果。科学的时间管理需要基于用户行为数据，运营团队应选在最能吸引用户注意力的时段和节点分发内容。

① 高峰时段分发内容

运营团队可以利用数据分析工具（如用户行为热力图），找出用户集中活跃的时段，如午间休息、晚间娱乐时段，并在这些时段进行内容发布。此外，运营团队还可以根据用户的区域分布调整发布策略。例如，针对江苏地区用户定时推送内容，确保江苏地区用户在活跃时段能及时看到更新的内容。

② 在关键节点分发内容

运营团队可以为节假日或特殊活动，提前规划内容主题并发布相关内容。例如，"双十一"期间推出购物攻略。运营团队还应抓住热点事件的传播时机，快速制作与热点相关的内容，借助高关注度事件实现流量提升。

③ 动态调整

运营团队可以对已发布内容的表现进行监控，根据流量获取情况调整后续推送节奏。例如，如果某条内容在早间表现不佳，可选在晚间重新发布经过优化的内容。运营团队还可以多次分发表现优异的内容，如在不同时间段多次分发，或结合后续活动进行二次宣传。

4．内容生命周期管理

内容生命周期管理是内容运营的全局观体现，从内容的产生到优化复用再到最终下线，每一个阶段都需要科学的管理与评估。通过延长优质内容的生命周期，产品运营团队能够运用有限资源实现更高的运营效率。内容生命周期管理不仅是内容管理的延续，还是构建可持续内容生态的重要手段，其具体内容如图 7-2 所示。

（1）新内容运营

新内容的运营不仅包括内容发布，还包括监测其表现并根据数据进行动态优化。在新内容上线的那一刻起，运营团队就需要精细化管理，以便快速评估效果并提升传播效率。

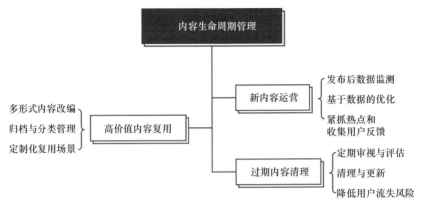

图 7-2　内容生命周期管理

① 发布后数据监测

运营团队应重点监测核心指标，如点击率、阅读量、互动率、分享次数等，全面了解用户对内容的反应。运营团队可以使用数据分析工具（如热力图），了解用户在消费内容过程中的行为数据，如停留时间或页面跳转率。此外，运营团队还可以设置阶段性目标，例如，新内容在 72 小时内需要达到某一曝光量或互动量，以判断是否需要调整策略。

② 基于数据的优化

如果内容的点击率偏低，运营团队可以考虑优化标题、封面或摘要文案，使其更具吸引力。如果互动率较低，运营团队可以在内容中加入引导性问题或实行激励机制（如点赞抽奖活动）来促进用户参与。如果分发平台的表现差异明显，运营团队可以根据平台特点优化内容形式，例如，短视频平台更适合视觉化表达。

③ 紧抓热点和收集用户反馈

运营团队应及时响应突发热点事件，将内容与当下的热点话题相结合，提升内容的时效性与相关性。此外，运营团队还可以收集用户反馈，了解内容是否解决了用户的核心痛点，为后续内容规划提供灵感。

（2）高价值内容复用

高价值内容具有较大的传播潜力，通过复用，有助于提高其影响力和产出价值。这一过程需要运营团队将创意设计与内容资源相整合，使原有内容在新的场景中焕发活力。

① 多形式内容改编

运营团队可以将高热度文章转化为其他传播形式（如短视频、直播脚本、图文海报等），拓展内容的传播渠道。运营团队可以从互动数据中提取用户关注的关键词或讨论热点，整理成常见问题解答（Frequently-Asked Questions，FAQ）或专题内容合集，以便于用户浏览查询。此外，运营团队还可以对热门内容的精华部分进行剪辑与二次包装，推送至社交平台。

② 归档与分类管理

运营团队可以建立高价值内容库，将优质内容按主题、时间或表现分类整理，方便后续快速检索和复用。同时，运营团队还可以为内容添加多维度标签，提升搜索效率和应用灵活性。

③ 定制化复用场景

运营团队可以在用户生命周期的不同阶段，有针对性地推送高价值内容。例如，将经典入门类内容推送给新用户，将深入分析类内容推送给资深用户。同时，运营团队还可以结合产品活动或节日热点，对复用内容（在多个场景、产品或渠道中被重复使用的内容）进行场景化包装，引起用户共鸣。

（3）过期内容清理

内容的价值并非永久不变，随着时间、市场和用户需求的变化，过期内容可能会成为内容库的负担。科学的清理和更新不仅能保持内容库的高质量状态，还能优化用户体验。

① 定期审视与评估

运营团队应制订定期清理计划（如每季度一次），审视内容的相关性、准确性与表现数据，并设置具体的清理标准。例如，一年内无显著流量或互动量的内容需进入评估流程。

② 清理与更新

运营团队应删除完全过时的内容（如旧活动规则、已失效的优惠信息），以免误导用户；而对仍具潜力的内容进行更新补充，如添加最新行业数据、优化用词或引入新的案例分析，使其持续发挥作用。同样，运营团队也可以将部分冷门但基础性强的内容移至知识库或 FAQ 模块，转化为长期参考资源。

③ 实施用户引导与信息留存方案

运营团队在删除内容前，应分析用户访问频率和依赖程度，对高频使用内容提供替代方案或引导路径。此外，运营团队还可以将清理后的内容改编为简洁的总结内容或思维导图，帮助用户快速获取关键信息。

❖ 三、活动策划与执行

活动策划与执行是互联网产品运营中的核心环节。一场成功的活动不仅需要有明确的目标和吸引人的创意，还需要有条理的执行步骤和科学的效果评估。通过全面的活动管理，运营团队可以更好地实现用户触达、转化与留存。

1．活动目标设定

活动的目标决定活动策划的方向和执行策略。明确的活动目标有助于资源的高效利用和活动效果的准确评估。活动目标可以是提高用户活跃度、增加用户数量、提高用户留存率、提高品牌曝光度等。例如，运营团队为了提高用户活跃度，可以举办签到打卡活动；为了增加用户数量，可以开展邀请好友活动；为了提高用户留存率，可以举办会员专属活动；为了提高品牌曝光度，可以举办跨界联名活动；等等。

2．活动方案设计

活动方案设计需要运营团队从用户体验和目标达成的角度出发，结合创意与可行性，制订具体的执行计划。活动方案设计要点如表 7-4 所示。

表 7-4　活动方案设计要点

活动方案设计要点	详情描述
活动形式选择	（1）互动类活动：包含在线答题、抽奖、H5 小游戏等，吸引用户参与互动并分享传播 （2）内容创作类活动：如短视频挑战赛、用户故事征集等，通过用户生成内容（UGC）实现二次传播 （3）促销类活动：如折扣、满减优惠等，以价格优势刺激用户消费 （4）公益活动：如捐步数兑换善款等，结合社会热点，策划公益性活动，提升用户对品牌的好感度

续表

活动方案设计要点	详情描述
规则与激励设计	（1）规则设计：规则要简单明了，避免过于复杂导致用户流失。例如，邀请一位好友成功注册即可获得 50 积分 （2）激励机制：激励应与用户需求相匹配，如实物奖品、虚拟权益（会员、积分）或情感价值（荣誉称号、排行奖励） （3）公平性保障：确保活动规则透明、公平，避免因作弊或规则漏洞引发用户不满
预算与资源分配	制订详细的预算表，涵盖奖品费用、宣传费用、技术开发费用等；根据活动规模和目标分配资源
风险预案制定	针对可能出现的问题（如活动页面加载缓慢、用户投诉等）制定应急方案，确保活动顺利进行

3．活动执行管理

活动执行是将策划方案落地的关键环节，需要运营团队精细化管理，以确保活动高效推进。

（1）前期准备

运营团队需要在活动准备期间搭建活动页面或入口，并确保页面设计美观、操作流畅。同时，对活动涉及的技术系统进行压力测试，确保高并发情况下的系统稳定性。此外，运营团队还需要提前准备物料，如采购奖品、制作宣传素材等。

（2）多渠道推广

运营团队需要利用各种渠道，如社交媒体等，向用户宣传活动信息；还需要与博主等合作，提高活动话题讨论度，扩大活动的影响力。

（3）实时监控与调整

运营团队需要设置专门团队实时监控活动进展，及时处理技术故障或用户问题；同时，对活动数据（如参与人数、转化率）进行实时追踪，根据情况调整策略，以提升活动的效果。

（4）活动效果评估

活动结束后，运营团队需要对活动进行总结和评估，分析活动的效果和不足之处，总结经验教训，为今后的活动策划提供参考。同时，还需要对活动的参与者进行回访，了解其意见和建议，不断提升活动的质量和效果。

❂ 四、用户增长与留存

用户增长与留存是互联网产品运营的核心目标，也是衡量产品价值与生命力的重要指标。用户增长策略主要关注如何吸引更多新用户，而用户留存策略则侧重于保持现有用户的活跃度，延长用户生命周期。只有将用户增长与用户留存紧密结合，形成良性循环，才能实现用户基数的扩大和长期运营目标的达成。

1．用户增长

实现用户增长是产品发展初期的重要任务，具体而言就是在最短时间内扩大用户规模，为后续的运营和变现奠定基础。产品团队可以采取以下用户增长策略。

（1）渠道拓展与精准引流

运营团队可以通过产品内的曝光资源（如新用户优惠、邀请好友获得奖励）吸引用户主动下单，实现自有渠道引流。运营团队还可以采用与外部渠道合作的方式，与意见领袖、其他行业平台、社交媒体等合作，通过优质内容和活动吸引用户。例如，运营团队在短视频平台发布创意广告。运营团队还可以考虑搜索引擎优化与搜索引擎营销（SEM），通过优化关键词，建立外部链接，使潜在用户更容易通过搜索发现产品。

（2）用户激励

运营团队可以开展产品注册有奖的活动，如免费试用、提供优惠券或会员权益等。为了促进老用户的活跃和新用户的加入，运营团队可以开展产品推荐有奖的活动。例如，邀请一名好友可获得额外积分奖励，好友注册后也能享受新人优惠。此外，不定期的活动营销可以提高用户的活跃度和品牌的曝光度。运营团队可以利用优惠活动刺激用户参与，并利用节日或热点事件策划活动，大幅度提升用户关注度。

（3）场景化拉新

运营团队可以根据用户的需求场景进行内容的精准推送，以促使用户使用产品。例如，健身类产品的运营团队可以在用户搜索"健身方法"的搜索结果页面投放产品广告，引导用户下载产品。

此外，运营团队还可以通过线下场景结合线上活动扩大影响力。例如，在地铁站投放二维码广告，用户扫码下载 App 即可参与抽奖并领取好礼。

（4）提升产品吸引力

运营团队在宣传时应突出产品的差异化功能点，让用户在获悉产品信息时即可感知到其独特价值。

此外，产品的口碑也是吸引用户的重要因素。用户口碑传播能够提高产品的知名度和美誉度，这需要运营团队通过提供优质的产品，满足用户的需求和期望。

2．用户留存

用户留存是用户增长的延续，旨在通过提升用户体验，使用户持续使用产品。运营团队可以采取以下用户留存策略。

（1）用户分层运营

虽然产品核心用户（如高活跃用户）的流失风险较低，但运营团队仍要对其进行关注，可以通过提供专属权益，如会员折扣、优先体验新功能等，提高其忠诚度。运营团队可以通过数据分析筛选出潜在流失用户（如低活跃用户），向其推送召回活动，如提供回归用户专属优惠。对于新用户，运营团队可以向其推送快速上手教程，降低其产品使用门槛，提升新用户留存率。

（2）价值传递与高频互动

运营团队可以通过定期推送用户感兴趣的内容，如热点资讯、实用教程等，让用户了解产品价值，增强用户对产品的依赖性。

此外，运营团队还可以通过社群、排行榜、好友互动等方式强化用户之间的联系，提高用户的活跃度。例如，健身 App 的"每日步数排行榜"能激励用户每天打开应用，记录并查看自己和他人的步数。

（3）用户激励与成就感设计

运营团队可以设计用户成长体系，通过积分与奖励等形式吸引用户持续使用产品。例如，用户完成任务即可获得积分兑换奖励或解锁特殊功能。

运营团队还可以设置成就徽章、排行榜等荣誉系统，让用户感受到参与的价值和成就感。例如，扇贝阅读 App 为坚持学习并打卡的用户授予各种徽章，如图 7-3 所示。

图 7-3　扇贝阅读 App 的徽章

（4）持续优化产品和提供优质服务

运营团队需要定期收集用户反馈，针对用户痛点快速优化产品。例如，提升页面加载速度或增加常用功能的快捷入口。运营团队应提供优质的服务，及时解决用户问题，提升用户满意度和增强对品牌的信任感。即便产品本身存在功能、操作等方面的不足，优质的服务仍能保证一定的用户留存率。

（5）增强用户归属感

运营团队可以通过举办线上线下社区活动，增强用户的归属感。例如，组织用户分享使用心得或参与创意征集活动。此外，运营团队还可以定期推出品牌故事或用户故事等内容板块，加强用户与产品之间的情感联系。

❖ 五、数据分析与优化

数据分析与优化是互联网产品运营中不可或缺的环节，是驱动运营决策、验证运营效果、提升产品性能的重要手段。通过对数据的系统化采集、分析和应用，运营团队能够深入了解用户行为、产品表现和市场反馈，从而针对问题及时优化策略，实现资源的高效利用和用户体验的持续提升。

1．数据分析指标

在互联网产品运营中，数据分析指标主要有以下几种。

（1）用户数量指标

用户数量指标包括新增用户数、活跃用户数、留存用户数等。这些指标可以反映产品的用户规模和用户活跃度。例如：新增用户数可以反映产品的市场推广效果，活跃用户数可以反映产品的用户黏性，留存用户数可以反映产品的用户忠诚度。

（2）用户行为指标

用户行为指标包括用户访问时长、页面浏览量、点击量、转化率等。这些指标可以反映用户在产品中的行为偏好。例如：用户访问时长可以反映用户对产品的感兴趣程度，页面浏览量可以反映用户对产品内容的关注度，点击量可以反映用户使用产品功能的频率，转化率可以反映用户在产品中的行为转化情况。

（3）产品性能指标

产品性能指标包括响应时间、加载速度、崩溃率等。这些指标可以反映产品的性能。例如：响应时间可以反映产品的响应速度，加载速度可以反映产品的加载效率，崩溃率可以反映产品的稳定性。

（4）渠道贡献指标

渠道贡献指标包括不同推广渠道的流量、转化率、获客成本等。这些指标可以反映不同渠道的产品推广效果，进而为后续的信息分发提供侧重点。

2．数据收集与管理

运营团队可以通过多种方式收集数据，如使用站内埋点工具（埋点系统）或数据分析工具（Mixpanel、友盟等）、用户调研、用户反馈等。运营团队通过使用站内埋点工具可追踪用户在 App 或网站上的操作路径；通过使用数据分析工具可以收集用户行为数据和产品性能数据；通过用户调研可以收集用户需求和意见数据；通过用户反馈可以收集用户问题和建议数据。

收集到的数据并不能直接应用，需要清洗。运营团队需要通过数据清洗去除冗余、不完整或错误的数据，确保分析结果的准确性。例如，过滤掉爬虫流量或重复记录的用户行为数据。然后，运营团队要将采集到的数据分类存储，采用相关的方法进行数据分析。

3．数据分析

数据分析是从原始数据中提取有价值的信息的过程，运营团队需要运用科学的方法对数据进行深入挖掘。在互联网产品运营中，数据分析的方法如表 7-5 所示。

表 7-5　数据分析的方法

分析层面	具体方法	说明	示例
基础分析	描述性分析	通过统计指标（如平均值、中位数、标准差等）描述用户或产品的现状	上周活跃用户数为 5 万，环比增长 10%
	趋势分析	通过时间维度观察数据变化趋势	观察日活跃用户数（DAU）的变化曲线，判断运营活动的效果
行为分析	漏斗分析	分析用户从触达、点击到转化的各环节转化率，找出用户流失原因	支付页面跳出率高，可能是因为页面设计不够直观
	路径分析	跟踪用户在产品中的操作路径，判断关键功能或页面的使用效果	分析用户是否顺利完成从搜索到下单的流程

分析层面	具体方法	说明	示例
细分分析	用户分组	根据行为或属性将用户分组	用户按使用频率分为高频用户、低频用户，按付费意愿分为普通用户和 VIP 用户
	渠道细分	比较不同推广渠道的表现	分析付费广告的转化率是否优于自然流量的转化率
预测性分析	随机森林、回归分析、时间序列分析等	运用机器学习或统计模型预测未来趋势	预测用户流失率或某功能的使用增长率，为提前制定策略提供依据
竞争产品分析	对比分析	通过公开数据或市场调研了解竞争产品的数据表现，与自身产品进行对比	分析竞争产品下载量、用户评价等，找出自身产品的改进方向

4．基于数据制定优化策略

运营团队可以基于科学的数据制定优化策略，从而确保决策的针对性和有效性。

（1）用户体验优化

用户体验优化需要运营团队以用户行为数据为依据，结合产品定位和功能特点，解决用户痛点，提升用户满意度。

① 改进关键流程

运营团队通过漏斗分析，发现用户在关键流程中的流失原因。例如，在购买流程中，用户可能因支付环节复杂而中断操作。简化用户操作流程可以提高用户的产品使用效率，提升其满意度。运营团队可以为跳出率高的页面设计更直观的交互方式，减少不必要的步骤。例如，将注册流程从多步简化为一步，或者推出一键登录功能。

② 提升功能使用率

运营团队可以通过路径分析发现使用率较低的功能，并调整其入口。例如，将常用功能（如搜索栏或消息中心）放置在首页显著位置，以提高用户触达率。此外，运营团队还可以通过数据分析了解用户在特定场景下的需求，并有针对性地开发功能。例如，为办公类 App 新增夜间模式和无干扰模式，满足用户的多样化需求。

（2）运营策略优化

运营策略的调整直接影响用户获取、转化和留存的效果。运营团队通过对推广渠道、推送内容的优化，可以大幅度提升运营效率。

① 调整推广渠道

运营团队应根据各渠道的转化率、流量成本等数据表现，将更多预算分配到投资回报率更高的渠道。例如，运营团队发现短视频广告比图文广告的点击率高，可以增加短视频平台的广告投放量。此外，运营团队还可以结合目标用户特性，探索新的获流渠道。例如，针对"Z 世代"用户，运营团队可尝试在潮流文化社区或游戏直播平台推广产品。

② 精准推送内容

在如今的互联网时代，个性化推荐已成为一种常用的产品运营手段。运营团队可以根据用户的浏览记录、购买历史或行为偏好，推送符合其兴趣的内容。例如，电商平台可在首页推荐用户经常购买的品牌或相关商品。运营团队可以通过实时监测推送内容的点击率与转化率，对推广效果差的内容进行优化，如调整标题或更新图片，实现内容的动态优化，确保推广效果最优。此外，运营团队还可以根据用户分层数据，制定不同的推送策略。例如，为新用户推荐基础教程，为活跃用户推送高级功能的使用指南。

（3）产品性能优化

产品性能直接关系到用户的满意度和产品口碑。运营团队需要通过持续监测和技术迭代来优化产品性能，解决技术瓶颈并提升产品运行效率。

① 监测和修复技术问题

运营团队可以利用日志分析工具（如腾讯 Bugly）监测产品崩溃率，并及时修复高频崩溃问题。随着产品的不断发展，其内容和功能可能会越来越丰富，因此，产品的页面加载速度也需要不断提高。产品团队可以通过压缩静态资源、优化数据库查询和缓存策略等手段，将页面加载速度控制在行业标准以内（一般为 2 秒以内）。

② 运用 A/B 测试评估优化效果

在产品新功能上线前，运营团队可以通过 A/B 测试对比不同版本设计方案的效果。例如，测试两种不同的支付页面设计，选择能显著提高支付成功率的版本。

运营团队应将新技术测试结果量化为关键指标，如用户点击率、转化率等，通过对比数据选择优化方向，确保每次迭代都能为用户带来价值提升。

（4）活动优化

活动是吸引新用户和激活老用户的重要手段，运营团队通过数据分析调整活动设计，可以显著提升活动效果和用户参与度。

① 根据数据调整活动规则

如果活动参与率低，运营团队可以通过简化任务步骤或提供更明确的指引，降低参与门槛，提升用户参与度，例如，将复杂的多步任务改为简单的"一键参与"任务。此外，运营团队还可以根据用户喜好和投入成本，调整奖品种类或发放方式，优化奖励机制。例如，提供用户更青睐的虚拟奖励（如优惠券）代替成本高但吸引力不足的实物奖励。

② 基于数据调整活动

运营团队可以分析活动期间的关键指标（如页面浏览量、独立访客数、用户参与率等），实时监控活动数据，及时发现问题。例如，运营团队在活动期间发现内容或 App 的分享率较低，可以增大社交平台的分享奖励力度。此外，运营团队还可以根据用户行为数据安排活动节奏，例如，在用户活跃高峰期投放活动，或在流量低谷期通过活动提升产品话题热度。

任务二 产品迭代升级

在快速变化的互联网环境中，产品迭代升级是保持产品竞争力的关键手段。它不仅是一种针对用户反馈的被动改进过程，还是一种通过前瞻性设计和创新满足用户需求的主动进化过程。有效的产品迭代升级需要明确的目标、科学的规划和高效的执行，同时兼顾用户需求与技术发展。产品迭代升级不仅能解决当前问题，还能引领市场趋势，为产品的长远发展奠定坚实的基础。

一、收集用户反馈和需求

产品迭代的起点是深入、全面地了解用户的真实需求，而这些需求不仅来源于显性表达，

还隐藏在用户行为和市场趋势中。通过多种方式全面收集用户反馈，有助于产品团队发现产品问题和改进产品的机会。

1. 构建多元化反馈渠道

收集用户反馈的首要步骤是构建多元化的反馈渠道，从直接对话到间接数据分析，帮助产品团队全面了解用户的需求和痛点。

（1）客户服务

客户服务是用户与产品之间最直接的沟通窗口，用户反馈常表现为具体的问题或建议。

① 工单记录分析

产品团队可以定期分析工单记录，归纳高频问题。例如，用户频繁投诉"支付页面加载缓慢"，这可能指向技术优化的需求。针对类似问题，产品团队可以设计主题分类标签，如"功能建议""操作问题""界面优化"等，方便数据归类和分析。

② 智能客服数据挖掘

智能客服（如聊天机器人）能够记录用户的高频提问。产品团队可以利用文本挖掘技术分析用户使用的关键词或短语，从而发现未被人工客服捕捉到的潜在需求。例如，产品团队通过文本分析发现用户经常问"如何查找历史订单"，这可能说明订单管理功能的入口比较隐蔽。

（2）用户社区与社交媒体平台

用户社区和社交媒体平台是用户自由表达观点的主要场所。通过科学的监控手段，产品团队能够获取用户对产品的深层次见解。

① 社群运营中的用户洞察

产品官方运营的用户社群，如微信群、QQ 群等是近距离接触核心用户的渠道。通过观察用户的聊天内容，产品团队可以发现用户的偏好、建议和对竞品的评价。例如，用户讨论"××功能太复杂，不如某竞品简单"，这可能提示产品需要优化流程设计。产品团队可以定期组织社群互动活动，如问卷调查、功能投票等，鼓励用户主动分享他们的需求与建议。

② 舆情监控与竞品分析

产品团队可以利用舆情监控工具（如 DataEye、星图）监控用户在微博、抖音、知乎等平台上的讨论内容。通过关键词跟踪，产品团队可以发现用户对竞品功能的期待和对本产品的改进建议。例如，"希望××应用也能像××一样有夜间模式"，表明用户存在未被满足的功能需求。

除了社交媒体平台，垂直领域的讨论社区（如豆瓣、知乎）往往是用户深度交流产品体验的地方。产品团队可以定期浏览相关话题板块，了解用户的真实感受。

2. 主动挖掘潜在需求

在用户未主动表达的情况下，产品团队需要通过专业手段挖掘用户潜在的功能需求。

（1）用户访谈

用户访谈是直接获取用户深层次需求的一种高效方式，尤其适用于发现那些用户未明确表达，但在使用产品过程中强烈感受到的功能需求或操作痛点。

① 区分访谈对象

对于新用户，产品团队应了解他们对产品的第一印象和在注册、登录等流程中遇到的问题。例如，新用户可能反映某些引导文案过于复杂，导致其无法快速上手。对于忠诚用户，产品团队应分析他们持续使用的原因及对功能细节的进一步期待，如希望加入高级筛选功能以提高效率。对于流失用户，产品团队应通过访谈了解其流失原因，如某功能的操作过于复杂或替代产品具有更强的吸引力。

② 使用场景化问题

产品团队在访谈中可以使用场景化问题。例如："如果某功能变得更加智能化，您觉得在哪些场景中会更加实用？"这样的问题能够引导用户更具体地描述他们的期待和需求。同时，产品团队还应根据功能需求、使用体验和价值感知3个维度准备问题，确保访谈内容覆盖全面。

③ 引导用户表达潜在需求

用户通常难以直接描述他们的潜在需求，因此产品团队需要通过共情和追问的方式引导用户表达。例如："如果这个功能可以节省您50%的时间，您会倾向于使用它吗？"

（2）问卷调查

问卷调查是一种大规模的用户调研方式。通过科学设计的问卷，产品团队能够快速量化用户的偏好、痛点和期望，为产品优化提供数据支持。

① 问卷设计的关键原则

问卷设计需要遵守以下关键原则。

- 问题应简单易懂，避免过多术语。例如，将"产品UI是否让您感到满意"替换为"页面设计是否让您感到清晰直观"。

- 问题应从广泛到具体。例如，先问"您希望产品增加哪些新功能"，后问"如果新增筛选功能，哪些筛选条件是您最关注的"。

- 问卷应既设置打分问题获取量化数据，又设计开放问题以捕捉用户独特的想法。例如："请列出一个您觉得本产品可以改进的地方。"

② 问卷发放渠道与目标用户分层

在自有渠道中，产品团队可以通过App弹窗、电子邮件等方式直接向目标用户发送问卷。在社交平台上，产品团队可以通过微信群、公众号、微博等渠道吸引更多非核心用户参与问卷调查，扩大样本范围。此外，产品团队还可以针对刚刚完成某一关键操作的用户推送特定的问卷。例如，在用户完成支付后询问其对支付流程的体验感受。

（3）竞品调研

产品团队可以通过研究市场中用户对其他产品的反馈和使用偏好，提炼适合本产品的改进方向。例如，产品团队观察行业内用户对流行功能的反馈与其他公司根据用户反馈实现产品改进的模式，为产品升级提供参考。此外，产品团队还可以借助行业研究报告或第三方数据机构发布的趋势分析，预判用户未来可能需要的功能。例如，随着AI技术的发展，用户可能更倾向于选择具有AI辅助功能的产品。

3．构建内部反馈链路

除了外部用户反馈，团队内部的反馈链路也是挖掘需求的重要渠道，产品团队通过构建高效的反馈链路，整合不同团队的反馈，可以更全面地捕捉产品优化方向。

（1）定期组织会议

产品团队应定期组织多部门联合会议，邀请客服、运营和市场团队分享用户需求的最新动态。会议上应采用标准化模板，如"需求概述—问题背景—用户案例—优化建议"，确保每个反馈条理清晰、易于执行。产品团队可以通过数据分析工具整理客服和运营团队提供的

高频问题，将其按优先级和可行性排序。例如，"支付页面加载慢"问题影响用户体验，应优先优化。产品团队还可以按功能需求、性能问题、用户教育等维度对反馈进行分类，以便后续分类处理。

此外，客服团队不仅是问题的收集者，还是安抚者，其应通过标准化回复向用户解释团队的解决计划，增强用户的信任感。

（2）技术监测与日志分析

技术团队需要定期整理崩溃日志，并根据用户受影响范围和问题严重性进行优先级划分。例如，登录功能的崩溃问题影响面广，应快速修复。利用性能监控工具，技术团队可以识别页面加载速度慢、API 响应时间久等问题。例如，某功能的服务器调用过于频繁，导致延迟，可以通过优化代码解决问题。此外，技术团队还需要定期对产品进行压力测试，预测功能在高并发情况下的表现，并提前解决可能出现的性能瓶颈。

�֎ 二、分析和整理反馈和需求

在互联网产品的运营与迭代过程中，收集用户反馈和需求是改善产品质量和提升用户体验的起点。然而，收集到的反馈往往是海量且多样的，包括来自不同渠道、不同行为用户以及不同场景的问题和建议。如何从中提炼出真正有价值的需求，并转化为明确的产品优化方向，是产品团队面临的核心挑战。通过科学的分类、筛选和分析流程，产品团队可以将模糊的信息转化为明确的决策依据，为产品持续优化提供强有力的支持。

1．分类

用户反馈来源广泛，内容复杂，构建一个系统的分类体系可以帮助产品团队快速整理和理解反馈内容，从而提高分析效率。需求通常可以归类为功能需求、体验需求和性能需求。通过对需求进行系统化分类，产品团队能够有针对性地开展产品优化工作。

（1）功能需求

功能需求主要包括新增功能需求和功能优化需求。新增功能需求指用户认为产品当前缺少某些功能，影响其使用体验或工作效率，并希望能够添加。例如，办公软件用户可能要求增加文档多人实时协作编辑时的语音通话功能，以方便团队成员在远程协作时更好地沟通交流。功能优化需求则针对现有功能，用户反馈其操作不够便捷、界面不够友好或功能效果不佳等，需要进行改进。例如，图片编辑应用的用户觉得滤镜效果不够自然，希望优化滤镜算法。

（2）体验需求

体验需求通常聚焦于界面设计和交互过程。界面设计体验需求包括对产品整体视觉风格、颜色搭配、图标设计、布局合理性等方面的期望。例如，一款金融理财应用的用户可能认为其界面颜色过于刺眼且信息展示过于拥挤，影响浏览体验，因此提出界面设计优化需求。交互体验需求则涉及用户与产品交互过程中的流畅性及操作逻辑合理性。例如，社交应用的用户反映点赞、评论等交互操作的反馈不及时，产品团队需要优化交互设计以提高用户操作反馈的及时性。

（3）性能需求

性能需求注重产品在技术层面的表现，包括响应速度和稳定性。响应速度需求是用户对产品加载页面、执行操作命令等响应时间的要求。例如，在线视频平台用户可能抱怨视频播放前的广告加载时间过长，或视频播放过程中卡顿，这反映了用户对提高响应速度的需求。

稳定性需求强调产品在不同设备和网络环境下的稳定运行，减少崩溃、闪退等问题。例如，一些视频产品会为用户提供不同画质的选项，让用户根据自己设备的硬件情况选择合适的画质，以保证视频在不同设备上都能流畅播放。

2. 分析

在收集用户反馈后，产品需要采用科学的方法对其进行分析，以挖掘用户真正的需求和痛点。分析方法主要分为定性分析和定量分析两类，各自具有独特的优势和适用场景。

（1）定性分析

定性分析侧重于对用户反馈内容的理解和提炼。文本内容分析是常用的定性分析方法之一，即对用户反馈的文字信息（如意见、建议、评价等）进行深入解读，提取关键信息和情感倾向。例如，分析用户在产品反馈中使用的高频词汇、传达强烈情感的语句，可以了解用户最关注的问题和痛点。如果用户在反馈中反复提到"难用""烦琐"等词汇，产品团队需要重点关注产品的易用性。

（2）定量分析

定量分析则基于统计数据和算法模型，以更具规模化的方法挖掘用户需求。数据统计分析是基础手段，产品团队可以对用户反馈数量、不同类型反馈的比例及用户行为数据的各项指标（如转化率、留存率等）进行统计。

例如，通过统计应用商店中不同星级评价的占比，产品团队可以分析差评主要集中在哪些功能模块或时间段，以确定问题的严重程度和处理的优先级。同时，分析用户在产品内不同功能页面的转化率（如从产品首页到注册页面的转化率），如果发现转化率较低，则可能提示注册流程存在问题，需要优化。

此外，聚类分析是进一步挖掘用户需求的重要方法。产品团队可以利用聚类分析将具有相似行为模式或需求的用户分为一组，然后针对不同组的用户制定个性化的产品改进策略。例如，将经常购买运动装备的电商用户聚类，分析他们的共同购买偏好和浏览习惯，为这一特定群体优化推荐算法和页面布局。

3. 优先级排序

由于资源有限，产品团队无法同时满足所有用户需求，因此必须合理确定需求的优先级。需求优先级的确定可以从用户影响程度、商业价值和技术可行性3个方面展开。

（1）用户影响程度

从用户影响程度来看，高频次需求和核心业务需求应优先考虑。高频次需求通常被大量用户频繁提及，具有较大的影响范围。例如，在外卖应用中，用户普遍反映订单配送状态应及时更新，这种需求与核心体验相关，且涉及大量用户，因此应优先处理。核心业务需求则与产品的核心功能或流程紧密相关，如电商产品的下单、支付、物流查询等业务环节。如果这些环节存在问题或有优化空间，优先级应高于非核心业务需求。

（2）商业价值

从商业价值角度出发，盈利相关需求和市场竞争相关需求应优先考虑。盈利相关需求是指能够直接或间接提升产品盈利能力的需求。例如，广告投放平台的用户如果提出增加广告定向投放选项，这一需求可以提升广告投放效果，增加广告收入，因此具有较高优先级。而市场竞争相关需求则强调自身产品应保持竞争力。例如，当竞争对手推出某项新功能且市场反响良好，产品团队需要评估该功能对自身产品的重要性及可行性，如果确有必要，应优先开发类似功能以应对市场压力。

（3）技术可行性

从技术可行性来看，产品团队倾向于优先满足技术难度低、资源消耗少的需求。这类需求通常能在较短时间内满足，且不会对技术架构和资源造成较大压力。例如，修改产品界面中某个按钮的文字显示错误是相对简单的需求，可快速完成并显著提升用户体验。同时，与现有技术架构兼容性好的需求也应具备较高优先级。例如，在现有电商系统基础上增加一个简单的商品推荐模块，如果与当前架构融合度高，则能以较低成本实现，产品团队应优先满足这类需求。

✳ 三、确定改进的重点和时间节点

在产品迭代中，明确改进重点和科学安排时间是提高效率与成果质量的基础。产品团队既需要从用户需求和市场趋势中提炼核心问题，又需要结合技术和业务的节奏制订优化计划。通过准确聚焦和合理规划，产品团队可以在多变的环境中确保每次改进都具备明确的价值导向和落地可行性。

1．确定改进重点

产品优化的核心在于抓住用户需求与市场机会的交汇点。通过聚焦用户体验中的关键痛点，强化核心功能，以及优化具备商业价值的环节，产品团队可以快速提升产品竞争力。同时，将市场动态和行业趋势纳入考量，确保每个改进方向都紧扣未来的发展潜力，助力产品实现持续成长。

（1）基于用户反馈和需求优先级

用户痛点是首要考虑的对象，产品团队需要梳理用户反馈中频繁提及、对体验影响较大的问题。例如，如果电商产品的用户经常抱怨支付流程烦琐且容易出错，这种问题直接损害用户体验，应当优先进行处理。解决用户痛点不仅可以提升用户满意度，还能有效提高用户留存率。

产品的核心功能也是改进重点，因为核心功能是产品吸引用户的关键所在。对于社交产品而言，消息发送和接收的稳定性与及时性是核心功能。如果用户经常反馈消息延迟或丢失，这种问题会极大影响用户使用产品的意愿，因此需要优先考虑优化核心功能。核心功能的高效、稳定运行是产品立足市场的根本。

从商业角度来看，能够增加收入或降低成本的改进方向同样重要。例如，对于内容付费产品，优化会员权益可以提升会员转化率和续费率，而改进广告投放策略则能够增加广告收入。这些商业价值显著的改进方向需要被重视，以增强产品的盈利能力。

（2）考虑市场竞争和行业趋势

除了用户反馈和需求优先级，市场竞争和行业趋势也是产品团队确定改进重点的重要依据。产品团队通过分析竞争对手的优势功能，可以在一定程度上明确产品的差异化改进方向。例如，如果竞争对手的一款工具软件提供了更便捷的文件格式转换功能，而自身产品在这方面表现较弱，那么优化文件格式转换功能就成为保持竞争力的必要举措。

关注行业动态和技术发展趋势可以为改进产品提供重要参考。例如，随着人工智能技术的普及，智能客服在各类互联网产品中的应用越来越广泛。如果产品仍然依赖传统人工客服或低智能客服模式，那么引入智能客服系统或对现有客服功能进行智能化升级将成为必要的改进方向。顺应行业趋势的产品改进可以使产品保持先进性和竞争力。

2．确定时间节点

有效的时间规划是推动产品优化落地的关键。产品团队在短期内快速解决高优先级问题可以显著提升用户满意度；在中期通过功能完善和与活动结合，提升用户体验和增强市场影响力；在长期则需要通过系统化的技术升级和战略调整，夯实产品的可持续发展能力。产品改进的时间节点如图 7-4 所示。合理的时间节点设计不仅可以提升执行效率，也可以为产品的发展指明路径。

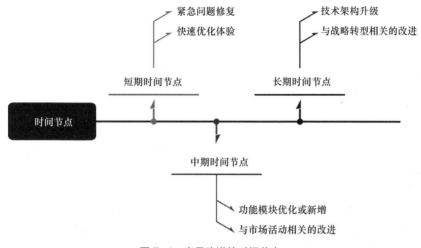

图 7-4　产品改进的时间节点

（1）短期时间节点

确定改进时间节点时，产品团队需要根据改进内容的紧急程度和复杂度进行合理规划。短期时间节点适用于紧急问题修复和快速优化体验。对于严重影响产品正常使用的紧急问题，如系统崩溃、数据泄露风险等，产品团队需要立即制订修复计划并确定时间节点，通常在数小时或数天内完成。例如，一旦发现产品存在安全漏洞，可能导致用户数据泄露，产品团队应该在最短时间内（如 24～48 小时）完成漏洞修复和安全加固工作。

此外，针对一些简单但能明显提升用户体验的产品优化，如界面中的小瑕疵（错别字、图标显示不清晰）或者简单的功能调整（如调整某个按钮的位置），产品团队可以设定在 1 周左右完成。这些小改进能够快速让用户感受到产品的优化。

（2）中期时间节点

中期时间节点适用于较为复杂的功能模块优化或新增。例如，对电商产品的购物车功能进行重新设计，包括优化商品展示方式和增加促销信息显示方式，或者在社交产品中新增兴趣小组功能，这涉及功能的设计、开发、测试等多个环节，产品团队可能需要几周（通常 2～4 周）的时间才能完成。

此外，与市场活动相关的改进也需要合理安排时间节点。例如，如果计划开展大型市场活动（如新品发布、促销活动等），与之相关的产品改进（如为新品上线调整产品界面、为促销活动优化价格展示功能）应该在活动前完成，时间节点根据市场活动计划来确定，一般提前 1～2 周完成产品改进，以确保产品能够更好地支持市场活动的开展。

（3）长期时间节点

长期时间节点适用于技术架构升级和与战略转型相关的改进。当产品团队准备对技术架构进行大规模升级时，例如从传统单体架构向微服务架构转变，这是一项复杂且耗时的工作，通常需要数月甚至数年的时间。这种升级需要产品团队精心规划时间节点，并将整个过程划分为多个阶段。例如，第一阶段可能耗时 3～6 个月完成基础架构的搭建，第二阶段可能再用同样的时间完成部分功能的迁移。

如果产品迭代涉及战略转型，如从工具型产品向平台型产品转变，这种改进需要产品团队制订更长远的规划。战略转型通常涵盖功能、业务逻辑和用户体验的全面调整，涉及 1 年或更长时间的持续改进。在此过程中，产品团队需要定期评估改进进度与战略目标的契合度，以确保改进方向正确。

❋ 四、在实施改进措施后进行评估

评估是衡量迭代成败的关键环节，也是产品团队发现新问题、开启新一轮优化的起点。实施改进措施后的评估主要包括以下几个方面。

1．用户体验评估

用户体验评估是产品团队检验改进措施成效的重要环节，涉及功能可用性、界面友好度和性能体验 3 个方面。

（1）功能可用性

产品团队需要检查改进后的功能是否按照预期要求完整地实现。例如，产品团队在电商产品中新增商品筛选功能后，需要验证筛选条件（如价格区间、品牌、颜色等）是否能正常选择，以及筛选结果是否准确无误。此外，产品团队还需要评估改进后的功能是否使产品的操作更加方便快捷，例如，评估支付流程的简化程度，发现支付过程中减少了输入步骤，缩短了验证时间，让用户能够轻松上手，而不需要复杂的学习过程。

（2）界面友好度

界面友好度取决于视觉设计和交互设计两个部分。在视觉设计方面，产品团队需要考察界面的颜色、图标和排版是否符合用户的审美和使用习惯。例如，优化后的界面应避免颜色刺眼或图标表意不清的问题，同时确保信息展示更加清晰、有条理，不让用户感到疲劳或困惑。在交互设计方面，产品团队需要考察用户与产品的交互是否流畅自然。例如，点击按钮后的反馈是否及时、合理，页面切换是否平滑，滚动加载是否顺畅，用户误操作的概率是否降低。

（3）性能体验

性能体验主要涉及产品的响应速度和稳定性。在产品响应速度方面，产品团队需要评估产品的页面加载的速度、提交数据的速度、执行功能命令的速度等。例如，对于优化后的资讯类应用，评估文章加载速度是否明显加快，图片是否能够快速显示。在产品稳定性方面，产品团队需要评估产品在不同设备和网络环境下是否能稳定运行。例如，在线会议软件在弱网环境下是否能保持正常连接，音频和视频是否能流畅传输和播放。

2．业务指标评估

产品团队在进行业务指标评估时，可以从用户增长、用户活跃度和商业价值 3 个角度进行分析，以衡量产品改进的实际商业价值。

（1）用户增长

用户增长相关指标包括新用户获取数和用户留存率。在评估新用户获取数时，产品团队可以观察改进措施实施后新用户的增长情况。如果改进的功能能够吸引新用户，那么新用户注册量、下载量等指标应该有所提升。例如，一款旅游应用优化了"目的地推荐"功能后，如果新用户注册量和下载量呈现增长趋势，则表明改进措施有效。

在评估用户留存率时，产品团队需要考察产品更新后用户继续使用的意愿。例如，社交产品改进聊天功能后，用户使用频率和黏性应有明显提高，而不是卸载或长期不再使用产品。

（2）用户活跃度

用户活跃度指标包括使用频率和使用时长。在使用频率方面，产品团队可以考察用户使用产品的频率是否增加。例如：内容社区产品改进推送算法后，评估用户是否更频繁打开应用浏览内容；工具类产品经过功能优化后评估用户是否经常使用。在使用时长方面，产品团队需要考察用户每次使用产品的时长是否增加。例如，视频播放平台优化推荐系统后，产品团队考察用户是否因推荐的内容更符合其兴趣偏好而增加观看时长。

（3）商业价值

商业价值指标则涉及收入增长和成本控制。对于实行盈利模式的产品，产品团队要关注收入是否增加。如果是广告盈利模式，产品团队要看广告展示量、点击率、转化率等是否有所提升；若是付费模式，产品团队要观察付费用户数量、付费金额等指标是否增长。例如，优化电商平台的购物流程和商品推荐功能后，产品团队关注是否提升了客单价和订单量，实现了收入增长。

此外，产品团队还需要评估改进措施是否在一定程度上降低了成本。例如，优化服务器的资源分配后，产品团队评估是否减少了服务器租用成本；改进内容生产流程后，评估是否降低了内容获取成本。

3．用户反馈评估

用户反馈评估是产品团队获取用户对改进措施真实感受的直接途径，可以分为直接反馈收集和间接反馈分析。

（1）直接反馈收集

直接反馈即通过产品内反馈渠道或客服渠道收集用户反馈。产品团队可以查看用户在产品内反馈入口提交的意见和建议，进而了解其对新功能的满意度或期望改进的方向。例如，用户对改进后的功能基本表示满意，同时提出功能细节需要进一步调整、增加其他相关功能等期望。

客服人员在与用户沟通的过程中，能够获取用户对改进措施最直接的感受，包括用户满意的功能和用户抱怨的新问题。产品团队可以向客服人员了解情况，分析其收集到的用户反馈信息，这些反馈是产品改进效果的真实反映。

（2）间接反馈分析

间接反馈来源于应用商店和社交媒体等渠道。应用商店的评分和评论能够直观反映用户对产品更新的评价。如果评分提高且正面评论增多，表明改进措施被认可；如果差评增加，产品团队则需要分析具体原因，判断是有新问题出现还是旧问题未解决。在社交媒体方面，产品团队可以监测社交媒体平台上用户对产品更新的讨论。用户可能会在微博、抖音等平台上分享自己使用更新后产品的体验，这些反馈可以帮助产品团队了解改进措施在更广泛用户中的评价情况。

4．对比评估

对比评估主要包括与改进目标对比和与竞争对手的表现对比，通过对比评估，产品团队可以更全面地分析改进成效。

（1）与改进目标对比

产品团队需要将实际的改进效果与预先设定的改进目标进行对比。例如，某功能的改进目标是用户满意度从 60%提升至 80%，产品团队可以通过用户调查等方式获取实际数据，评估目标是否达成，若未达成，则需要分析原因，是目标设置不合理还是执行存在问题。

（2）与竞争对手的表现对比

产品团队可以分析产品在改进后与竞争对手相比的优势和劣势。例如，产品团队分析竞争对手在某功能上的表现是否依然领先，自己的产品在改进后是否实现了赶超。通过对比，产品团队能够发现自己的产品与竞品之间仍存在的差距和问题，并为产品的下一轮迭代指明方向。

5．问题与风险复盘

复盘可以提升团队的执行能力，有助于优化产品流程。问题与风险复盘旨在全面回顾改进过程中暴露的缺陷与风险点，为后续优化指明方向。

（1）问题定位

问题定位是复盘的第一步，目的是确保改进措施能够满足用户实际需求并避免引发新问题。

① 用户痛点未解决

若改进措施未完全解决旧问题，甚至引发了新的用户痛点，产品团队需要迅速分析原因。例如，界面改动后用户反映操作逻辑变得复杂，或新增功能设计过于冗杂，导致用户体验不好。这类问题通常反映了产品团队对用户需求的理解不足或设计执行上的偏差。解决方法包括重新评估设计决策，邀请更多用户参与测试，并完善改进后的验证环节等。

② 技术问题复盘

记录和分析改进后上线阶段的技术问题是避免重复失误的重要手段。这包括整理错误日志、崩溃报告、错误率数据等，以明确技术故障的触发点和修复路径。例如，某功能上线后网络适配问题频繁导致用户断线，这可能暴露了测试覆盖不足或忽略边缘用例（边缘用例通常指的是那些不常见但可能发生的情况）的问题。通过技术问题复盘，产品团队可以建立更完善的测试用例，优化部署流程，并在未来的开发中预防类似问题。

（2）风险总结

在项目推进过程中，资源分配、时间管理等问题常成为潜在风险，产品团队需要进行风险总结以尽可能规避。

① 资源分配风险

如果在某次改进中资源倾斜，项目整体进度可能受到影响。例如，研发资源集中用于改进某个单一功能，导致其他任务积压。产品团队在复盘时需要评估各部门的资源配置是否平衡，研发、设计、测试等团队是否能够同步推进其任务。优化方向包括根据项目需求动态调整资源分配，并通过引入外部资源或自动化工具提升效率等。

② 时间管理风险

改进项目的时间节点不合理可能导致产品延迟上线或功能未达预期。例如，产品团队在计划中没有充分考虑测试周期，导致产品在上线后的用户反馈中暴露了许多遗留问题。产品团队需要通过复盘优化项目时间安排，确保紧急任务与长期规划合理衔接。

通过系统梳理改进过程中的问题与风险，并总结成功经验，产品团队可以为未来的优化工作奠定坚实基础。

 项目实训：“作业帮”产品迭代策略分析

一、实训背景

“作业帮”是一款广为人知的在线学习辅导产品。它包含丰富的学科知识资源，具有拍照搜题、直播课、同步练习等多个功能模块。其线上课程由众多专业教师讲授，涵盖各学科的系统讲解与专项提升。然而，其在实际使用过程中，也有一些有待完善之处。

（1）课程讲授环节

在课程讲授环节，部分教师的讲解节奏稍显急促，对于一些理解能力稍弱的学生而言，吸收知识存在一定挑战，且课程在趣味性与互动性的融合上尚有提升空间，难以充分调动全体学生的学习热情。

（2）在线练习环节

在练习部分，题型分布不均衡，考查某些知识点的题目重复率偏高，且在为学生提供个性化错题总结与拓展练习方面，精准度还可进一步提高。

（3）学习交流社区模块

在学习交流方面，尽管有大量学生参与，但优质学习方法分享的集中度不够高，学生在筛选有价值的交流信息时需要花费较多精力，同时，对一些低质量或无关信息的过滤机制也有待加强。

此外，市场上同类型的在线学习软件较多。一些软件以其精美的界面设计吸引了大量学生，让学生在学习过程中有更好的视觉体验。还有一些软件利用 AI 技术实现更精准的学情诊断。

二、实训目标

分析“作业帮”的现状，找出产品的优势和不足，结合市场竞争情况，为其制定简要的产品运营与迭代策略。

三、实训要求

（1）信息调研

查看软件内的用户反馈区，整理出主要问题。在学习交流社区发布简单问卷，询问用户对课程视频、在线练习和社区互动的满意度及改进建议。

（2）问题梳理

对收集到的反馈信息进行系统分类，区分不同功能模块的问题类型。综合分析各类问题的出现频率与影响程度，确定亟待解决的重点问题。

（3）时间规划

规划短期、中期和长期任务。短期任务聚焦于能够快速改善用户体验的小范围功能模块优化；中期任务侧重于对核心功能模块进行深度升级；长期任务着眼于产品战略层面的创新与拓展。

 巩固提高

一、单选题

1. 产品运营中，（　　）不属于提升用户参与度的核心策略。
   A. 构建用户激励体系　　　　　　　B. 简化产品操作流程
   C. 拓展产品功能边界　　　　　　　D. 打造社交互动功能

2. 在用户运营策略里，针对新用户和老用户的引导流程设计，最主要的区别是（　　）。
   A. 新用户引导注重功能全面介绍，老用户引导注重新功能提示
   B. 新用户引导强调个性化推荐，老用户引导强调社区互动
   C. 新用户引导侧重于优惠信息推送，老用户引导侧重于售后服务
   D. 新用户引导聚焦于操作简便性，老用户引导聚焦于高级功能挖掘

3. 评估产品迭代效果，（　　）最能直接反映用户对新功能的接受度。
   A. 功能点击率　　　B. 产品下载量　　　C. 广告投放量　　　D. 服务器负载

4. （　　）不属于用户行为指标。
   A. 用户访问时长　　　B. 新增用户数　　　C. 页面浏览量　　　D. 转化率

5. 产品迭代中，从技术可行性角度出发，以下可能最后考虑实施的是（　　）。
   A. 修复一个导致小部分用户登录偶尔失败的问题
   B. 对现有数据库架构进行大规模升级改造
   C. 优化某个功能的代码以提升运行效率
   D. 调整产品界面的一个小图标位置

二、判断题

1. 运营目标分为用户增长目标、用户活跃目标和用户留存目标，可以帮助团队明确短期及长期的努力方向。（　　）

2. 为了保持内容的独特性，同时避免产品内容的重复冗杂，即便是高价值内容也不应再次使用。（　　）

3. 漏斗分析可以将用户按使用频率分为高频用户、低频用户；按付费意愿分为普通用户和 VIP 用户。（　　）

4. 产品团队在确定迭代的重点时，应考虑竞争对手的产品表现情况。（　　）

5. 产品团队在实施改进措施后进行评估时，风险总结是复盘的第一步。（　　）

三、简答题

1. 简述产品运营中活动策划与执行的关键步骤。
2. 简述产品运营中促进用户增长的主要策略。
3. 产品迭代时，如何对用户反馈的需求进行优先级排序？